农村电商运营

毛利 叶惠娟 / 主编　沈珂 林莉 / 副主编

人民邮电出版社
北京

图书在版编目（CIP）数据

农村电商运营 ： 慕课版 / 毛利，叶惠娟主编. -- 北京 ： 人民邮电出版社，2022.3（2023.4重印）
电子商务类专业创新型人才培养系列教材
ISBN 978-7-115-57446-6

Ⅰ. ①农… Ⅱ. ①毛… ②叶… Ⅲ. ①农村－电子商务－商业经营－中国－高等学校－教材 Ⅳ. ①F713.365.2

中国版本图书馆CIP数据核字(2021)第192502号

内 容 提 要

互联网与电子商务的普及极大地改变了人们的生活方式，农村电商的出现为农村地区的经济发展与农业产业链的构建提供了新的契机。本书在深入研究农村电商的基础上，讲解农村电商与农产品电商概述、农产品电商化的前期准备、农产品电商运营方案、拼多多平台运营、微店平台运营和农村电商营销等知识，旨在为有农村电商运营需求的读者提供详尽的指导方案。

本书内容新颖、案例丰富，在结合 1+X 证书“农产品电商运营”的职业技能等级标准的基础上，以理论与实践相结合的形式进行教学，详细介绍了农村电商运营的相关知识。

本书可作为电子商务、市场营销等专业的教材使用，也可供农村电商相关从业人员、参加新农人培训的人员学习和参考。

◆ 主　　编　毛　利　叶惠娟
副 主 编　沈　珂　林　莉
责任编辑　侯潇雨
责任印制　王　郁　彭志环

◆ 人民邮电出版社出版发行　　北京市丰台区成寿寺路 11 号
邮编　100164　　电子邮件　315@ptpress.com.cn
网址　https://www.ptpress.com.cn
北京天宇星印刷厂印刷

◆ 开本：787×1092　1/16
印张：14.25　　2022 年 3 月第 1 版
字数：337 千字　　2023 年 4 月北京第 4 次印刷

定价：49.80 元

读者服务热线：(010)81055256　印装质量热线：(010)81055316
反盗版热线：(010)81055315
广告经营许可证：京东市监广登字 20170147 号

前言

PREFACE

随着移动互联网和智能手机在农村的普及，城乡之间的信息鸿沟越来越小，农村电商的发展速度逐渐加快。这不但让农民享受到了电商购物的便捷和实惠，也让农产品通过网络销往全国甚至全世界。随着农村基础设施的逐步完善与国家近年来频繁颁布的一系列扶持农村电商的政策，农村电商已逐渐成为电商领域的新热点，各大电商企业看好农村电商的发展潜力，纷纷投入大量资金布局农村电商，这也导致农村电商人才的需求量增加。

为了推动专业人才的培养，缓解企业和社会对技能型人才的需求，2019年，教育部、国家发展和改革委员会、财政部、市场监督管理总局联合印发了《关于在院校实施“学历证书+若干职业技能等级证书”制度试点方案》，部署启动“学历证书+若干职业技能等级证书”（简称1+X证书）制度试点工作。“农产品电商运营”证书也在2020年12月31日发布的《参与1+X证书制度试点的第四批职业教育培训评价组织及职业技能等级证书名单》中，这表明国家非常重视农村电商的发展与专业人才的培养。

基于以上原因，我们在充分研究农村电商的基础上，结合1+X证书“农产品电商运营”的职业技能等级标准，撰写了本书，旨在为农村电商从业人员和院校的相关专业人才培养提供帮助。

本书内容

全书共6章，各章内容分别如下。

- 第1章主要介绍农村电商和农产品电商的基础知识，包括农村电商的概念，农村电商的分类与特征，农村电商的发展背景与趋势，农村电商的县域资源配置，农产品电商的作用，以及农产品电商的新发展等内容。
- 第2章主要介绍农产品电商化的前期准备的相关知识，包括市场分析与选品、农产品的拍摄与销售包装设计，以及农产品电商团队的搭建等内容。
- 第3章主要介绍农产品电商运营方案的相关知识，包括农产品电商运营概述、农产品电商平台的选择、农产品营销策略和农产品电商运营保障等内容。
- 第4章主要介绍拼多多平台运营的相关知识，包括拼多多店铺开店流程、农产品发布及管理、店铺装修、拼多多平台付费推广、拼多多平台活动推广和拼多多平台运营数据分析等内容。
- 第5章主要介绍微店平台运营的相关知识，包括微店概述、有赞店铺开店流程、农产品发布及管理、有赞店铺装修、有赞平台流量运营、有赞店铺会员管理、有赞店铺数据分析与优化等内容。
- 第6章主要介绍农村电商营销的相关知识，包括短视频营销、直播营销、微信营销和微博营销等内容。

本书特色

本书具有以下特色。

● **课证融通**。本书定位于农村电商应用型人才的培养，在知识安排与内容讲解上，兼顾农产品电商的系统性，以及1+X证书“农产品电商运营”的要求，从初学者的角度出发，理论与实际相结合，重视应用与操作，由浅入深、循序渐进地对农村电商运营进行介绍。

● **案例丰富**。本书每章开头设计了“引导案例”模块，旨在以案例的方式引导读者了解本章内容与重难点知识。此外，为了加强读者对所讲述内容的理解，丰富内容的趣味性与实用性，正文讲解中还附上了一定数量的典型案例；每章结尾还以二维码的形式提供了拓展案例。本书每章结尾设计了“本章实训”模块，以具体的案例背景、实训要求引导读者逐步进行实际操作，帮助读者将学习到的理论知识应用于实践。

● **配套丰富**。扫描右侧二维码可查看精讲慕课视频，加深对知识的理解。此外，本书还配有PPT、教学大纲、教学教案、题库等配套资源，读者可以通过访问人邮教育社区（http://www.ryjiaoyu.com/），搜索本书书名下载使用。

扫码看慕课视频

本书由江苏农牧科技职业学院毛利、叶惠娟任主编，由内江职业技术学院沈珂、南充职业技术学院林莉任副主编。江苏农牧科技职业学院侯怡、徐孙权、潘爱华、窦小勇参与编写。尽管编者在本书的编写过程中力求精益求精，但由于水平有限，书中难免有疏漏和不足之处，恳请广大读者批评指正。

编 者

2021年10月

目录
CONTENTS

第1章 认识农村电商与农产品电商

学习目标

- ◆ 了解农村电商的概念、分类与特征。
- ◆ 掌握农村电商的发展背景与趋势。
- ◆ 熟悉农村电商的县域资源配置。
- ◆ 掌握农产品电商的作用。
- ◆ 了解农产品电商的新发展。

引导案例

京东县级服务中心

2015年，京东集团在青岛平度市落实首家县级服务中心，这代表着京东集团由线上向线下拓展。县级服务中心采取了京东自主经营的模式，承担了配送、宣传和产品实物展示、代客下单、招募乡村推广员以及培训乡村推广员等工作任务。

据介绍，京东县级服务中心一般选址在县级城市的繁华地段，面积为150平方米左右。京东集团相关负责人表示，县级服务中心将管理该区域所有乡镇和乡村的合作点，通过招募的乡村推广员、扩建的京东物流渠道等，改善农村电商配送和服务的最后一个环节。京东县级服务中心一般由配送站长和乡村主管管理，其中，乡村主管主要负责培训、管理乡村推广员，协调县级服务中心。

京东集团县级服务中心模式，是继发布全国首个农村电商试点县、京东帮服务店战略后，京东集团推进农村电商、渠道下沉战略的重要手段。通过县级服务中心，京东集团能为农村用户提供营销、售后服务，以及小额信贷、农村白条等金融服务。

截至2021年，京东县级服务中心已在我国多个区县铺开，是京东集团线下拓展的主要渠道之一。

1.1 农村电商概述

电子商务（以下简称“电商”）是指以信息网络技术为手段，以商品交换为中心的商务活动，它改变了社会的生产方式和人们的生活方式。农村电商作为一种新兴的商业模式，简单来说，是指发生在农村地区的电商活动。

农村电商以互联网为中介，将农村与城市连接起来，不仅能促进农产品上行（指将农产品标准化、规模化、品牌化后销往城市），扩大农产品销售市场，还能促进工业消费品下行（指将城市工业品销往农村地区），激活农村市场。

1.1.1 农村电商的概念

狭义的农村电商一般是指利用互联网（包括移动互联网），通过计算机、手机等设备，采用多媒体、自媒体等技术，为涉农领域的生产经营主体提供在网上完成农产品或服务的销售、购买和电子支付等业务交易的过程，涵盖对接电商平台、建立电商基础设施、提供电商知识培训、搭建电商服务体系、出台电商支撑政策等。从这个概念可以看出，农村电商主要围绕农产品进城和工业消费品下乡，是与农业、农产品相关的电子化交易和管理活动，属于电商在农村地区的应用。

广义的农村电商还包括其外延部分，强调电商在农村地区的推进与应用，不仅包括农产品进城和工业消费品下乡，还包括以下5个层面的含义。

（1）在网上销售农产品，如网上批发或网上零售等。

（2）聚集在乡村地区、主要销售本地特色农产品的乡村电商，如淘宝村（见图1-1）。

图1-1 淘宝村

（3）整合电商物流、人才流、信息流、资金流，在县城周边打造集合电商服务业、仓储物流相关产业和产品配套供应产业的产业群的县域电商。

（4）借助电商终端，为农户提供生活服务、农业生产资料和日常用品，实现服务到村的农村电商。

（5）利用信息技术、大数据技术、物联网技术提升农业生产效率，实现农业生产规模化、精准化，并助力乡村旅游和农业农村发展。

1.1.2 农村电商的分类与特征

农村电商发展至今，已经形成了丰富多样的形式，因而可以按照不同的标准进行分类。同时，相对于传统农业贸易，农村电商也呈现出明显的特征。

1. 农村电商的分类

根据不同的标准，农村电商可分为不同的类型，常见的分类标准包括根据产品流通方向分类、根据服务对象分类及根据电商县域发展模式分类。

（1）根据产品流通方向分类

根据产品流通方向，农村电商可分为输出模式和输入模式。

- **输出模式**。输出模式是指将农产品、手工产品、加工产品、特色旅游资源等从农村向外部市场输出的电商模式。该模式是当前主要的农村电商模式，依托当地特有的资源，走标准化、品牌化的发展路径，以增加产品附加值和市场竞争力为重点，最终解决农产品滞销的问题，实现农户收入的增加。
- **输入模式**。输入模式是指将产品、服务等向农村输入的电商模式。这种模式一般会在县域设立县级服务中心，在乡镇建立服务站点，通过完善的服务网络和服务点，向农村输入生活用品、服务项目等，让互联网发展成果惠及广大农户群体。

（2）根据服务对象分类

根据服务对象，农村电商可分为农资电商、农产品电商、农村金融电商和农村旅游电商。

① 农资电商

农资是农用物资的简称，属于农业生产资料，一般是指在农业生产过程中用以改变和影响劳动对象的物质资料和物质条件，如农药、化肥、种子、农膜、农用器械（包括农业运输机械、生产及加工机械）等。农资电商就是涉及农资的电商。目前，我国主要的农资电商平台包括大丰收农资商城、淘农网、惠农网等。近年来，农资电商平台逐渐成为很多农户首选的采购渠道。例如，惠农网数据显示，2020年春耕季以来，线上农产品交易呈稳步增长态势。惠农网联合创始人表示，农资线上交易已成为大势所趋。

知识补充

农资电商涉及的是农业生产资料，而不是普通农产品，因此，在农资电商中，重要的不是产品新鲜度和物流时效，而是农资产品的质量、使用方法、配套技术应用、售后服务以及投入产出比等因素。

② 农产品电商

农产品电商是指在农产品生产、销售、管理等环节全面导入电商系统，利用信息技术发布与收集供求、价格等信息，并以网络为媒介，依托农产品生产基地与物流配送系统，快速、安全地实现农产品交易与货币支付的一种新型商业模式。

③ 农村金融电商

农村金融电商是货币、信用等金融行业与“三农”（农村、农业、农民）、互联网相结合的产物，涉及与“三农”相关的互联网信贷、供应链金融、账户预存款、支付工具、移动支付等一系列金融业务。当前，农村金融电商有以下发展模式。

- **电商平台支持下的互联网金融模式：电商平台+农村金融**。该模式以阿里巴巴和京东为代表，依托积累了大量信用数据的电商平台，借助大数据技术形成信用风控模型，从自有的或合作的金融机构处获取资金，为涉农企业提供网上借贷业务。
- **农业服务商支持下的链式金融模式：大型农业服务商+农村金融**。该模式以新希望、大北农等“三农”服务商为代表，以多年专注于农业领域所积累的数据和线下资源为依托，利用互联网技术打通金融环节，为上下游涉农企业和农户提供支付、借款、保险等金融服务。

行业视点

2021年中央一号文件指出，要“坚持为农服务宗旨，持续深化农村金融改革”“鼓励银行业金融机构建立服务乡村振兴的内设机构”“支持市县构建域内共享的涉农信用信息数据库，用3年时间基本建成比较完善的新型农业经营主体信用体系”。这说明我国对农村金融的发展是相当重视的，农村金融在未来还将进一步助力农村电商的发展。

④ 农村旅游电商

农村旅游电商是电商与农村旅游相结合的产物。简单来说，农村旅游电商是在旅游电商的基础上加入乡村元素，是旅游电商在农村地区的应用。

“农产品+旅游+电商”模式的兴起

随着社会经济的发展，越来越多的消费者开始追求更好的生活品质。近几年，我国的农业观光旅游逐渐兴起并发展，成为人们周末娱乐的常见方式。而随着电商的蓬勃发展，各地开始将农村旅游电商和农产品电商结合起来，开创了新颖的“农产品+旅游+电商”模式。就过去的农村电商市场而言，农产品电商单纯卖特产，农村旅游电商则是依靠门票、酒店预订等获取收入，二者各自为战；而在新模式中，商家不仅要为消费者提供“管吃管住”的一体化服务，还希望消费者在旅程结束后能买走当地的农产品，以提升旅游附加值。

该模式的具体运作流程如下：通过农产品溯源激发消费者对于农产品产地的旅游兴趣，在当地为消费者提供“吃住行乐游”一条龙服务，并通过旅游服务带动当地农产品的销售，加深消费者对农产品产地的直观认知，促使消费者在线上购买农产品。

当前，很多地方旅游主管机构不仅在线上开设了农业观光旅游的旗舰店，还在旅游地开设了农产品店铺，线上线下相融合，并将旅游景点门票、农产品、旅游服务类产品销售整合起来，形成富有特色的农村旅游电商模式。

思考：这种模式有哪些特点，该模式是如何将农产品电商与农村旅游电商结合起来的？

（3）根据电商县域发展模式分类

电商能促进县域农业、制造业的优化升级，以及服务业的创新发展，调整县域经济的结构组成。当农村发展起来后，也有利于吸引农村居民返乡创业、就业，进一步推动农村经济的发展，推动城市化进程。按电商县域发展特征，农村电商可分为清河模式、沙集模式、通榆模式、武功模式、遂昌模式和成县模式6种。

① 清河模式

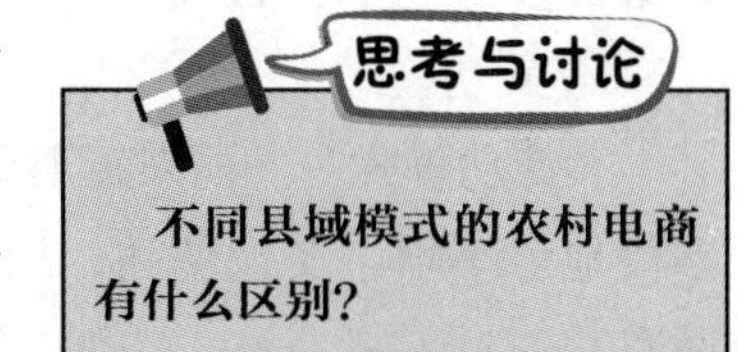

不同县域模式的农村电商有什么区别？

“清河模式”一词来源于我国河北省清河县。清河县是历史名县，现以强大的羊绒产业闻名世界，有“中国羊绒之都”的称号。清河县依托这个强大的传统市场，利用互联网整合各方资源，使传统的羊绒加工销售产业链借助电商获得新生。这样的模式有效解决了传统产业中长期存在的成本高、效率低、市场开拓困难等一系列问题，催生了一个庞大的网商群体，电商交易规模也迅速增长。后来，人们便用清河模式来指代“专业市场+互联网”的农村电商模式。

② 沙集模式

“沙集模式”一词来源于我国江苏省徐州市沙集镇。早前，沙集镇经济发展十分落后，后来镇上的一位农户在淘宝网上开店销售家具，获得成功后引发了连锁反应，当地农户纷纷效仿，进而拉动了原材料供应、加工制造、配件、物流等业务的发展，形成了年网上销售额超过10亿元的新产业群。

沙集模式是指农户自发成为网商（运用电商工具，在互联网上进行商业活动的个人），使用电商平台直接对接市场，并销售产品的电商模式。沙集模式以家庭经营为基础，以返乡创业的农户为主体。该模式下，农户成为网商的行为会影响到其他农户，使该行为以细胞裂变的形式复制扩张，有助于带动农村产业发展。沙集模式塑造的新生态还能促进农户网商进一步创新，帮助农村实现全面发展。

行业视点

沙集镇电商发展的历程说明我国部分地区农户的思想观念已经逐步开放，对于电商的接受度较高，在电商创业中扮演着积极主动的角色。这也体现了我国很多农户希望依靠自身努力奋斗创造美好新生活的愿望。

③ 通榆模式

“通榆模式”一词来源于我国吉林省通榆县。通榆县地处松辽平原西部，地理条件优越，是世界公认的优质农产品黄金产业带，历来就有“葵花之乡”“绿豆之乡”的美誉，盛产杂粮、杂豆、打瓜等特色优质农产品。2013年9月底，通榆县通过招商引入电商公司，正式启动农产品电商项目。经过多年的经营，通榆县逐渐形成了自己的发展模式，即采用统一的方式直销原产地农产品的电商模式。该模式适合电商基础薄弱、产品品牌化程度低、当地小网商稀少的区域，其特点如下。

- **统一规范**。通榆县采用统一品牌、统一标准、统一质量、统一包装的方式开展网络营销。
- **基地支撑**。通榆县整合了原产地的各种农产品资源，并与有固定基地的深加工企业、当地有实力的农业合作社、农科院展开合作，旨在提供多样化、富有特色和科技含量的农产品。
- **政府背书**。县政府组建了通榆县电商发展领导小组，为电商发展提供政策支持，并成立专项基金，用行政力量为电商发展建立“绿色通道”。

④ 武功模式

“武功模式”一词来源于我国陕西省武功县。武功县位于关中平原西部，地理位置优越，不仅地势平坦，交通便利，而且是新疆、青海和甘肃东出（即走出西部面向全国）的重要通道。

武功县基于有利的区位和交通优势，大力发展仓储物流和物资集散业务。武功县花费大笔投资建设了大型电商园区，如图1-2所示，不仅吸引了当地乃至全国的农产品生产、加工、仓储、物流和销售等各类电商企业设点占位，还聚集了青海、甘肃、新疆等西部地区的300多种特色农产品，成为“西货东进”的集散地。因此，武功模式也可以概括为“集散地+电商”模式。

⑤ 遂昌模式

“遂昌模式”一词来源于我国浙江省遂昌县。遂昌县独特的自然环境造就了当地优质的特色农产品，从2005年开始，遂昌县当地就有网商自发开设淘宝网店经营山茶油、菊米等农产品。后来，遂昌县设立了网店协会和网店服务中心，整合政府、电商、金融机构、农业合作社、农户等多方的资源，助力电商快速发展，遂昌模式初步形成。

图1-2 大型电商园区

遂昌模式就是以本地化电商综合服务商作为驱动，带动县域电商生态发展，促进地方传统产业，尤其是农业及农产品加工业实现电商化的电商模式。遂昌模式通过“电商综合服务商+网商+传统产业”相互作用，在政策环境的催化下，形成信息时代的县域经济发展道路。该模式的核心是本地化电商综合服务商，这些服务商帮助当地农产品实现了加工、生产的标准化，提升了农产品的质量和附加值，并且聚集了当地网商，推动当地形成了较完善的电商生态环境。一般来说，遂昌模式适合电商基础弱、小品牌多、小网商多的区域。

⑥ 成县模式

“成县模式”一词来源于我国甘肃省成县。成县位于甘、川、陕三省交界处，2011年被国家林业局命名为“中国核桃之乡”。成县模式的形成得益于“核桃书记”——成县县委书记李祥。李祥在新浪微博上实名注册认证，并宣传推广成县鲜核桃，获得了大量消费者和媒体的关注，使成县核桃成为网络热门农产品，最终促使成县的知名度迅速提升，并推动了成县土蜂蜜、成县柿饼等成县主要农产品热销全国各地。因此，成县模式可以概括为“爆品路线+政府营销”的电商模式。成县模式适合大部分地区，尤其是有特色农产品的地区，重点是需要当地政府的全力支持，并逐步完善电商生态，帮助小网商品牌化、集群化。

2. 农村电商的特征

随着经济的发展，我国移动互联网的普及率大幅度提升，这为我国农村电商的发展提供了基础。在发展的过程中，我国农村电商逐渐显露出以下特征。

（1）具有直接性

依托于互联网，农村电商可以直接使生产者、销售者、消费者等各方顺畅地沟通交流，各方的供求信息都能通过电商平台得到更透明、准确的反映，进而促进农产品的流通，大大提高交易效率，节约时间成本。例如，农户（生产者）可以通过惠农网发布生产原料采购信息和农产品供应信息，而商家（销售者）则可以通过惠农网了解各种农产品的批发行情，如图1-3所示。

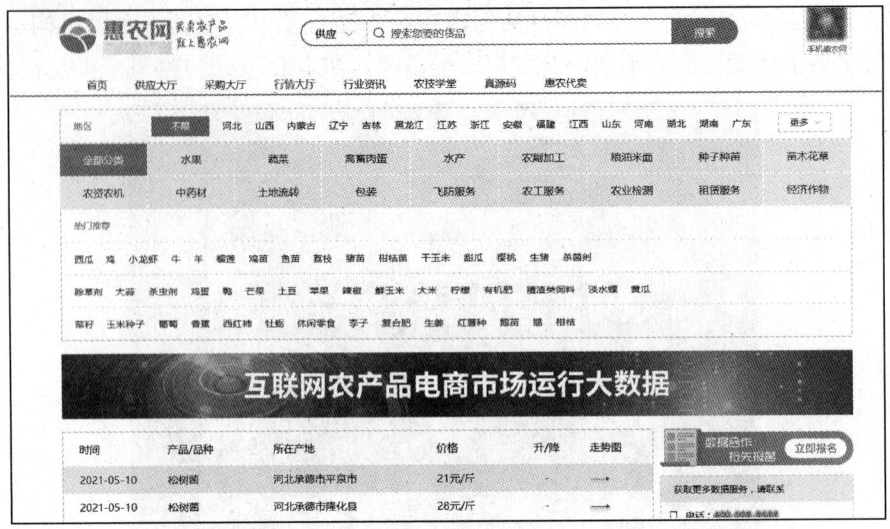

图1-3 惠农网网页

（2）呈现双元特性

目前，农村电商的发展呈现双元特性，即宏观上的多元性与微观上的单一性。在宏观上，农村电商已形成了许多颇具典型性的模式，如沙集模式、遂昌模式等，各模式具有不同的特点，呈现出多元发展的态势。而在微观上，大多数从事农村电商的企业的商业模式较为单一，都停留于“卖货”阶段，即以农产品交易为主要业务，在平台打造、资源整合、技术创新及资本运作等方面缺乏突出表现。

（3）具有集群效应

农村电商具有明显的集群效应，个别农户获得成功后，往往会被不断地模仿，同一地区会不断地涌现出新的网商。当这种密集的、同质性高的商务活动集中后，虽然会引发一定的竞争，但是也很容易形成共同的联盟和完整的产业链条，如沙集镇的电商发展。

1.1.3 农村电商的发展背景与趋势

随着社会的进步和各种新技术的广泛应用，农村地区也逐渐纳入电商发展的版图，不仅农产品可以从田地直接发往城市，城市中的工业消费品也可以销往广大农村地区。可以说，农村电商推动了我国农村地区经济的发展和农户生活水平的提高。农村电商具有自己的发展背景，现在发展势头正劲，已经受到政府、电商行业和广大消费者的热切关注，其未来的发展趋势也是众人关心的问题。

1. 农村电商的发展背景

近年来，我国农村电商发展迅速，用户规模超过全国总人口的一半，取得了有目共睹的成绩。我国农村电商之所以能取得良好的发展势头，是因为近年来在国家政策、农村地区基础设施建设、农村地区市场潜力、新技术应用等方面都具备了一定的利好条件。

（1）国家政策支持

一直以来，国家十分关注农业农村的发展，农村电商作为互联网时代的产物，自然受到国家的高度重视。2015年中央一号文件明确提出：“支持电商、物流、商贸、金融等企业参与涉农电子商务平台建设。开展电子商务进农村综合示范。”近年来，我国密集出台了一系列支持农村电商发展的政策，为农村电商的发展提供了市场环境、金融、人才、物流、基础设施等方面的全方位支持，特别是2018年1月发布的《中共中央 国务院关于实施乡村振兴战略的意见》指出，要“持续加大强农惠农富农政策力度，扎实推进农业现代化和新农村建设，全面深化农村改革”，并“支持供销、邮政及各类企业把服务网点延伸到乡村，健全农产品产销稳定衔接机制，大力建设具有广泛性的促进农村电子商务发展的基础设施，鼓励支持各类市场主体创新发展基于互联网的新型农业产业模式，深入实施电子商务进农村综合示范”。

此外，我国还发布了许多关于“互联网+”、农村电商发展的相关指导意见，如《数字农业农村发展规划（2019—2025年）》《“互联网+”农产品出村进城工程试点工作方案》《关于促进小农户和现代农业发展有机衔接的意见》等，在政策上鼓励发展农村电商，推动现代化农业、培育新型农民和建设新农村。

（2）农村地区基础设施建设大力推进

近年来，我国农村地区基础设施逐步完善，互联网普及率日益提升。据相关报告显示，截至2020年12月，我国农村地区网民规模已达到3.09亿，占网民整体的31.3%，农村地区互联网普及率提升至55.9%。农村地区互联网普及率的提升有助于各级农业信息化网站的建设，催生了大量农业服务网站。这些网站不仅有效整合了农业资源，还打通了相关信息、产品的流通渠道。

另外，我国加快了农村地区基础设施建设改造，交通等基础设施水平不断提升。至今，我国具备条件的乡（镇）和行政村已实现100%通硬化路。农村地区物流建设也在逐步推进，仓库、服务网点越来越多。根据2020年发布的《中国农村电商物流发展报告》，全国55万多个行政村的村民足不出村就可收到邮件包裹，邮政普遍服务均等化水平得到明显提升。

（3）农村地区市场潜力大、生鲜农产品供应充足

商务部发布的数据显示，自2015年以来，我国农村网络零售额呈现快速增长态势，2020年，全国农村网络零售额为1.79万亿元，同比增长8.9%，其中农村实物产品网络零售额为1.63万亿元，同比增长10.5%。这说明农村地区的电商市场发展势头良好，具有较大潜力。

同时，根据《2020全国县域数字农业农村电商发展报告》，作为农产品重要的组成部分，我国蔬菜、水果、肉类等生鲜农产品生产保持稳定增长，从2015年开始，全国生鲜农产品产量连续超过11亿吨。

（4）新技术的广泛应用

随着时代的不断发展和技术的不断创新，5G、物联网、大数据、云计算、区块链、人工智能等新技术不断发展，这些技术快速渗透到各行各业，与农村电商紧密结合，为农村电商的发展提供了很大的空间。

例如，5G网络在农村的覆盖，为农村电商运营、直播带货等提供了诸多便利，如图1-4所示。5G网络具有高速率、低时延等特点，极大地提升了电商直播的质量，不仅使线上全景实时传播成为可能，而且支持8K高清画质展现，让观看直播的消费者可以清晰地感受农产品的细节，助力农产品销售。

图1-4　利用5G网络直播

此外，5G和物联网技术的应用还推动了智慧农业的发展，如利用大量的传感器收集农业种植数据（如土壤、环境、病虫害等方面的数据），如图1-5所示，不仅能提高农业管理效率和农产品的质量，还能实现农产品溯源，让消费者可以便捷地查看农产品的生产、流通信息，从而弥补了农村电商交易中消费者不能接触实物的缺点，助力农村电商销售。

图1-5　传感器在农业种植中的应用

2. 农村电商的发展趋势

农村电商的出现不仅引发了我国社会和商业环境的深层次变革，还为新农村建设带来了动力。目前，农村电商仍然在不断发展，并呈现以下发展趋势。

（1）农产品跨境电商将日益壮大

我国是农产品生产和消费大国，农产品贸易呈现逐渐上升的态势。2020年1—7月，我国农产品进出口额为1380.7亿美元，同比增长7.8%。根据2020年发布《全国农产品跨境电子商务发展研究报告》，2019年我国粮食、棉花、油料、蔬菜、水果、肉类、禽蛋、水产品等产量均居世界首位，茶叶和水产品出口贸易总额也位居世界前列，说明我国的优质农产品越来越受到国际市场的认可。随着跨境电商产业链的不断完善，生态体系的日益健全，以及共建“一带一路”推动全球经济发展，我国将会有更多的优质农产品“走出去”，因此农产品跨境电商出口将有很大的发展潜力。

在进口方面，消费者对进口鲜果、水产海鲜、鲜奶等品类农产品的需求强烈，跨境电商为境内消费者提供了购买世界各地新鲜农产品的机会。随着我国消费者对于生活品质要求的提高，对进口农产品的需求将日益增长，预计未来将有越来越多的消费者通过跨境电商平台购买进口农产品。

（2）一系列“小而美”的形态诞生

首先，由于经济社会的发展和各地居民饮食习惯的不同，我国各农村地区的消费需求呈现出一定的差异，因此，商家应根据各农村地区农民的实际需求情况制定不同的销售政策，例如四川蒲江县特产丑橘，商家就可以针对与生产丑橘有关的农资进行相应的推广与促销。同时，在农产品上行方面，我国农产品消费市场呈现多元化发展态势，越来越多的商家根据不同的消费体验场景开发出“小而美”的产品，如自己食用的筒装豆沙粽子和送礼用的礼盒装黑猪肉粽子，促使我国农产品消费市场出现更多细分领域。

其次，直播电商、移动互联网等的兴起，降低了农村电商的门槛，使得普通农户有机会成为农村电商的参与主体（包括农产品电商商家、农村旅游服务提供商等）。这些规模较小的商家的生产经营策略灵活，为市场带来了更多的活力与创造性。

再次，农场直供模式、消费者定制模式兴起，这类模式依托自有的生产基地，旨在为消费者提供放心的品质农产品。

最后，农村电商的发展潜力吸引了越来越多有跨行业经验的人才加入，带来了其他行业的经验，催生了产品和服务的新形态。

（3）电商企业逐渐向农业生产端渗透

当前，越来越多的电商企业开始向农业生产端渗透，催生了诸如产地直供、订单农业、云养殖等新模式，推动了新的通信技术在农业生产经营管理中的全面应用，有助于实现农业生产标准化、农产品商品化与品牌化、经营规范化，重塑相关产业链。例如，京东农场利用人工智能、物联网、大数据等技术实现了生产端的精细管理，从农业生产端进行数字化改造，提升了农业生产和管理效率。

1.1.4 农村电商的县域资源配置

由于我国对农村电商的重视，许多县域地区想通过发展农村电商振兴当地经济。但农村电商的发展需要一定的条件，县域地区需要对物产资源、基础设施资源、政策资源和人才资源进行合理配置，才能为农村电商的发展奠定良好的基础。

1. 物产资源

在农村电商中，尤其是对于农产品电商而言，物产资源是关键性要素，只有找到合适的物产资源，才能打造富有特色的品牌。很多农村地区拥有自己独特的物产资源，这些物产资源在当地人眼中可能很平常，但是一旦经过适当的包装、打造，就很可能取得意想不到的市场反响。因此，善于发掘当地具有而其他地区不具有的物产资源是十分重要的。以发掘农产品资源为例，要挑选出具有代表性和独特竞争力的农产品，需要遵循“三原”原则。所谓“三原”，是指原产地、原生态、原滋味。其中，原产地是指农产品属于土生土长的特产，富有当地特色；原生态是指农产品采用的是绿色、无污染的生产方法，具有打造为品质化农产品的潜质；原滋味是指农产品没有使用添加剂等，保留食物原味。

当然，除了找出合适的物产资源，还需要将物产资源规模化，将分散的农户集中起来实现规模生产。例如，当地政府主导，建立生产园区，将相关农户和商家迁入，一方面进行集中化生产，另一方面进行协作和培训，并降低相关成本。

案 例

仙游县的物产资源配置

仙游县隶属于福建省莆田市，因当地的各种特产而闻名，度尾文旦柚是主要代表。度尾文旦柚是仙游县度尾镇特有的物产，属于我国地理标志农产品，果实品质优良、气味芳香、风味独特。

自从仙游县与阿里巴巴集团签订了“千县万村农村淘宝计划”以来，仙游县人民政府采取了一系列措施来实现当地物产资源（度尾文旦柚）的规模化发展。

首先，仙游县致力于推进标准基地建设。为了鼓励更多商家参与标准基地建设，仙游县人民政府允许商家以租赁、转让、承包等形式获取柚林和荒地荒山的使用权，助力当地的度尾文旦柚等产业实现规模化和集约化生产。

其次，仙游县大力培育龙头企业，鼓励商家以“企业+基地+农户”的经营模式建立度尾文旦柚的生产基地，起到模范带头作用，引领当地产业发展。

最后，仙游县建立了各种形式的专业合作社和专业协会。这些机构不但可以进行技术推广，还能提供生产资料，并推动连片种植进程，从而促进了农产品生产的组织化与规模化，并增强了商家规避风险的能力。

思考：（1）仙游县的物产资源（度尾文旦柚）有何特色？

（2）物产资源规模化对于仙游县有何意义？

2. 基础设施资源

发展农村电商，需要一定的基础设施资源，包括交通资源、通信资源、物流资源等。

- **交通资源**。想要发展农村电商的地区，先要考察当地的交通资源是否具备支撑起庞大物流系统的能力。具体考察内容包括当地的公路情况，即是否拥有较完善的公路运输网络；当地的运输情况，即有多少家货运公司、多少条货运线路、交通是否拥堵等。当然，交通资源建设需要当地政府来主导。
- **通信资源**。对于农村电商而言，通信方面基础设施的建设是至关重要的。虽然我国农村地区的网络覆盖率逐年提升，但网络信号不佳、网速慢等问题仍然影响着农村电商的发展。我国已进入5G时代，5G所具有的高速率、大容量和低时延等特点对农村电商的发展具有很大的推动作用。因此，当地政府和通信运营商应大力推进宽带升级及5G通信网络设施的建设。
- **物流资源**。物流对于农村电商的重要性是不言而喻的，尤其是农产品上行，只有畅通的物流才能保证农产品以最快的时效送到消费者手中，保证农产品的新鲜度。当前农村地区的物流基础设施普遍落后，物流工具原始，因此，想要大力发展农村电商，还需要投入大量资金进行物流基础设施的建设，包括物流配送终端、物流服务网点、物流仓库，以及智慧物流平台等的建设。

3. 政策资源

农村电商对于基础设施建设的要求较高，而农户本身普遍缺乏电商运营能力，因此，政府政策的扶持也是至关重要的。健全合理的政府政策一方面能为农村电商的发展提供基本的物质支持，另一方面能为农产品商家与电商平台牵头，使二者建立连接。同时，一定的政策优惠可以吸引更多农户加入农村电商，进而促进县域农村电商的发展。

我国已经出台了一系列扶持农村电商发展的政策，但不同地区响应国家政策的程度不同。想要发展农村电商的地区除了积极落实国家政策，还要根据本地实际情况发布有针对性的农村电商政策细则。例如，吉林省通榆县就发布了一系列扶持农村电商发展的政策细则，如推动电商产业园建设，并通过提供资金、技术等方面的支持吸引创业者入驻；拨专款160万元作为品牌培育和质量保障系统认证的补贴资金，支持本地农产品品牌建设等。

4. 人才资源

当前，农村电商进入快速发展期，但农村地区的人才资源十分匮乏，阻碍农村电商进一步发展。想要发展农村电商的地区需要对当地人才的储备情况进行调查，并开展有针对性的人才培养工作。

例如，仙游县就开展了一系列培养农村电商人才的工作，包括在该县青年电商协会的基础上建立电商培训中心，提供电商基础知识、网店运营技巧等方面的培训；在该县的职业技术学校增加与农村电商相关的课程，并牵头建立电商实践基地；把农村电商创业者纳入该县农村实用人才培训计划中，有针对性地加以扶持。

1.2 农产品电商概述

农产品电商是农村电商的重要组成部分，近年来持续受到各方关注。自2009年开始，生鲜电商大批出现，农产品电商也迅速发展。当前，农产品电商对打开农产品市场、促进农户增收、带动农村经济发展起着积极的作用，消费者对农产品电商的接受程度也越来越高。

1.2.1 农产品电商的作用

农产品电商是电商在农产品生产和销售领域的延伸与应用。发展农产品电商，不仅能加速农业信息的流通、拓宽农产品销售渠道，还能创新农产品营销模式。

- **加速农业信息的流通**。在传统农业特有的家庭式小规模生产下，农户一般靠经验进行生产，这样的生产方式已经不能适应时代发展的趋势，严重阻碍了农业信息的交流。农产品电商可以使农产品供求双方及时进行沟通，解决我国农业“小农户与大市场”的矛盾，实现农业生产与市场需求的对接，让供应方依据市场情况调整生产计划、合理定产，从而降低生产风险。另外，农产品电商能够改善农产品流通状况，提高农产品交易总额，从而增加农户收入，还可以加快我国农村经济结构的战略性调整，并提高我国农业在国际市场的竞争力。
- **拓宽农产品销售渠道**。我国农产品销售长期面临销售渠道窄、费用成本高、环节多等问题。而在农产品电商中，电商平台可以促使农产品流通组织化、规模化，并为供求双方提供直接交易的机会，大大减少了中间环节，降低了交易成本。
- **创新农产品营销模式**。传统农业的营销发展十分滞后，在营销创新方面，农产品远远落后于工业消费品。而电商模式凭借互联网的优势，可以非常高效地进行农产品的营销创新、包装设计等。

1.2.2　农产品电商的新发展

农产品电商自诞生以来，就一直面临农产品保鲜期短、标准化程度低、物流配送不及时等问题，这些问题一方面影响消费者的购物体验，另一方面也激励业内寻找适合的解决方案。随着各种新技术的发展，农产品电商向数字化和新零售等方面发展，不仅提升了农产品电商的运营效率，还进一步提升了消费者的购物体验。

1. 农产品电商数字化

所谓农产品电商数字化，是指综合利用大数据、互联网、云计算、区块链、人工智能等多种信息技术，使农产品的交易更加便利，成本更低，效益更高。其特点如下。

- **数字化生产**。物联网、5G、人工智能等技术的应用，促使农业生产资料、生产过程实现数字化，有效促进了农产品的标准化生产，还使农产品种植、生产流通的全过程被准确记录，并纳入开放信息平台。再加上种植主体及经营主体认证机制的完善，全面实现了农产品溯源管理，使产销两端通过线上进行对接，为消费者提供优质的数字化农产品。例如，位于上海市崇明区的翠冠梨标准示范基地（见图1-6），就运用了多项高科技技术，农户只要通过手机便能操作无人机、田园机器人完成植保和撒药等工作，十分便利。

图1-6　翠冠梨标准示范基地

- **数字化物流**。近年来，电商企业大力推动农产品电商数字化物流的发展。例如，阿里巴巴集团在农业“最先一公里”领域持续投入大量资金，建成了超过1000个菜鸟乡村物流县域共配中心。2019年，菜鸟乡村启动了农村快递物流智慧共配项目，该项目以“快递共配+农货上行”为核心，向县域快递企业提供技术、管理、商业方面的解决方案，有效提升了农村快递共配体系的工作效率，并降低了相关成本，大力探索网点商业化、农货上行的发展方向。
- **数字化销售**。在农产品电商中，商家在销售过程中可以通过积累消费者的购买及评价数据来获取真实、全面的反馈信息，并将这些信息传递给供应链各方，从而为有针对性地提升农产品的品质和服务质量提供决策依据。同时，凭借高科技手段，农产品数字化已成为可能，商家可以为消费者提供更直观、可靠的农产品信息，助力农产品销售。此外，直播的兴起还给农产品电商的销售场景带来了巨大的变化，消费者通过手机便可直观地看到农产品的采摘、加工情况，购物更放心。

2. 农产品电商新零售

2016年10月，马云在杭州举行的阿里云栖大会上第一次提出了“新零售”概念。所谓新零售，是指企业依托于互联网，运用大数据、人工智能等先进技术，对产品的生产、流通与销售过程进行升级改造，进而重塑业态结构与生态圈，并对线上服务、线下体验以及现代物流进行深度融合的零售新模式。

简单来说，新零售可以总结为“线上+线下+物流”，其核心是以消费者为中心的会员、支付、库存、服务等方面数据的全面打通。从本质上来说，新零售是以消费者体验为中心，进行人、货、场三要素的重构。而就农产品电商新零售而言，人、货、场三要素也发生了变化。

（1）人

这里的“人”是指消费者。对于消费者而言，消费正在逐渐升级，对于农产品的要求也不再是价格便宜，而是好吃、健康、有品质，完成了从吃得饱到吃得好再到吃得精的转变。消费者在购物时也会关注农产品的包装、品相、营养成分、品牌文化等。

针对消费者更加追求品质、多元化的购物需求，商家要基于多平台积累的大量消费者数据，分析出每位消费者的喜好、生活方式、消费水平、购物习惯等，完整清晰地绘制出目标消费者画像，使消费者从被动的接受者转变为合作生产者，既购买农产品，又反馈信息，帮助商家更好地进行农产品的生产与销售，最终实现以销定产，最大限度地降低库存。

（2）货

这里的“货”是指商家生产或销售的农产品。在传统农产品交易中，农产品处于小、散、乱的状态；而在农产品电商新零售下，随着科技的发展和消费者生活水平的提高，消费者不再满足于购买通用性农产品，而是更在意农产品的质量、包装以及背后的情感与价值理念。传统的低价值产品（标准农产品、初级农产品）升级为高价值产品（标准化、品质化的农产品）及无形的产品（个性化的服务）。同时，农产品的价值不仅包含使用价值，还包含了农产品给消费者带来的便利性、社交价值及其他情感感受等。

知识补充

在农产品电商新零售中，为了让农产品实现标准化，商家采用了3种手段：一是在生产、存储、运输的过程中，尽可能让外部条件标准化；二是对农产品进行分级和粗加工；三是对农产品进行统一包装。图1-7所示即为统一包装后的农产品，看起来品相好、新鲜、干净、品质高，因而比一般散装销售的农产品的价格更高，利润也更高。

图1-7　统一包装后的农产品

（3）场

这里的“场”是指消费场景。在传统的农产品消费场景中，农产品在原产地采摘后被运往各地批发市场批发出售，再被运往各个社区农贸市场或路边小摊进行零售。在这样的消费场景中，消费者完成支付后，销售过程就基本结束，没有形成对消费者的黏性，与消费者也缺乏互动。而在农产品电商新零售中，消费场景已不再仅仅是交易场所，如以盒马鲜生为代表的新零售生鲜超市中，消费场景得到了全面升级，围绕消费者的综合消费需求，覆盖了农产品销售场所、餐饮场所、咖啡茶饮场所等。商家不仅出售农产品，还要满足消费者所需的餐饮、娱乐、社交等个性化需求，将农产品销售融入美食品尝、农事劳作、农事艺术等生活体验场景中，为消费者带来全新的购物体验。图1-8所示即为盒马鲜生大连高新店联合优酷体育举办的CBA观赛活动，数十位球迷一边品尝盒马鲜生提供的丰盛海鲜，一边观赛。

图1-8　盒马鲜生联合优酷体育举办的CBA观赛活动

随着物联网、人工智能、虚拟现实（Virtual Reality，VR）等新技术的广泛应用，新零售生鲜超市实现了智能化升级，引入了智能触屏、智能货架、智能收银系统等物联设备，这很好地拓展了消费场景，增强了超市的体验感，提升了购物便捷性和消费者的互动体验。例如，集餐饮购物于一体的新零售生鲜超市“苏鲜生”就引入了无人收银系统，消费者直接在自助收银台完成支付后打印小票，然后到出口处进行核实后就可以走出超市，大大节省了排队时间。另外，苏鲜生还支持刷脸支付，让支付更加便捷。

知识补充

消费场景可以是实体的，也可以是虚拟的。对于农产品电商新零售而言，重要的是营造一种氛围感，刺激消费者的购买欲望。例如，盒马鲜生等超市，通过装修、陈列、灯光、宣传文案等一系列手段营造出一种高品质生活的氛围，让消费者不知不觉地产生一种在其中购物就能提升生活品质的念头，进而激发消费者的购物热情，促进农产品的销售。

1.3 本章实训——分析甘肃成县的县域电商资源配置

成县隶属甘肃省陇南市，是东出陕西省、南下四川省的交通枢纽。成县地理位置和气候条件十分优越，以丘陵为主，森林覆盖率为48.5%，年均气温为11.9℃，气候非常适合农作物生长，因而生态资源丰富。

近年来，成县的农村电商发展卓有成效。作为阿里巴巴集团确定的“千县万村”计划西北首个试点县，成县以自身的物产资源优势为基础，积极配置各方面的资源，努力发展县域电商经济，最终成为电子商务进农村综合示范县，农业农村部认定的全国农业农村信息化示范基地。

1. 实训要求

① 分析成县的物产资源。

② 分析成县的基础设施资源。

③ 分析成县的政策资源。

④ 分析成县的人才资源。

2. 实训准备

在分析成县的县域电商资源配置前，需要掌握搜集相关资料的方法。具体来说，成县县域电商发展相关资料的来源包括政府网站，如成县人民政府网（见图1-9）；专业的农村电商资讯网站，如惠农网（见图1-10）；大型门户网站，如腾讯网、搜狐网等；微博官方账号，如@陇南成县发布、@成县电商中心（见图1-11）等。此外，还可以利用百度、360等搜索引擎搜索相关资料，但需要到以上渠道中进一步核实资料的真实性。

图1-9　成县人民政府网网页

图1-10　惠农网网页

图1-11 @成县电商中心官方微博

3. 实训步骤

① 分析成县的物产资源

成县2011年被国家林业局命名为“中国核桃之乡”，可见成县盛产核桃。实际上，成县的物产资源十分丰富，在当地政府统筹之后，形成了以核桃为主导，中药材、养殖、蔬菜、鲜果等为支撑的特色农产品产业体系。

② 分析成县的基础设施资源

在交通资源方面，成县具有独特的优势。成县属于区域交通枢纽，县内有G8513和G7011高速、G567国道、S205和S222省道等交通干线贯穿而过，2018年3月25日，成县机场正式建成通航。

在通信方面，起初成县较为落后，但后续投入了大量资金进行建设，目前，全县245个行政村实现无线网络和有线宽带网络全覆盖。

在物流基础设施方面，全县拥有快递物流企业42家，投递业务范围覆盖率为100%，建成了以顺通电商物流园为中枢、15个乡镇物流配送站为支点、116个村级物流配送点为终端的三级物流配送体系；全县建成县级电商服务中心、17个乡镇电商服务站和167个村级电商服务点为主的三级电商公共服务体系。

③ 分析成县的政策资源

成县出台了一系列政策文件，包括《关于加快电商发展 实现集中突破的实施意见》《电商工作奖励扶持办法》《电商工作督查考核办法》等，分别在网商创业扶持、物流快递补贴、供货商奖励等方面制定了详细的奖金补贴政策，累计投入1100多万元的财政资金支持电商发展。

④ 分析成县的人才资源

成县的电商经济发展提供了大量的就业岗位，也吸引了大量在外务工人员、相关专业毕业的大学生等回乡加入电商创业队伍。同时，成县也加强了相关人才的培训，2015年，甘肃首家电商学院——陇南师范高等专科学校电商学院落户成县，该学院专门设有电商培训中心，承担着电商人才培养工作。

1.4 本章小结

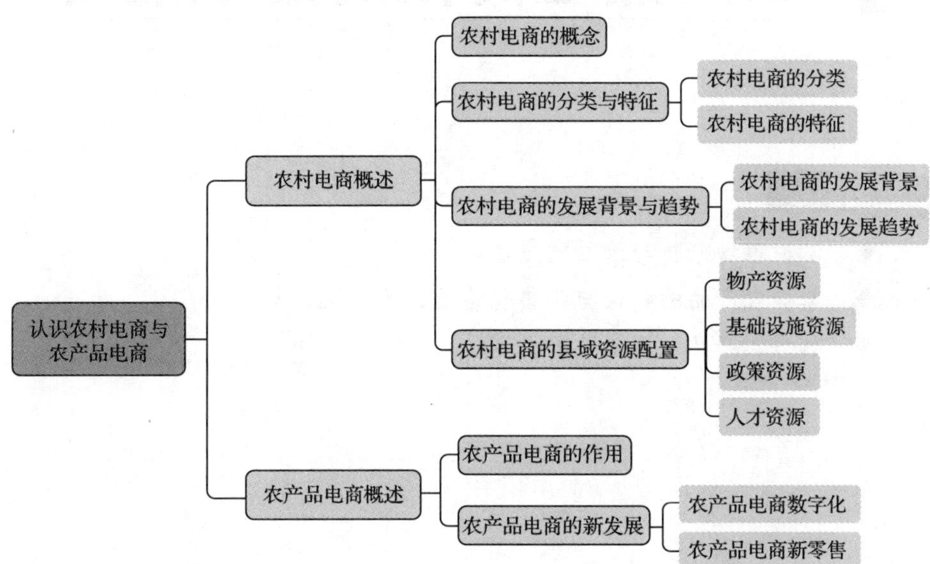

真实案例推荐阅读

1. 成县电商探索之路
2. 引领新一代智能农业革命：数字化农业
3. 农村电商助力乡村振兴，四川省峨眉山市成全国电商县域标杆

拓展阅读：

真实案例推荐阅读

第2章 农产品电商化的前期准备

学习目标

◆ 掌握市场分析与选品的方法。

◆ 掌握农产品的拍摄与销售包装设计的方法。

◆ 熟悉农产品电商团队的搭建。

引导案例

王某的土鸡蛋经营之道

王某是一名电子商务专业的大学生，毕业后进入一家大型超市工作。在工作中王某发现，当前市面上售卖的鸡蛋多为饲料鸡产下的，价格虽然便宜，但味道和营养价值未能让对生活品质要求较高的消费者满意。部分号称“土鸡蛋”的产品由于不能获得消费者的信任，销量也不高。这给了王某启发，王某父母在老家农村养殖了很多土鸡，但土鸡蛋没有很好的销路，如果自己能返乡创业，将家乡的土鸡蛋放到电商平台上销售，或许能取得不错的销量。

王某认准了土鸡蛋这一细分市场后，对市场需求和消费者进行了仔细的调查，将自己的目标消费人群确定为生活在一二线城市、收入水平较高、追求健康生活的白领人士。这个群体特别关心食品安全，尤其青睐原生态农产品。王某仔细分析了自家土鸡蛋的特点，认为其具有的卖点包括由农家五谷杂粮喂养的土鸡产下、营养丰富、口感细腻等。

经过以上调查后，王某开始为土鸡蛋拍摄图片。王某特地拍摄了自家散养的土鸡觅食的场景，收捡鸡蛋的场景，以及土鸡蛋蛋壳敲开后的蛋黄和蛋液等。同时，王某还为土鸡蛋撰写了文案，以返乡大学生的口吻，通过朴实真挚的语言讲述了自己在电商平台出售土鸡蛋的原因，以及自家土鸡蛋的优点等。此外，考虑到目标消费人群的审美偏好，王某还请专业的设计师帮忙设计了精美的外包装，使土鸡蛋显得更加有品质。

经过一番努力的经营，王某的土鸡蛋上线一段时间后，取得了不错的销量，越来越多的消费者成了王某的忠实客户，老家的很多亲朋好友也纷纷效仿王某的做法，投身于农产品电商的经营。

2.1 市场分析与选品

在传统农产品贸易中，农产品的生产规模小，多为一家一户生产，缺乏市场调研，因而容易导致生产的农产品不能适应市场的需求。这种方式在农产品电商中是行不通的。要想从传统农产品贸易转型为农产品电商，必须进行市场分析与选品。

2.1.1 分析农产品市场

当前的农产品市场十分庞大，任何商家都不可能有足够的资源去满足整个市场的需求，任何农产品也不可能满足所有消费者的需要。在农产品日益丰富以及消费升级的背景下，消费者对农产品的需求和购买行为也表现出多元化的发展趋势，不同消费者对于农产品的营销策略的反应也有很大的差异性，正是这种多元化、富有差异性的市场情况，使得细分农产品市场成为十分重要的环节。在细分农产品市场后，商家还应结合自身的实际情况，选择适合的目标市场，最后再确定农产品市场定位。

1. 细分农产品市场

细分农产品市场是指根据农产品总体市场中不同消费者在需求特点、购买行为和购买习惯等方面的差异性，把农产品总体市场划分为若干个不同类型的购买者群体的过程。每一个细分市场对应一个消费者群，由具有类似需求倾向的消费者组成，即不同细分市场对应的消费者对同一农产品的需求与欲望明显不同。例如，就大米而言，一部分消费者喜欢绿色天然的有机大米，另一部分消费者则需要购买升糖指数低的粳米，虽然都是购买大米，由于购买需求不同，消费者就分属于不同的细分市场。

当前农产品电商呈多元化发展态势，商家要想在激烈的竞争中脱颖而出，就必须在市场调研的基础上，根据消费者的需求、购买行为、购买习惯等方面表现出的差异性，细分农产品市场，并找到市场机会。

（1）细分农产品市场的步骤

细分农产品市场的步骤如下。

① 分析自身产品

商家首先要了解自己农产品的优势、劣势、特色及具备的功能等。例如，经营橄榄油的商家分析其橄榄油的优势为油烟少、口感好、保鲜期长，劣势是尚无权威机构颁发的食品安全方面的证书，特色是产自西班牙，功能是用于炒、煎、炸、凉拌食物。

② 分析消费者的需求

商家应从当前需求、潜在需求出发，尽可能详细地罗列出消费者的多种需求。例如，消费者对于橄榄油的需求包括日常食用需求、送礼需求、健康需求等。

③ 划分消费者的类型

根据消费者需求的不同，商家可将消费者划分为不同的类型，根据不同的消费者类型确定各细分市场。例如，将橄榄油的消费者划分为普通大众型（日常食用需求）、追求品质型（送礼需求）、注重养生型（健康需求）等。

④ 分析细分市场

商家可对各细分市场进行比较，进一步认识各细分市场的特点，测量各细分市场的大小，考虑各细分市场有无必要再细分或进行合并。例如，通过对橄榄油细分市场的分析，发现普通大众型消费者还可以细分为常做饭型和偶尔做饭型。

（2）细分农产品市场的方法

消费者对农产品的需求主要受地理、人口、心理、行为等因素的影响。因此，细分农产品市场可以按照这些因素进行。

① 地理细分

地理细分是按照消费者所处的地理位置、自然环境来细分市场，具体涉及的因素包括国家、地区、城市规模、气候、人口密度、地形地貌等。处于不同地理位置的消费者，对于同一类农产品往往会有不同的需求，比较典型的就是不同地区消费者的饮食偏好，如爱吃辣、爱吃甜食等。

地理因素比较容易识别，是细分农产品市场时应重点考虑的因素，因为处于同一地理位置的消费者的需求依然会有很大差异，所以不可以将地理因素绝对化，还必须进一步考虑其他因素。例如，同在四川的上班族和老年人，对于面条的需求就不同，上班族追求方便快捷，而老年人更重视健康、安全卫生。

② 人口细分

人口细分是指以人口统计变量，如年龄、性别、收入、职业、受教育程度等为基础细分市场。人口统计变量的相关数据比较容易获取，可以量化，较适合作为细分市场的依据。

消费者在做出购买决策时必然受到个人特征的影响。一般而言，不同年龄、不同文化教育水平的消费者，在价值观、生活方式、审美偏好、消费行为等方面会有一定的差别，因而会产生不同的消费需求。例如，对于价格较高的进口车厘子、三文鱼等，收入水平较高的消费者的消费需求更高。

③ 心理细分

按照地理标准和人口标准划分，归属于同一群体中的消费者依然会有不同的需求，这主要是受消费者心理因素的影响。心理因素包括消费者的个性、购买动机、价值观念、生活格调、追求的利益等。以购买动机为例，消费者在购买农产品时，可能会有求实、求廉、求美、好奇等购买动机。例如，专挑便宜的蔬菜买是出于求廉动机，而买自己没吃过的新品种蔬菜，则是出于好奇动机。

④ 行为细分

商家可消费者的行为变化可以直观反映其对农产品的需求差异，因此，行为细分是市场细分较常用的方式。具体来说，行为细分是根据消费者对农产品的了解程度、态度、使用情况及反应、购买时追求的利益等将他们划分成不同的群体。例如，根据是否使用和使用程度来细分市场，可将消费者划分为经常购买者、首次购买者、潜在购买者以及非购买者；根据对某一农产品的购买频率来细分市场，可将消费者划分为重度使用者、中度使用者及轻度使用者。

知识补充

商家在细分农产品市场时，可以综合考虑多方面的因素。例如，豆瓣酱商家在考虑地理因素后，将市场细分为川渝地区市场、云南贵州地区市场、华北地区市场，然后将川渝地区市场细分为青年人市场和中老年人市场，青年人市场主打辣味十足的特色豆瓣酱，而中老年人市场主打低钠的健康豆瓣酱。

2. 选择农产品目标市场

农产品目标市场是指农产品经营者打算进入的细分市场。选择农产品目标市场需要在细分农产品市场的基础上，根据自身条件选择一个或一个以上细分市场作为营销对象。一般而言，选择农产品目标市场的方式有两种：一是不进行市场细分，将农产品的整体市场（全体消费者）作为目标市场，此种方式对应的目标市场策略是无差异性营销策略；二是首先进行市场细分，然后选择其中一个或多个细分市场作为目标市场，此种方式对应的目标市场策略是集中性营销策略和差异性营销策略。

（1）无差异性营销策略

无差异性营销策略是指将整个市场作为目标市场，只推出单一的标准化农产品，采用单一的营销策略，通过无差异的推销吸引尽可能多的消费者。无差异性营销策略的优点是成本较低，可以减少市场调查、产品开发、促销、渠道开拓方面的费用。该策略的缺点是将市场看成一个无差别的整体，没有考虑细分市场的特性。随着消费者收入水平和消费水平的提高，消费者之间的需求也出现了越来越大的差异，坚持采用无差异性营销策略已经难以跟上市场发展的脚步。例如，早前消费者对鸡蛋只有日常食用需求，但随着生活水平的提高，会越来越注重鸡蛋的营养健康，从而产生对鸡蛋的色泽、口感、蛋白质含量等多个方面的不同需求。此时，如果大量商家仍采用无差异性营销策略，将会加重鸡蛋消费市场的同质化现象，出现供过于求的市场态势。

知识补充

当前依然采用无差异性营销策略的商家，要么是处于卖方市场条件下，从传统的产品观念出发，强调消费者需求的共同点；要么是在经过市场调查之后，认为自己销售的农产品的消费需求差异较小。

（2）集中性营销策略

集中性营销策略是指集中全部力量于一个或几个细分子市场，提供能满足这些细分子市场需求的农产品，实行高度专业化的生产和销售，以在竞争中获得优势。集中性营销策略适合资源力量有限的中小企业采用，其优点是目标集中，生产、销售专业化，可以充分利用有限的资源来聚集力量，能够更好地满足特定消费者的需求，增强在目标市场中的竞争力，并大大节省营销费用；其缺点是所选择的目标市场范围狭窄，当目标消费者兴趣转移或出现强大的竞争者时，商家无法很好地应对，会有较大的风险。

当前，一些农户或中小商家把大部分资源和资金用于专业种植（养殖），这就是集中性营销策略的体现。例如，某农户在分析了消费者对鸡肉的需求后，选择将追求营养健康的消费者作为目标消费人群，专门生产散养、不喂饲料的绿色无公害土鸡，获得了不错的市场反响。

（3）差异性营销策略

差异性营销策略是指商家在细分市场的基础上，根据各细分市场的不同需求，分别设计不同的农产品并运用不同的市场营销组合，服务于各细分市场。差异性营销策略的差异性主要体现在农产品、服务、人员、品牌等方面，是目前企业较为常用的目标市场选择策略。例如，金龙鱼食用油品牌根据细分市场的不同需求，设计了图2-1所示的欧丽薇兰橄榄油系列（针对追求生活品质的高端消费人群）、胡姬花古法花生油系列（针对喜爱传统饮食文化的消费人群）、KING'S核桃油系列（针对注重营养健康的消费人群）等，并针对不同的系列设计了不同的外包装和促销方案。

图2-1　金龙鱼食用油的不同系列

采用这种策略的优点是能够满足不同消费群体的需要，营销效果较好，并且选择两个以上的目标市场，还可以使商家获得连带优势并提高知名度。在当前低端农产品相对过剩、优质农产品不足的背景下，采取差异性营销策略具有十分积极的意义。这种策略的缺点在于会增加生产费用、管理费用、仓储费用和促销费用，对人力、物力、财力和经营管理水平有较高的要求。

3. 确定农产品市场定位

农产品市场定位是指商家根据竞争者现有农产品在市场上所处的位置，针对消费者对该类农产品某种属性或特征的重视程度，为商家自身的农产品塑造与众不同的、让人印象深刻的形象，并把这种形象有效地传递给消费者，从而确定其农产品在市场中的位置。

一般来说，确定农产品市场定位的步骤如下。

（1）分析目标市场的现状，明确自身的竞争优势

在充分的市场调研与分析的基础上，商家应明确以下3个问题。

- **目标市场中的竞争者及其农产品的状态**。商家应对竞争者的业务经营情况、营销能力、财务能力，以及竞争者的农产品质量、农产品生产技术等进行评估，衡量竞争者的状态，并与自身情况进行对比。
- **目标市场中消费者的需求及其满足程度**。消费者在目标市场中的需求主要表现在对农产品的质量、价格、包装，对服务的态度，以及对价值的追求等方面。商家应对这些内容进行分析，明确是否具备满足这些需求的条件，以及消费者的满意程度。
- **商家具备的竞争优势**。根据以上内容的分析，商家应明确自身在目标市场所具备的竞争优势，更好地为目标市场定位奠定基础。

（2）选择竞争优势，对目标市场进行初步定位

通过对竞争者、消费者和自身的分析，明确自身在目标市场中所具备的优势后，商家还要对竞争优势进行筛选，从中选出更好、更明显的优势，以初步确定自己在目标市场中的位置。在这个过程中，商家要注意避免市场定位过低、过高等问题。

（3）显示独特的竞争优势，进一步完善目标市场定位

这一步要展示商家所具备的独特的竞争优势，将其传播给消费者，在消费者心中留下印象，主要包括以下内容。

① 建立与市场定位相一致的形象

商家应该通过农产品、服务等的差异化优势来建立自己的形象，并让消费者了解、熟悉并认同。

② 巩固与市场定位相一致的形象

消费者对商家形象有了印象后，商家需要通过各种手段强化消费者对商家的形象，然后还要根据市场的变化情况，不断地向消费者传输新的观点、论据等，进一步巩固消费者对商家目标市场定位的态度。

③ 矫正与市场定位不一致的形象

当消费者对商家的市场定位产生理解偏差，或商家因为宣传失误而造成市场定位混乱时，商家必须及时矫正与市场定位不一致的形象。此外，即使市场定位恰当，在出现以下情况时，商家也需要对目标市场进行矫正。

- 竞争者推出的农产品与商家的农产品类似，侵占了商家原本的市场份额，导致商家市

场占有率下降。

- 消费者的需求或偏好发生了较大的转变，导致商家的农产品销量大幅下降。

2.1.2 描绘客户画像

在进行农产品市场分析时，不能单纯地从农产品入手，还要充分考虑客户的特点和需求，这就需要利用客户画像。客户画像是互联网时代的产物，依托大数据技术，可以帮助商家更加快速、准确地处理信息，目前被广泛用于商业营销领域。

1. 了解客户画像

客户画像是建立在一系列真实数据之上的目标群体的客户模型，即根据客户的属性及行为特征，抽象出相应的标签，拟合而成的虚拟形象。需要注意的是，客户画像是将一类有共同特征的客户聚类分析后得出的，并非针对某个具象的特定个人。客户画像是客户信息的标签化。通过客户画像，商家可以描绘出客户的个人信息，找出拥有共同兴趣爱好、共同特征的客户群体，从而进行更精准的营销，提供更优质的农产品和服务。

客户画像涉及的信息包括人口统计学特征（如性别、年龄、健康状况、职业、婚姻、文化水平、收入等）、消费能力、兴趣爱好等，通过这些信息，商家可以准确地描绘客户形象，制定有针对性的营销策略。

2. 描绘客户画像的步骤

商家首先需要采集与客户相关的数据，然后对这些数据进行整理，最后再利用整理好的数据描绘客户画像。

（1）采集数据

商家可以通过以下几类渠道采集数据。

- **内部管理系统**。商家可以从内部的各种管理系统的数据库中查询和采集与客户相关的数据信息，如农产品采购和管理系统、客户服务管理系统、仓储管理系统、财务管理系统等。
- **专业数据机构**。许多专业数据机构会定期向公众发布研究报告，例如，艾媒咨询于2020年5月发布的《2020Q1中国农货电商市场研究报告》，其中就有农产品电商市场用户的数据，如图2-2所示。这些报告专业性、权威性强，对商家有很高的利用价值。

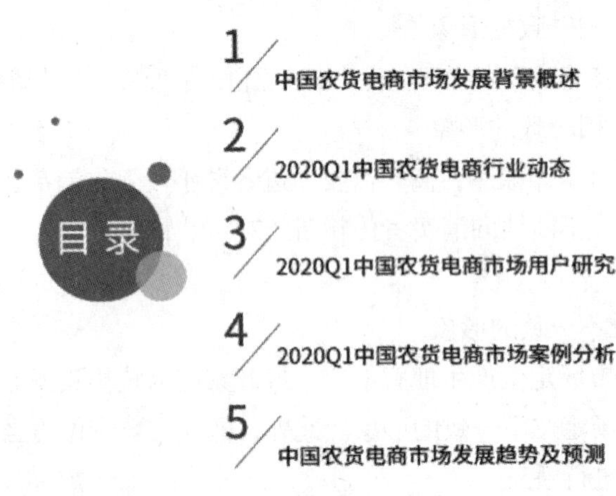

图2-2 《2020Q1中国农货电商市场研究报告》目录

- **社会调研**。商家可以通过开展社会调研（如问卷调查等）来采集与客户相关的数据，例如，制作客户满意度问卷调查表，将该表发放给客户，并做好数据回收工作，就能得到较为准确的客户满意度数据。

- **网络平台**。当前一些网络平台会提供海量的大数据信息供商家查看，如各种电商平台、搜索引擎等，图2-3所示即为淘宝网提供的数据查询分析工具——生意参谋的界面。商家也可以利用一些数据采集工具（如八爪鱼采集器等）获取网页中需要的数据。

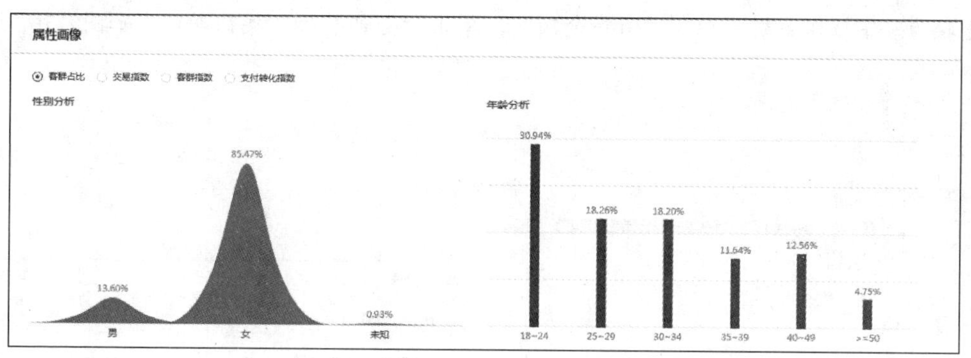

图2-3　生意参谋界面

（2）整理数据

在采集完数据后，商家应对数据进行整理，使采集的数据具备应有的分析价值。总体来看，数据整理主要包括内容的整理与格式的整理。

① 内容的整理

采集到的数据，有可能出现缺失、错误或重复等问题，针对不同的情形，有不同的整理技巧。

- **缺失值整理**。如果能够判断出缺失数据的内容，则应首先考虑进行手动修补；如果删除缺失值后不影响所采集数据的效果且采集到的数据量足够大，则可以考虑删除缺失值。

拓展阅读：

Excel 常见错误信息

- **错误值整理**。错误值会影响最终数据的准确性，因此需要进行整理。Excel会根据不同的错误提示不同的信息，商家可以利用Excel处理错误值。

- **重复值整理**。为确保采集的数据中没有重复的信息，商家可以利用Excel的删除重复值功能，去掉可能出现的重复项，其方法如下：在【数据】/【数据工具】组中单击“删除重复值”按钮，打开“删除重复值”对话框，选中表格项目对应的复选框，表示检查该项目下是否包含重复值，单击“确定”按钮即可。

② 格式的整理

采集的数据往往会出现格式不统一的情形，例如，日期数据有“2021年10月23日”“2021-10-23”等显示方式，这时就需要统一格式，商家可以在Excel中通过设置数据类型、查找和替换数据进行格式的整理。

- **设置数据类型**。选择需统一数据类型的单元格区域，在【开始】/【数字】组中单击右下角的“展开”按钮，打开“设置单元格格式”对话框的“数字”选项卡，在“分类”下拉列表框中选择某种数据类型，在右侧的界面中进一步设置所选类型的数据格式，完成后单击“确定”按钮，如图2-4所示。

- **查找和替换数据**。若涉及的不是数据类型不统一的问题，还可利用查找和替换功能进行统一修改。例如，需要将“消 费 金 额”统一为“消费金额”，去掉多余的空格，则可在【开始】/【编辑】组中单击“查找和选择”按钮，在打开的下拉列表中选择“替换”命令，打开“查找和替换”对话框的“替换”选项卡，在“查找内容”下拉列表框中输入“消 费 金 额”，在“替换为”下拉列表框中输入“消费金额”，单击“全部替换”按钮即可，如图2-5所示。

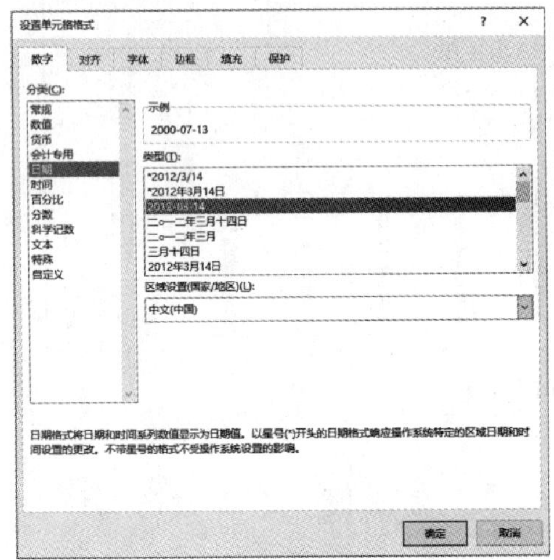

图2-4　设置数据类型

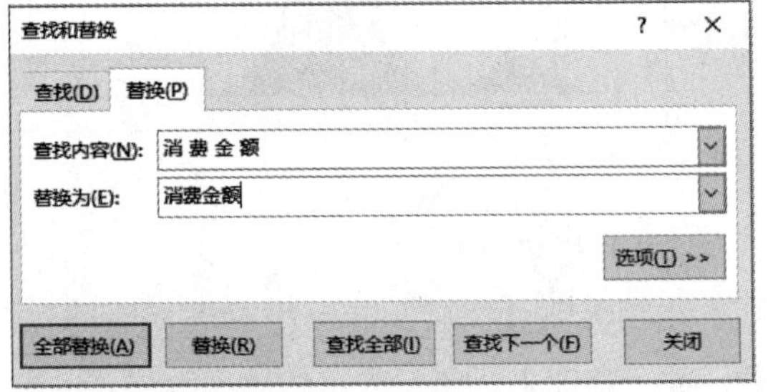

图2-5　“查找和替换”对话框

知识补充

在整理完数据后，商家应根据实际情况确定是否需要进行数据加工，即进行数据计算、排列、筛选、汇总等操作。例如，采集的数据中客户年龄是以具体数字的形式显示的，为了便于后期操作，可以利用IF函数将客户年龄进行分层，如25岁以下、25～30岁等。

（3）描绘客户画像

商家应根据已整理的客户信息数据描绘精准的客户画像，具体可以利用Excel的数据透视表和数据透视图功能来实现。这里以在Excel中利用淘宝网上某农产品店铺2021年4月16日的客户（即产生交易行为的消费者）信息描绘客户画像为例，介绍描绘客户画像的方法，其具体操作如下。

微课视频：

描绘客户画像

- 打开“客户画像.xlsx”文件（配套资源：素材\第2章\客户画像.xlsx），选择A1:H61单元格区域，在【插入】/【表格】组中单击“数据透视表”按钮，打开“创建数据透视表”对话框，在“选择放置数据透视表的位置”栏下选中“新工作表”单选项，在新工作表中创建数据透视表，将“性别”字段添加到“行”区域，将“客户名称”添加到“值”区域，此时“值”区域将自动判断为以计数的方式进行汇总，如图2-6所示。

- 在【数据透视表工具-分析】/【工具】组中单击“数据透视图”按钮，在打开的“插入图表”对话框中的左侧列表中选择“饼图”选项，在右侧界面中选择“二维饼图”选项，创建数据透视图，并删除图表标题。选择该数据透视图，在【数据透视表工具-设计】/【图表布局】组中单击“添加图表元素”按钮，在打开的下拉列表中选择“数据标签/数据标注”选项，并添加数据标签，效果如图2-7所示。由图可知，该店铺的女性客户占比高达87%。

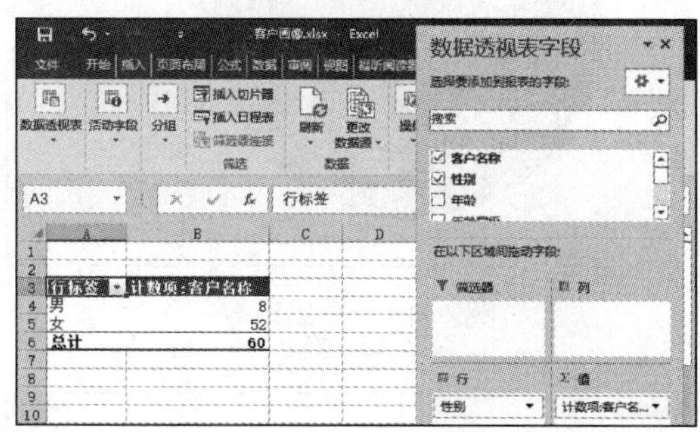

图2-6　设置数据透视表字段

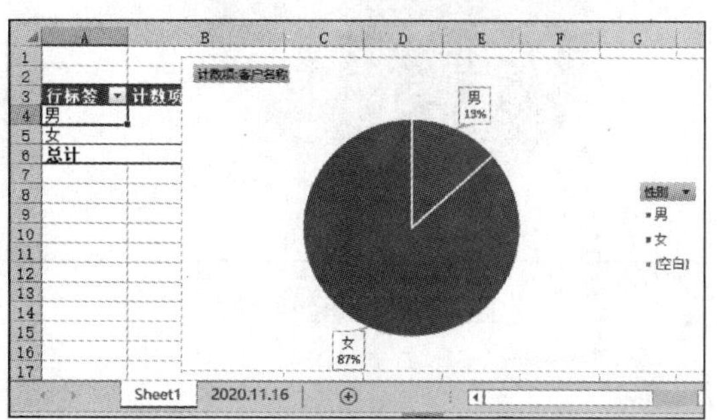

图2-7　创建数据透视图

• 在“数据透视表字段”窗格中将“性别”字段从“行”区域中移出，再将“年龄层级”字段添加到“行”区域，此时数据透视图将同步产生变化，如图2-8所示。由图可知，该店铺当日的客户年龄以30岁以下为主，占比达75%。

• 在“数据透视表字段”窗格的“行”区域中将“年龄层级”字段调整为“地区/城市”字段，此时数据透视图将同步产生变化，调整数据透视图大小，效果如图2-9所示。由图可知，该店铺的农产品最受北京、上海、广州、杭州和深圳的客户青睐，特别是北京和上海的客户，二者占比超过1/3。

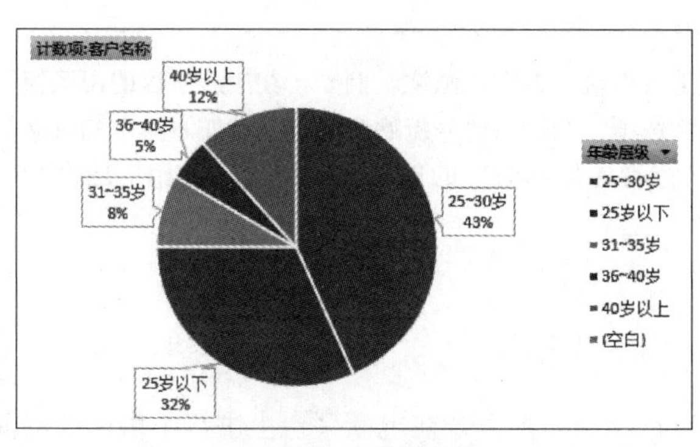

图2-8　年龄层级

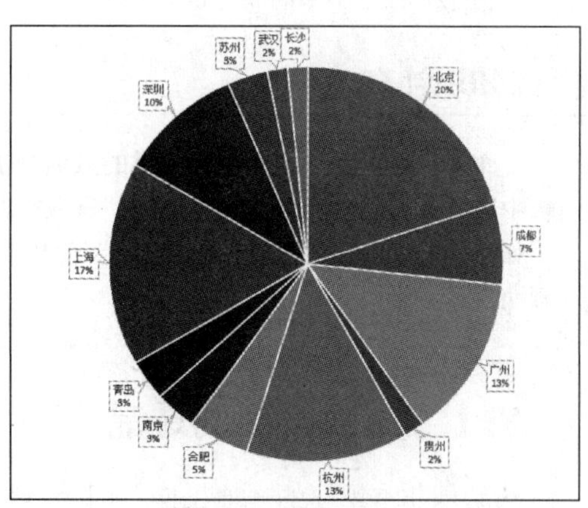

图2-9　地区/城市

• 按照相同的方法，分别将“行”区域中的“字段”设置为“消费层级”“交易笔数”“下单时间（24小时制）”“使用终端”字段，查看数据透视图效果，分别如图2-10～图2-13所示。由图可知，在消费层级方面，店铺当日所销售的产品价格范围的跨度并不大，销量最好的是价位为211～250元的农产品，销量最低的则是价位在150元以下的农产品；在交易笔数方面，大多数客户只发生了1笔交易；在下单时间方面，客户在店铺中的热门交易时间为11时，其余时间比较平均；在使用终端方面，客户更喜欢在移动端进行交易。

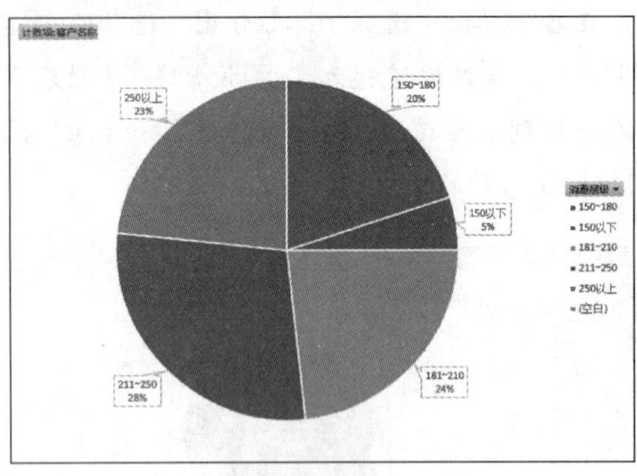

图2-10　消费层级

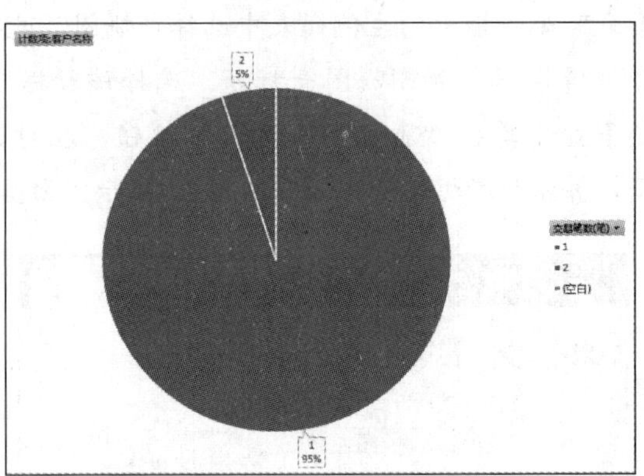

图2-11　交易笔数

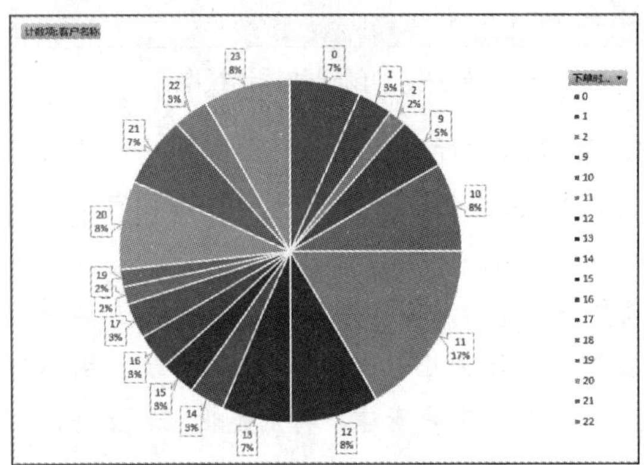

图2-12　下单时间（24小时制）

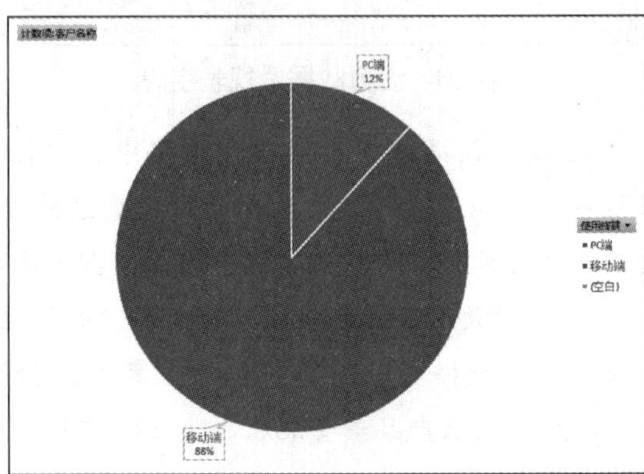

图2-13　使用终端

知识补充

商家也可以利用电商平台提供的数据分析工具直接查看客户画像。例如，在生意参谋的市场板块中选择左侧“客群洞察”栏下的“行业客群”选项，选择需要分析的产品类目（如木耳）和时期（如近30天），在“属性画像”栏选中需要查看的指标对应的单选项，即可查看相应的客户画像。

2.1.3　农产品的选品

选品是非常重要的一项工作，因为不是所有农产品都适合在电商平台上进行销售。一般而言，消费者认知度高、需求量大、富有地域特色的农产品更适合在电商平台上进行销售，如山西陈醋、云南香格里拉松茸等。商家也不能盲目追逐电商平台上的热门农产品，应该根据自身的实际情况，选择适合自己的农产品进行销售。具体来说，在选品时，商家应首先确定选品方向，再综合考虑农产品地方特色、农产品品质、农产品后续供应、农产品运输及保存等因素来进行选品。

1. 农产品选品的基本方向

农产品选品的第一个方向是主推某一种或某几种农产品，通过单品的大体量来分摊物流与包装成本，最大限度地降低损耗。但这对农产品的品质要求很高，农产品必须具有比较明显的卖点才有可能成为爆款，而且对营销策划的要求也较高。此外，农产品属于周期性上市产品，在货源空档期，商家还需提前安排替代农产品。

农产品选品的第二个方向是多元化布局。所谓多元化布局，就是选定一批不错的货源上架，如主打某地特产，就上架当地所有特产，然后根据市场表现定期筛选、淘汰，并不断上架新品。这样选品的优点是品类全，缺点是需要注意市场定位，否则会弄成杂货铺。

2. 选品应考虑的因素

在具体选品时，商家要结合农产品自身的特点，综合考虑以下因素。

- **农产品地方特色**。选品时，商家首先可以选择特色农产品、家乡特色小吃等。“橘生淮南则为橘，生于淮北则为枳”，不同的地理、气候条件会造就不同的农产品，在消费者心中，许多农产品都有专属的特产地。例如，荔枝就是茂名的特色农产品，而脐橙是赣南的特产。如果商家能在当地找到有一定知名度、具有很强的地方特色、有卖点的农产品，就可以考虑将其纳入选品范围。这样的农产品具有可信任度高、容易被消费者接受的特点，不仅能提高销售转化率，还可以节省推广费用。

- **农产品品质**。商家在选品时还必须保证农产品的品质。很多农产品是家庭式小作坊生产的，其在制造过程中可能未经过正规检测，容易出现食品安全问题。因此，选品时的品质把关也是很有必要的。

- **农产品后续供应**。农产品后续供应也是需要考虑的一个方面。农产品上线后最大的问题往往就是供应链问题，因为一旦市场接受度高，交易订单量大幅增长，农产品的后续供应就会面临很大的考验。农产品不同于工业消费品，农产品的生产条件复杂、生产周期长，再加上农村生产条件有限，因此选品时应重点关注生产条件要求相对较低、生产周期相对较短、能保证大量供应的农产品。最好是依托家庭农场、种养大户、专业合作社、企业等农业生产组织，整合各类农业资源，保证货源稳定。

- **农产品运输及保存**。农产品的特殊之处在于其对物流时限的要求很高。虽然目前各大电商巨头在农产品物流方面做了很多尝试，但是对于中小商家来说，冷链运输等的成本还是过高。另外，农产品易腐坏，若短期内无法快速售出，将会给商家带来巨大的压力。因此，如果商家不希望在物流环节做大量投入或对农产品销售状况没有把握，那么在选品时应尽量选择保鲜期较长、不易破损、便于运输的农产品。这些农产品不仅经营周期长，而且附加值较高。商家如果在选品时没有考虑到这一点，仅根据自身的主观喜好进行选择，不仅会损害消费者的利益，还会影响自身的信誉度，增加经营成本。

知识补充

对于初创期的商家而言，农产品的受众面也是一大考虑因素。虽然特色农产品可以被纳入选品范围，但是如果商家选择的特色农产品过于小众，市场需求量不大，就很难带来流量和交易。如果商家实力雄厚，有较强的营销推广能力，也可以将一些小众农产品加以包装推向市场，向消费者普及该类农产品，创造出新的市场需求，开辟新的市场领域，如近年来走红的牛油果。

2.1.4 挖掘农产品卖点

所谓“卖点”，简单来说，是指所卖农产品所具备的前所未有、与众不同的特色、特点。卖点能告诉消费者购买农产品所得到的利益，是消费者认可、竞争对手无法提出或未曾提出的，在传播过程中易于理解和记忆，并且具有极大吸引力的点。一般而言，在挖掘卖点时，商家要站在消费者的立场上，从农产品产地、环境、口感、外观等方面入手，将农产品的特点提炼出来，并用简洁、生动、令人印象深刻的语言加以描述，让消费者产生对农产品的良好印象。

1. 产地

很多农产品具有地域性，带有较强的自然或人文色彩，商家在挖掘农产品卖点时，可以首先考虑从产地入手，给农产品加上产地标签，如烟台车厘子、郫县豆瓣酱等，借助产地特产本身的影响力，增强农产品的辨识度，让消费者一眼就识别出农产品。

如果农产品没有特殊的产地身份，商家也可以尝试围绕河流、湖泊、高山等地理特征，如珠江入海口、黄河三角洲等来打造卖点。

2. 环境

环境是指农产品的生长环境，如光照、降水量、空气等级、湿度等环境指标。不同的农产品对环境的要求不同。例如，哈密瓜适合生长在光照强度大、昼夜温差大的环境中，这样才能更充分地形成与积累糖分。

在挖掘环境卖点时，商家要尽量说清楚环境的具体特征，如光照、温度、土壤条件等，以及该环境提升了农产品的哪些品质，最好能使用具体的数字，给人以客观、有理有据的感觉，增强说服力，如图2-14所示。

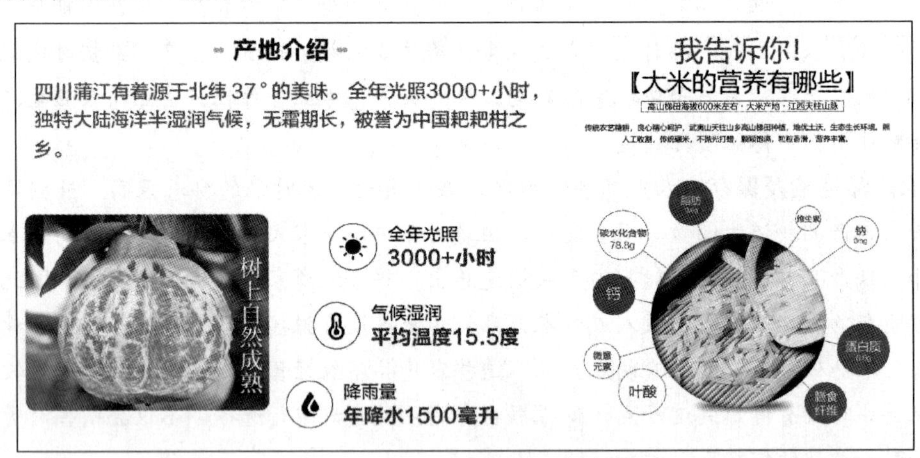

图2-14　环境卖点

3. 口感

口感是消费者在购买农产品时会特别关注的因素，因此，以独特的口感为卖点能很好地吸引消费者的注意力。口感是感官的感受，在将其描述为卖点时要做到生动形象，必要时配上图片或视频，让消费者能想象出农产品上佳的口感，进而产生食欲，产生购买行为，如图2-15所示。

4. 外观

消费者在网购农产品时，并不能实际品尝农产品，往往会通过农产品的外观来判断农产品的品质，因此，外观也是影响消费者购买决策的重要因素。挖掘卖点时，以外观为切入点，商家可以从侧面表现农产品的优良品质，如葡萄个大饱满、色泽黑亮，说明该葡萄生长时营养充分，同样能勾起消费者的食欲，如图2-16所示。

图2-15　表现农产品口感

图2-16　表现农产品外观

5. 认同

从认同入手挖掘卖点是指站在消费者的角度去分析农产品能带来的好处，然后再用精练的文字表现出来，引发消费者认同。例如，原生态种植的大豆，能带给消费者的想象有：营养丰富，富含蛋白质、氨基酸等；食用方法多样，可煮粥、炖汤、打豆浆、焖炖等。

6. 口碑

在农产品电商中，一方面，消费者无法看到实物，因而无法亲自辨认农产品的品质；另一方面，农产品生产非标准化，不同农产品之间品质存在较大差异，因此，口碑是消费者做出购买决策时尤为重要的参考依据。很多消费者有从众心理，拥有好口碑的农产品往往能更快地赢得消费者的信任。因此，在挖掘卖点时，商家可以尽量展现农产品的好口碑，包括消费者的正面评价、好评数量等，如图2-17所示。

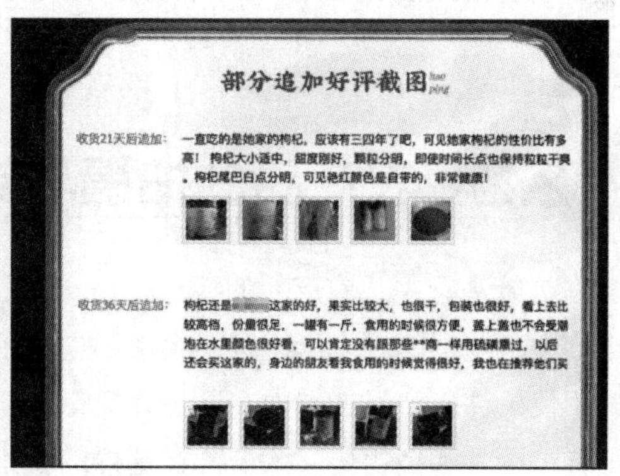

图2-17　展现农产品口碑

7. 权威

除了消费者的口碑，相关机构的权威性证书也能有效证明农产品的品质。如果商家取得了与农产品相关的检测报告、质检认证证书等权威认证，就可以将其作为卖点进行展示，以增强农产品的吸引力。图2-18所示即为某经营无糖粳米的商家展示的检测证书，该证书能很好地佐证该大米在低升糖方面确实具有优势。

8. 情怀

消费者在购物时除了关注农产品的价格或质量，农产品背后的价值理念、情怀等也是打动消费者的重要因素。从情怀切入，传递某种正能量，容易让消费者在情感上产生认同，进而产生购买行为，甚至成为忠诚客户。例如，褚时健于75岁承包了2 400亩荒山用以种植褚橙，辛苦耕耘10年，终于在85岁高龄开发出口感独特的褚橙，因而成为励志人物。褚橙也由于产品背后浓浓的情怀而被称为“励志橙”，如图2-19所示，励志情怀则成为褚橙的一大核心卖点。

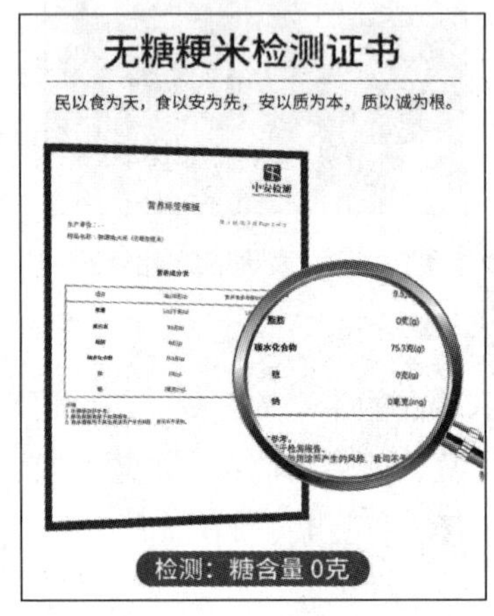

图2-18　权威认证

图2-19　励志橙

知识补充

此外，商家还可以自己制作一些产品概念作为卖点。例如，作为高海拔地区农产品的攀枝花杧果，具有晚熟、错季节等优势，因此，商家就可以制造出“5月至12月都可以享用的杧果”这一卖点，与其他杧果形成差异，吸引消费者的注意。

2.2 农产品的拍摄与销售包装设计

在传统观念中，农产品的特点就是“土”“原生态”，不需要进行特意的打造。但在农产品电商中，这样的观念已经跟不上市场需求了。在消费升级的趋势下，很多消费者在购买农产品时不仅关注农产品的“内在”（即质量、新鲜度和安全性等），而且也十分看重其“外在”（即详情图片和销售包装等）。在这样的背景下，农产品的拍摄与销售包装设计的重要性就凸显出来了。

2.2.1 拍摄农产品

拍摄农产品时，要充分展现农产品的形、质、色。“形”是指农产品的整体形态和外形特征，“质”是指农产品的质地、质量以及质感，“色”是指农产品的颜色。商家需要做好拍摄农产品的准备，并掌握拍摄农产品的技巧，将农产品的形、质、色恰到好处地展现给消费者。

知识补充

国内主流的农产品电商平台对农产品图片的要求较多，包括图片清晰，能真实地反映农产品本身；图片所示的产品颜色和规格等必须与文字介绍一致；图片不能出现大面积的黑色投影或反光；图片应为高清图片，至少为800像素×800像素等。

1. 拍摄农产品的准备

在农产品电商中，很多商家不重视拍摄工作，仅仅使用手机随意地拍摄几张农产品外观的图片，效果往往不佳。在拍摄农产品前，商家需要准备合适的拍摄器材，掌握一定的布光和构图方法，才能拍出令人满意的效果。

（1）准备器材

要想拍摄好农产品，就需要选择合适的拍摄器材。

- **单反相机**。拍摄农产品时常用的相机是单反相机，如图2-20所示，并配备有短焦距和标准焦距的变焦镜头，以及有超近距离拍摄功能的微距镜头。其中，变焦镜头的短焦距可以实现广角拍摄，进而形成更强的视觉冲击力，适合在室外拍摄农产品的生长环境；变焦镜头的标准焦距是展示产品的最佳焦距，拍摄出来的画面不会产生变形，能够如实地展示农产品的外形；微距镜头可以以超近的距离对拍摄对象进行对焦，能够将农产品放大数倍，更加清晰地展现农产品的细节。

拓展阅读：

柔光箱和反光板介绍

- **三脚架**。在拍摄农产品时，三脚架也是常用的器材，如图2-21所示。三脚架可以辅助相机保持平衡稳定，防止因抖动带来的对画面清晰度的影响。
- **补光灯**。在室内拍摄时，常需要补充光照，图2-22所示即为补光灯，因此准备两盏600W的补光灯，并配备柔光箱、反光板等器材。

图2-20 单反相机

图2-21 三脚架

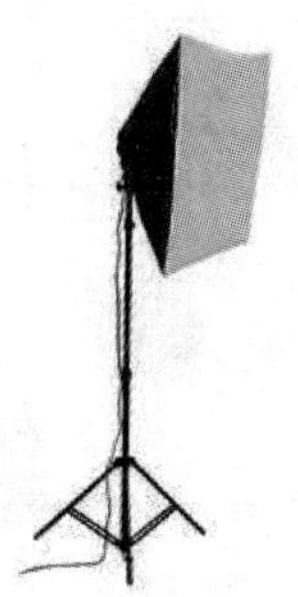

图2-22 补光灯

- **无人机**。近年来，无人机航拍颇为流行，无人机航拍具有高清晰度、大比例尺、灵活等特点，适合高空俯瞰视角拍摄稻田、果园等，从宏观上展现农产品的生长环境。

知识补充

拍摄时不一定要使用单反相机，市面上很多智能手机的拍照功能已较为成熟，可以承担基本的农产品拍摄任务，对很多普通农户而言是一个既简单又经济的选择。

（2）布光

在拍摄过程中，一定要保证光线充足。农产品的拍摄分为室外拍摄和室内拍摄。室外拍摄主要展现农产品的生产环境、采摘过程、运输等，主要使用自然光；室内拍摄主要展现农产品的外观、细节等，一般不会单纯使用自然光进行拍摄，更多会利用人工光源。因此，室内拍摄农产品时，有必要掌握常用的布光方法。

① 两前侧布光

使用两前侧布光时，商家需要准备两盏补光灯。两盏灯分别分布于农产品的两侧，与拍摄对象的距离基本一样，以角度大致相同的方向对拍摄对象进行照射，如图2-23所示，受光均匀后，能够充分表现农产品的细节。商家同时要为补光灯增设柔光箱，扩大光源面积，在农产品表面形成大面积的亮光区，使农产品更有光泽感。一般来说，商家应将一侧光源设为主光源，调大该侧补光灯功率，再将另一侧光源设为辅助光源，将补光灯功率设置得相对低一些，使两盏灯的亮度不同，从而在农产品表面形成自然的阴影效果。此布光方法适用于拍摄质地较为粗糙的农产品，如核桃、土豆等，光线要柔且有方向性，并配合使用蜂巢罩、柔光纸。

② 逆光布光

使用逆光布光时，商家需要准备一盏补光灯加反光板，如图2-24所示。在农产品背面放置补光灯，以逆光作为主光源，可以很好地展现出农产品的质感，同时还可以在补光灯前加束光筒、蜂巢罩和柔光纸，以产生更为柔和的定向光。而在农产品的正面，商家则应布置反光板，对农产品进行正面补光，使农产品的正面呈现得更加清晰。在布光时，商家可以通过调节补光灯、反光板、拍摄对象之间的距离来调整光线的照明情况。此布光方法适用于拍摄有一定透光性的农产品，如各种蔬菜，通过合理设置光线的强弱程度，表现出农产品的诱人外形。

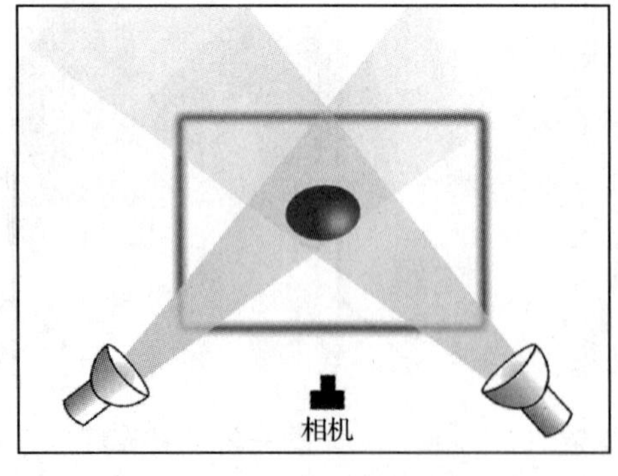

图2-23　两前侧布光

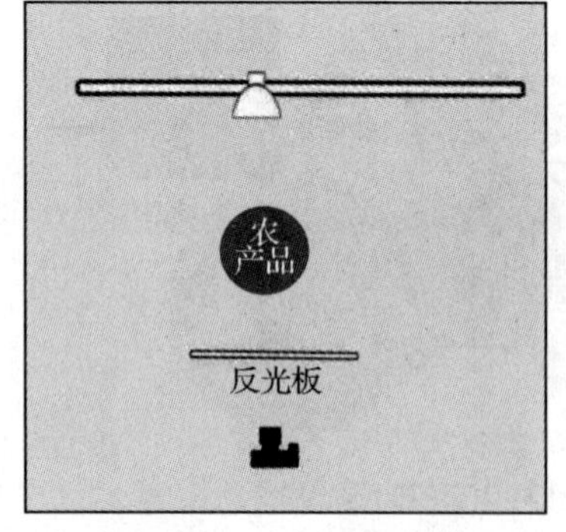

图2-24　逆光布光

③ 高位前侧布光

高位前侧布光法需要的光源可以来自两盏补光灯，也可以来自于一盏补光灯加反光板的组合。高位前侧布光是在两前侧布光法的基础上，调高光源的位置，然后朝下调整补光灯的角度。一般来说，商家只需要调高一盏补光灯，将其灯光角度调整为向下45°（相对于所拍摄的农产品），然后使另一侧的补光灯或反光板的高度与农产品保持水平。此布光方法可以增强农产品的质感，适用于拍摄表面有一定光泽的农产品，如苹果、冬瓜等，同时，由于高位前侧光会在拍摄对象斜上方部分区域形成亮光区，所以适合拍摄有一定高度的农产品。

（3）构图

在拍摄农产品的过程中，画面的构图是至关重要的，合理的构图方法会使拍摄出来的农产品画面更美观，拍摄效果更好。

- **中心构图**。简单地说，中心构图就是将农产品放置于图片的中心位置，效果简洁大方，突出农产品本身的外形，让消费者留下深刻印象。在使用中心构图时，还可以搭配与主体同色系的素色背景，增加图片的趣味性，如图2-25所示。

知识补充

拍摄时最好选用素色的背景，以更清晰地呈现拍摄对象。若要突出拍摄对象的颜色，可以选择白色背景（以一张白纸作为道具）。在使用亮色背景时，需要注意背景色与拍摄对象颜色是否匹配，若没有较强的颜色搭配能力，可以选择同一色系的背景色。

- **多点棋盘式构图**。多点棋盘式构图是指将多个类似的农产品进行有规则或无规则的排列，让这些农产品像棋盘上的棋子一样呈现在图片中，从而增强画面的美观性和趣味性，如图2-26所示。

图2-25　中心构图

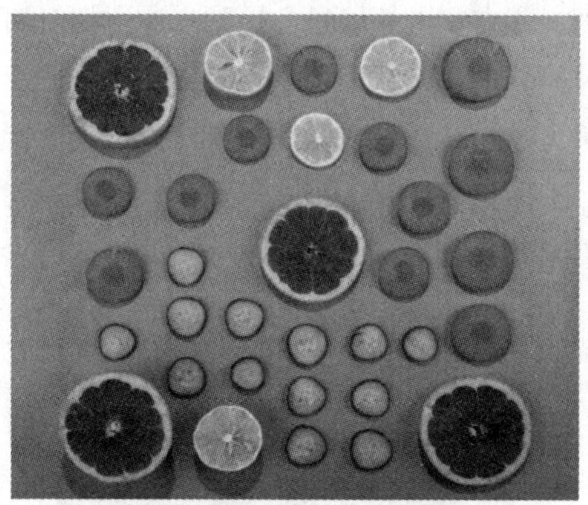

图2-26　多点棋盘式构图

- **九宫格构图**。九宫格构图也称“井”字构图，属于黄金分割式构图的一种形式，如图2-27所示。九宫格构图会将被摄主体或重要景物放在“九宫格”交叉点的位置上。在选择构图方位时，右上方的交叉点最为理想，其次为右下方的交叉点。该构图方式较符合人们的视觉习惯，能使被摄主体自然成为视觉中心，具有突出主体，并使画面趋向均衡的特点。
- **对角线构图**。对角线构图是农产品斜向摆放的构图方式，其特点是富有动感，个性突出，多用于表现造型、色彩等较为独特的农产品，如图2-28所示。

图2-27　九宫格构图

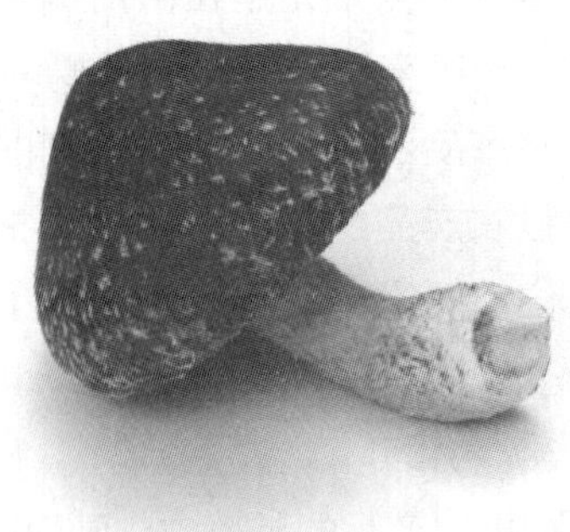

图2-28　对角线构图

2. 拍摄农产品的技巧

在拍摄农产品时，商家要尽可能突显农产品的品质和卖点，以增强农产品对消费者的吸引力，因此有必要掌握一些拍摄技巧。

（1）场景拍摄

简单来说，场景拍摄就是构建一个具体的场景，将农产品放置在该场景中拍摄，从而生动直观地展现农产品。

① 生长或养殖场景

消费者在购买农产品时，尤其关注农产品的生长或养殖环境，因此在拍摄农产品时，商家应尽量构建一个农产品生长或养殖的场景，拍摄出鲜活的农产品形象。

在构建农产品生长或养殖场景时，需要围绕一个明确的主题，才能更好地进行视觉引导。例如，青龙县农产品“龙富苹果”的特色是口感甜脆，就可以围绕“甜脆”主题构建一个阳光明媚、清爽宜人的场景，让阳光穿过树叶直接照射在苹果表面上，整个画面呈现出明朗、大方的风格，从而渲染苹果的甜脆口感，如图2-29所示。若苹果的口感是软糯的，就可以通过布光柔化光线，让光线以散射或漫反射的形式照射到苹果表面上，使画面呈现出朦胧的风格。又如，拍摄农家散养土鸡的养殖场景时，就可以围绕“散养”主题构建一个土鸡自由生长在农家院落中的场景，如图2-30所示。

图2-29　苹果生长场景

图2-30　土鸡养殖场景

② 采摘场景

拍摄农产品的采摘场景，可以从侧面突出农产品的新鲜度，增强消费者对农产品的信任。

图2-31所示即为橘子的采摘场景，可以看出，橘子采用人工采摘、人工挑选，透露出朴实、自然的感觉，更容易让消费者感到放心。

图2-31 橘子的采摘场景

知识补充

对于农作物产品而言，拍摄最好能贯穿生产全过程，包括选种、播种、浇灌、生长、管理、收获、晾晒、成品、包装等环节，从而全方位地展现农作物的原生态生长环境、无公害的种植技术、安全妥当的打包方式等，增强消费者对农产品的信任。当然，这需要投入更多的拍摄成本，更适合有实力的商家。

③ 食用场景

消费者购买可食用的农产品后主要涉及的场景就是食用场景，通过构建食用场景可以增强消费者的代入感，让消费者在看到图片时就联想到自己品尝农产品美味的情景。在构建食用场景时，商家可以选择不同的背景（如餐厅、公园草坪等），为模特设计不同的品尝动作，尽可能做到真实自然，同时让模特表现出品尝到美味食物时欲罢不能的表情，侧面展示食物的美味，以激发消费者的购买冲动。

此外，商家也可以单纯展现农产品的不同食用方式，如黄豆可以烧菜，制作豆腐、腐竹、纳豆等，如图2-32所示，将农产品的食用方式展现出来，可以让消费者意识到农产品的用途是很广泛的，增加消费者购买的概率。

（2）对比拍摄

在拍摄农产品时，商家可以将农产品与其他物品放在一起进行对比，凸显农产品的大小、颜色、形状等，图2-33所示即将车厘子与硬币放在一起进行拍摄，通过车厘子与硬币的大小对比，形象化地展示了车厘子的大小，传达出“车厘子个头足够大”的信息。

（3）细节拍摄

细节拍摄能让消费者快速直观地了解农产品，对于展现农产品品质来说意义重大。具体来说，农产品细节包括外皮、果肉、内核等。商家在拍摄农产品细节的时候，需要使用微距镜头获得清晰的拍摄效果。同时，商家要选择消费者最关心的细节进行表现。例如，就苹果而言，消费者最关心的就是果肉，因此，在拍摄苹果时，需要将苹果切开，呈现内部的果肉和果核细节，如图2-34所示。

图2-32　食用场景

图2-33　对比拍摄

图2-34　细节拍摄

知识补充

对于长条状的农产品，可以将其切成片进行展现；对于颗粒类农产品，如玉米，则可以将玉米粒剥下来一些进行展现。

（4）多维度拍摄

多维度拍摄是指对农产品的不同角度（如苹果的正面、侧面、底部、顶部等），不同部位（如黑猪的排骨、猪头等），以及品种、等级、颜色等进行拍摄。多维度拍摄可以全面展现农产品的各种信息，让消费者全方位了解农产品，打消消费者的顾虑。图2-35所示即为多维度对土鸡的不同部位进行展现。

（5）借助道具拍摄

商家在拍摄农产品时，可以借助一些道具增强图片的表现力，例如使用竹篮盛装苹果，让苹果的摆放更加规整。又如，为了突出农产品的新鲜度，可将水和甘油按照10：1的比例混合后喷洒到农产品上，在农产品表面制造小水珠，呈现水灵灵的效果，如图2-36所示。

图2-35　多维度拍摄

图2-36　借助道具拍摄

知识补充

在农产品拍摄过程中，容易出现的问题包括图片失真或模糊、过暗或过亮，拍摄主体不突出，道具喧宾夺主等。商家需要多参考优秀同行拍摄的图片，总结经验，避免类似问题的发生。

2.2.2 设计农产品销售包装

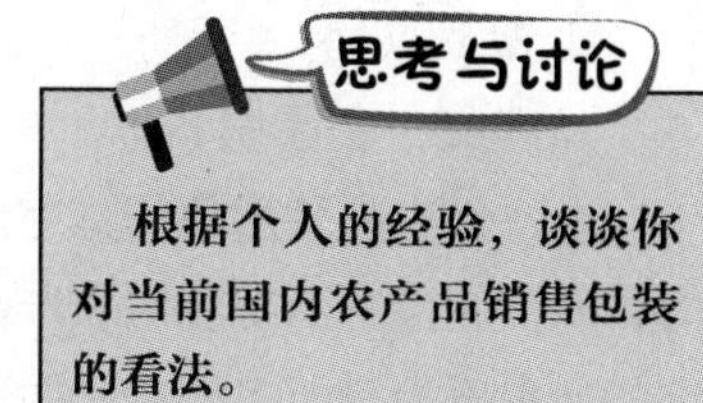

根据个人的经验，谈谈你对当前国内农产品销售包装的看法。

对于农产品而言，一个好的销售包装设计一方面能与农产品本身的特色相融合，更好地突出农产品的亮点，吸引更多消费者的关注；另一方面能实现农产品的增值，提高农产品的品牌价值。

农产品的销售包装是农产品最外层的包装，可以展现农产品的品牌形象。商家在设计销售包装时，除了考虑农产品的保护、存储外，还必须对美观度、便携性、文化内涵等加以重视。虽然对于农产品电商来说，消费者往往是通过产品详情页来了解农产品的，但如果消费者收货后发现农产品包装不精美、没有档次，就会认为品质与价格不匹配，进而产生不好的印象，影响商家或品牌的形象。一般而言，农产品销售包装的作用有以下3点。

- **传达农产品信息**。销售包装要能显示农产品的特色或风格，如在包装上印制农产品本身或农产品产地的图片，使用农产品本身的颜色，加上品牌Logo等。图2-37所示的大米包装即带有鱼和稻米的元素，与品牌、产品相呼应。
- **迎合目标人群喜好，促进销售**。销售包装代表农产品的外观，也关系到消费者的“面子”，好的销售包装应该充分考虑目标人群的喜好，从外观上打动消费者。特别是送礼时，销售包装的档次更是消费者决定是否购买的关键。销售包装要与农产品的价格水平相匹配。如果定位较为大众，则可以选择亲民、有亲和力的销售包装；如果定位高端，则销售包装应更加精致。图2-38所示即为一款定位高端市场的亚麻籽油包装。

图2-37　大米包装

图2-38　亚麻籽油包装

- **保护农产品，提高便携度**。作为农产品包装的最外层，销售包装同样具有保障农产品运输的作用。好的销售包装一般会设计提手，使消费者更方便地携带农产品。

1. 包装文字设计

文字作为最直接的信息传达工具，不但能提高销售包装的信息传达能力，还能提高销售包装的美观度，加深消费者对农产品的印象。因此，商家要重视包装文字设计。

（1）包装文字的分类

根据性质和功能的不同，包装文字可分为品牌文字、品牌标语以及说明文字。

① 品牌文字

品牌文字是品牌名称、产品名称、企业标志等的总称，是具有形象记忆特征的标志性文字，也是代表品牌形象的文字。品牌文字一般放在包装上较醒目的位置，具有较强的视觉冲击力，能快速提升消费者对农产品的好感度，促使消费者购买农产品。其字体设计相对于其他文字类型应更为灵活多样，能快速抓住消费者眼球即可，如图2-39所示。

② 品牌标语

品牌标语即包装的广告文字，商家可以通过品牌标语实现品牌与消费者的联结，突出产品的卖点，如某品牌燕麦牛奶以“真实颗粒嚼得到”作为品牌标语。需注意的是，品牌标语的视觉强度应尽量不超过品牌文字，避免喧宾夺主。在设计品牌标语时，要做到简单、易读，并能引起消费者的共鸣或欣赏。品牌标语一般放置在销售包装的正面，位于品牌文字附近，其字体设计应与品牌文字相呼应，二者搭配应和谐不突兀。图2-40所示的纯牛奶包装上，“浓纯营养 航天品质”即为品牌标语。

③ 说明文字

说明文字一般位于包装的背面，是对农产品的细致说明，是农产品功能与使用方法的详细解释，应遵循相关的行业标准和规定。说明文字的内容主要包括农产品用途、使用方法、功效、成分、重量、体积、型号、规格、生产日期、生产厂家信息、保养方法和注意事项等，如图2-41所示。

高清大图：

说明文字

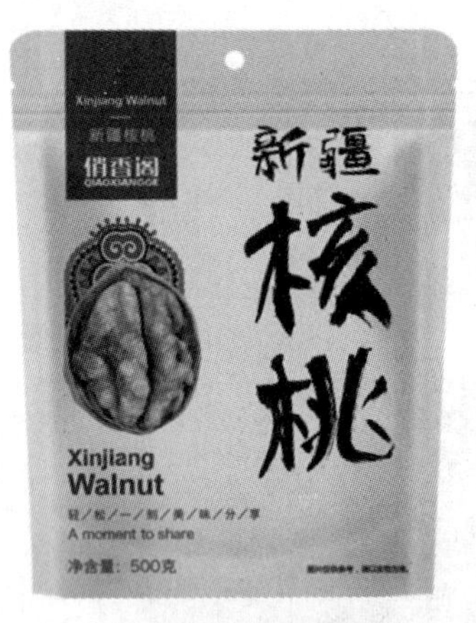

图2-39 品牌文字

图2-40 品牌标语

图2-41 说明文字

说明文字应排列整齐，大小统一，避免喧宾夺主、杂乱无章。此外，说明文字应该通俗易懂、简短直白，不宜长篇大段，不需要像宣传文案一样抒情，应保证主题突出，叙述清楚、无歧义，这样才能方便消费者快速、准确地理解相关信息。

（2）包装文字的设计原则

包装文字的作用主要是介绍农产品信息、渲染气氛等。要想让包装文字既充分传达农产品信息，又与图形达到和谐统一，在设计包装文字时需要遵循以下原则。

- **包装文字要符合包装的整体设计要求**。销售包装是造型、构图、色彩、文字等的总体体现，文字的字体、大小、表现方式都要与销售包装的整体设计相契合，使文字与销售包装整体效果达成统一与和谐，切忌片面突出文字。

- **包装文字应具备艺术性和易读性**。包装文字的艺术性要求文字排列优美紧凑、疏密有致，大小、粗细得当。易读性也是包装文字必须具备的，易读性差的文字往往难以辨认，文字本身的表达功能难以实现，缺乏感染力，消费者容易产生视觉疲劳。销售包装中如果文字较少，可将文字设计得更有艺术性；若文字较多，则应从阅读效率入手，使文字便于阅读。
- **包装文字要契合农产品的特点**。文字是为美化包装、介绍农产品、宣传农产品而编写的。文字不仅要具备感染力，还要与农产品的特点相契合。例如，有些高端农产品的包装文字采用细线体，能给人优雅之感。
- **包装文字的字体种类不能过多**。包装文字的字体不应超过3种，使用过多的字体，会破坏包装的统一性，显得烦琐和杂乱。
- **包装文字排版要美观**。文字排版是影响销售包装效果的重要因素。良好的文字排版能增加包装的美观性，并给消费者留下深刻的印象。商家要保证消费者能看清、看懂所有文字内容，设计时应该将所有的文字按照主次关系进行分段，运用字体变化等手段适当突出重点信息，使叙述逻辑清楚明了。

（3）包装文字常用字体

文字主要通过字体的变化进行表现，包装文字常用字体包括规范字体、书法字体和图形字体3种。

- **规范字体**。规范字体又称印刷体，有英文和中文之分。英文印刷体有Times New Roman、Excelsior等，中文印刷体有黑体、宋体、仿宋体、楷体等。印刷体具有横细竖粗、结体端庄、疏密适当、字迹清晰等特点。消费者长时间阅读规范字体，不容易疲劳，因此，规范字体常用于品牌文字或说明文字，如图2-42所示。
- **书法字体**。书法字体指具有书法风格的字体，如隶书、行书、草书、篆书和楷书等。书法字体具有较强的文化底蕴，字体优雅、字形自由多变、顿挫有力，力量中掺杂文化气息，常用于茶叶、枸杞等农产品的包装，如图2-43所示。

图2-42　规范字体

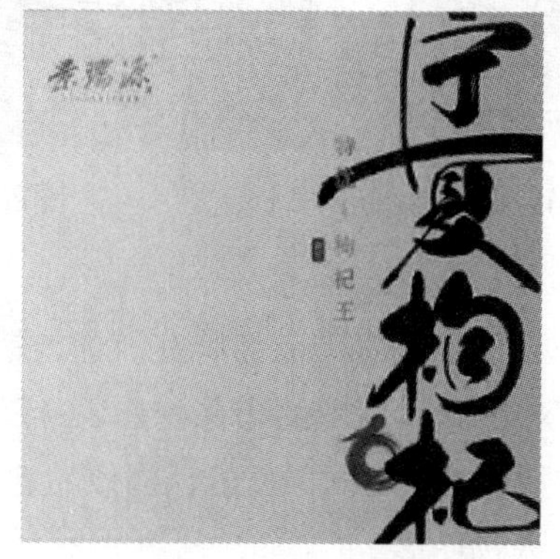

图2-43　书法字体

- **图形字体**。图形字体是指将文字与图形融合在一起而形成的一种新的字体形态，不但具有文字的表述作用，还具备图形的美观性。相对而言，图形字体比规范字体更具特色。

2. 包装图形设计

图形是构成销售包装视觉形象的主要部分，能增加销售包装的美观度，加强销售包装的品牌宣传效果。

（1）包装图形的类型

许多农产品的销售包装存在多种类别的图形，虽然不同销售包装的表现侧重点不同，但大致可分为以下几种类型。

① 原材料图形

对于某些采用特殊原材料的加工农产品而言，有必要在农产品销售包装上展现原材料图形，以突出原材料，帮助消费者了解原材料信息。例如，采用高原青稞制成的面条，其销售包装上采用了原材料图形——青稞，如图2-44所示。

② 产地信息图形

对于有地方特色的农产品而言，产地是农产品品质的保证和象征。产地信息图形能赋予农产品销售包装以浓郁的地方特色和明确的视觉特征，是较为常见的一种包装图形。图2-45所示的红薯销售包装上就展现了与红薯产地海南岛相关的图形，如大海、海滩、椰子树等。

③ 成品图形

很多农产品需要消费者购买后加工才能食用，在这类农产品的销售包装中使用农产品成品图形，有助于消费者了解农产品的功能。例如，面粉的销售包装上呈现了使用面粉制作的面包，如图2-46所示，不仅向消费者展示了农产品的功能、特性，还容易让消费者产生使用面粉制作美食等相关情景的联想，增强购买冲动。

图2-44　原材料图形

图2-45　产地信息图形

图2-46　成品图形

④ Logo图形

Logo图形是农产品品牌在流通与销售过程中的标志，可以促进农产品的形象宣传，加深消费者对农产品品牌的印象。图2-47所示的“光明”牌牛奶销售包装就在醒目位置使用了Logo图形，消费者一眼就能认出该品牌。

⑤ 人物图形

在销售包装中使用人物图形，可借助图形中人物的动作、表情，加深消费者对农产品的认知。图2-48所示即为某牛奶的销售包装，该包装中使用了一家四口喂养奶牛的场景图形，直观地表现出“认养1头牛”的主题。对于邀请名人作为代言人的农产品，更需要在销售包装的醒目位置展现该名人图形，借助名人的影响力吸引消费者注意，增强消费者对农产品的信任，如图2-49所示。

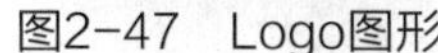

图2-47　Logo图形

图2-48　人物图形

图2-49　展现名人图形

（2）包装图形设计注意事项

商家在设计包装图形时要注意两点：一是不能喧宾夺主，抢占消费者对农产品或品牌名称的注意力；二是要对农产品的目标人群、同类农产品的包装等加以分析，并形成自己的特色。例如，某农产品是海产品、“海味”类产品，其目标人群是沿海地区的消费者，那么就可以选择与大海、沙滩等相关的图片，如图2-50所示。如果农产品的产地比较有特点，其包装图形可与农产品产地的地域色彩联系起来，运用当地民俗的色彩和图形，以形成自身的特色。

图2-50　“海味”类产品包装图形

3. 包装色彩设计

色彩是一种潜在的、有说服力的“隐形语言”。在销售包装设计中，色彩应用得当不仅可以体现农产品的独特属性，还能传达农产品的隐含情感。

（1）包装色彩设计的原则

商家在设计包装色彩时，既要从农产品的角度出发，体现农产品的特色，又要从设计的角度出发，考虑色彩与其他元素的协调性，还要与竞争产品的色彩设计形成差异，提高农产品的可识别性。

- **包装色彩设计要能体现农产品的特色**。商家要根据农产品的特性选择合适的色彩，利用色彩的视觉效果体现农产品的特色。例如，使用红、黄、橙等颜色强调味觉，突出农产品的新鲜、美味和营养；使用蓝、白等颜色突出农产品的卫生、干净；使用透明或无色表现农产品的纯净；使用绿色表现农产品的新鲜、无污染；使用沉着古朴的色调强调传统农产品工艺的历史感。图2-51所示的柠檬销售包装选取了明快的柠檬黄作为主色调（本书为黑白印刷，柠檬黄色包装可扫描右侧二维码查看），表现出一种充满青春活力的品牌形象。

高清大图：

柠檬销售包装

图2-51　柠檬销售包装

- **包装色彩设计要与其他元素相协调**。在包装中，色彩不是独立存在的，而应与包装物的其他元素相呼应。如果商家片面强调色彩设计，就会导致包装整体效果不协调，影响农产品的销售。
- **包装色彩设计要提高农产品的可识别性**。商家在设计包装色彩时，要进行充分的市场调研，分析竞争产品所采用的色彩设计，吸取其优点的同时要使自己的色彩设计与其形成差异，凸显个性。

（2）包装色彩设计的方法

在设计包装色彩时，常见的方法包括色彩对比和色彩搭配两种。商家可通过色彩对比提升包装的设计感，通过合理的色彩搭配提升包装的美感。

① 色彩对比

色彩对比包括色相对比、明度对比和纯度对比。

- **色相对比**。色相对比是指因色相的差别所形成的对比，包括同类色对比、类似色对比、邻近色对比、对比色对比、补色对比。
- **明度对比**。明度对比是指色彩明暗程度的对比。通常情况下，明暗对比较强时，包装视觉效果更加突出，更具有视觉展现力；明度对比较弱时，配色效果往往不佳，包装视觉效果会显得柔和单薄，形象不够明朗。
- **纯度对比**。纯度对比是指色彩鲜艳程度的对比。低纯度的包装视觉效果较弱，适合长时间观看；中纯度的包装视觉效果较和谐、丰富，可以凸显包装的主次；高纯度包装视觉效果鲜艳明朗、富有生机。在包装色彩设计中，商家通常采用高纯度的色彩来突出主题，采用低纯度的色彩来表现次要部分。

拓展阅读：

色相对比的详细介绍

② 色彩搭配

销售包装中的色彩主要由主色、辅助色、点缀色组成，主色传递主要风格，辅助色进行补充说明，点缀色强调重点。

- **主色**。主色是销售包装中占用面积最大、最受瞩目的色彩，它决定了整个包装的风格。商家应根据农产品、企业、用户等的需求选择主色，主色不宜过多。
- **辅助色**。辅助色占用面积略小于主色，用于烘托主色。合理应用辅助色能丰富包装的色彩，使销售包装更美观、更有吸引力。
- **点缀色**。点缀色是销售包装中面积小、色彩较醒目的一种或多种色彩。合理运用点缀色，可以使销售包装层次更加分明、富有变化。

高清大图：

牛奶销售包装

例如，牛奶销售包装以白色为主色、深蓝色为辅助色、棕色为点缀色，整体效果统一、美观、和谐，其包装如图2-52所示（本书黑白印刷，彩色包装可扫描右侧二维码查看）。

图2-52　牛奶销售包装

知识补充

当前，新零售模式逐渐普及，很多农产品是同时在线上和线下售卖的。因此，农产品的包装外形也是商家需要重点考虑的因素。包装外形主要包括包装的形状、大小和尺寸。设计农产品包装时，商家首先要考虑农产品的销售渠道，如果是在货架上销售，大小和尺寸也要适合在常规货架上摆放；其次要考虑如何使其包装从其他农产品的包装中脱颖而出，让消费者能一眼从一堆产品中看到该农产品。

2.2.3　写作农产品文案

文案在农产品销售中扮演着十分重要的角色。一方面，农产品文案可以传递信息，告知消费者农产品的卖点，如“海南杧果，皮薄肉厚，香甜爽口”，以及消费者购买后获得的利益；另一方面，农产品文案能起到鼓动作用，通过有吸引力的文字吸引消费者注意并提升消费者的购买积极性，如“新鲜丑橘10斤24.8元！”。

商家在写作农产品文案时，写作方法可以不拘一格，但要遵循写作的基本思路，并找到合适的切入点。

1. 写作基本思路

商家在写作文案时，首先利用抓人眼球的标题吸引消费者，然后在文案正文中通过详细描述农产品的卖点和特色激发消费者的购买欲望，再借助消费者评价或权威机构颁发的证书进一步赢得消费者的信任，最后通过制造紧迫感等手段引导消费者下单。

（1）吸引眼球

在互联网时代，人们的阅读习惯越来越碎片化，浏览信息时往往一两秒内就会决定是否继续阅读，能吸引眼球的标题才更有可能吸引人点击阅读，才有机会让文案正文被更多人看到。因此，文案标题的首要职责是勾起消费者的好奇心，吸引消费者点击阅读。例如，某篇介绍乌洋芋的文案，其标题“上过《舌尖上的中国》的乌洋芋，秒杀你以前吃过的所有土豆！”就以知名纪录片《舌尖上的中国》作为吸引点，让消费者好奇到底是什么样的乌洋芋才能上这档制作精良的节目。

（2）激发购买欲望

在以推荐农产品为主要内容的文案中，正文部分最重要的作用就是激发消费者的购买欲望。在写作文案时，商家要站在消费者的立场去思考消费者关心什么，农产品能给消费者带来什么好处。只有真正突出农产品的特色，与同类农产品形成差异化优势，才能打动消费者，使消费者产生购买欲望。例如，介绍乌洋芋的文案就以乌洋芋富含花青素、营养价值高、口感绵密细滑来与其他同类农产品形成差异优势，让消费者产生兴趣，如图2-53所示。

（3）赢得消费者信任

很多消费者对农产品产生兴趣后往往不会立马产生购买行为，毕竟文案写得再好，也只是一种主观方面的描绘，没有客观、可靠的证据作为支持，消费者可能还存有疑虑。因此，在激发起消费者的购买欲望之后，最好能展示一些来自第三方的评价、认证等，如其他消费者的好评、权威机构的认证证书，或承诺给予售后保障等，以赢得消费者的信任，提高农产品销量。图2-54所示为农产品电商文案中的售后服务部分，目的是让消费者买得放心。

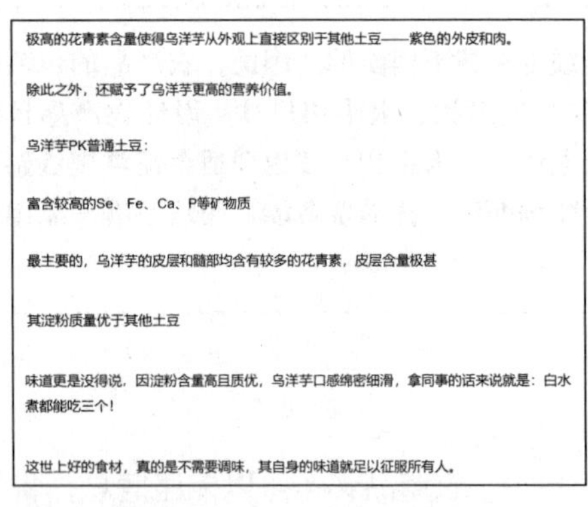

极高的花青素含量使得乌洋芋从外观上直接区别于其他土豆——紫色的外皮和肉。

除此之外，还赋予了乌洋芋更高的营养价值。

乌洋芋PK普通土豆：

富含较高的Se、Fe、Ca、P等矿物质

最主要的，乌洋芋的皮层和髓部均含有较多的花青素，皮层含量极甚

其淀粉质量优于其他土豆

味道更是没得说，因淀粉含量高且质优，乌洋芋口感绵密细滑，拿同事的话来说就是：白水煮都能吃三个！

这世上好的食材，真的是不需要调味，其自身的味道就足以征服所有人。

图2-53　形成差异化优势

贴心服务 售后保障

坏果包赔 不够包赔

本店郑重承诺：凡在本店购买的新鲜水果，如在运输途中出现损坏、变质，或收到商品有质量问题等，买家在签收后24小时内提供可以说明问题的高清图片以示凭证的，我们都会进行相应赔偿，请放心购买！

图2-54　售后服务

（4）引导消费者下单

对于非必需的农产品，部分消费者在心动以后也只是将其收藏或加入购物车，等待活动促销或与其他同类农产品进行比较后再购买。如果文案能给消费者一个立即购买的理由，如买立减、现在买加送礼品等，让消费者产生一种机不可失的感觉，就能很好地促使消费者下单，提高转化率。图2-55所示为猫山王榴梿的销售文案。

M号单果重1.3～1.8kg，一般有3房以上的果肉，大多能开出4房果肉；

L号单果重1.8～2.3kg，可以开出4～6房的果肉。

12月27日—1月1日，购买当季新鲜猫山王榴梿即可享受超值尝鲜价，**M号199元/个，L号299元/个。**

图2-55　引导消费者下单

2. 写作切入点

在写作农产品文案时，除了挖掘农产品的卖点，商家还可以有其他切入点，如农产品种植或养殖方法、农产品食用方法和创始人故事等。

（1）农产品种植或养殖方法

消费者多倾心于绿色健康无添加的农产品，因此农产品的种植或养殖方法也是消费者关心的重点，如在农产品生长过程中是否使用农药、化肥、膨大剂等，是否使用激素催熟等。针对这些问题，农产品文案就可以强调自家农产品是使用自然方法种植或养殖的，绿色且健康。图2-56所示的文案就介绍了自家草莓所使用的是秸秆肥料，用酵素牛奶灌溉，采用蜜蜂授粉，无人工干预。

（2）农产品食用方法

农产品的食用方法有很多，消费者往往只知道其中比较大众化的一部分。因此农产品电商文案还可以从农产品的一些新奇、少见的食用方法切入，如制作成某种特色美食，介绍美食制作的步骤并展示制作成果图片，以诱人的美食图片吸引消费者，让消费者产生尝试一番的冲动，进而下单购买。图2-57所示的文案即介绍了土猪肉新的烹饪方法——做五香爆腌肉，并以详细的步骤和精致的图片吸引消费者。

图2-56 种植特点

图2-57 烹饪方法

（3）创始人故事

很多农产品品牌的创始人是普通人，如返乡创业大学生、农妇等，他们利用农家自有的种植或养殖技术，生产出原生态的农产品。一般而言，消费者对于大学生和朴实的农民等都心存好感，认为他们生产的农产品更令人放心。因此，在写作农产品文案时，商家就可以对这些创始人的故事加以包装，用简单、朴实、真挚的文字讲述创始人在电商平台出售农产品的原因，以及他们是如何利用多年积累的经验技术生产农产品的。图2-58所示即为一家经营腊肠的商家撰写的创始人故事文案，文案以创始人儿子的口吻讲述了自己的母亲——一位普通农妇利用她多年的经验制作腊肠的故事。

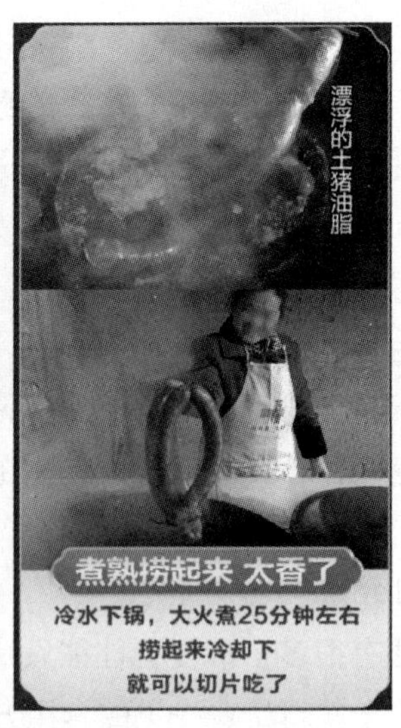

图2-58 创始人故事

2.3 农产品电商团队的搭建

在传统农产品交易中，多是农户以个人为单位进行自产自销，这种模式较为原始，效率也不高。在农产品电商运营中，单打独斗的模式虽然成本较小，但是仅适合于规模极小的个人商家，发展空间十分有限，因此，要想在农产品电商领域中有较大的作为，组建团队是有必要的。在团队中，各个成员分工协作，专业化程度更高，可以提升农产品电商的运营效率，拓宽发展空间。

2.3.1 设计电商团队架构

对于一个组织架构合理的电商团队而言，团队成员不仅要掌握电商方面的知识与技能，包括电商战略规划、电商平台店铺的运营、网络营销推广等，还要熟悉行政事务、资金的管理，包括行政管理、财务管理等。因此，从宏观层面讲，农产品电商的团队架构应至少涵盖人事、行政、财务、平台运营、客服、策划、市场营销、采购、物流等部门。当然，处于不同发展阶段的农产品电商企业，其团队架构会有所差异。

1. 运营初期

运营初期，农产品电商企业需要投入大量资金用于业务开拓，但市场影响力十分有限，因此为了平衡收支，必须压缩成本，在设计团队架构时，应尽量合并相关岗位，减少人力资源成本，建议组建图2-59所示的团队架构。

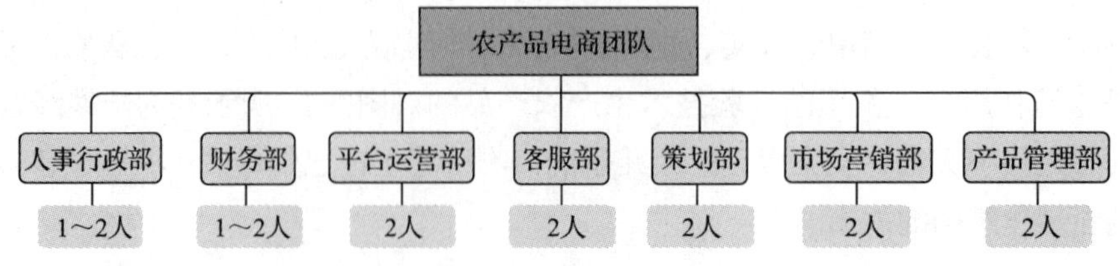

图2-59 团队架构

2. 运营中期

运营中期，随着农产品电商企业业务范围逐渐扩大，市场影响力逐步增强，原有的团队架构已经不适用了。农产品电商企业的业务量会大大增加，因此需要增加客服部人数以保证能及时接待客户，一般5～8人较适宜。随着自身实力的提升，农产品电商企业对于店铺装修、文案、图片拍摄方面的要求也会提高，因此需要分别为平台运营部、策划部适当增配1～2人。此外，此阶段农产品电商企业的营销需求会进一步加大，为了让营销工作得以顺利开展，可以为市场营销部增设2～3人。

此外，农产品电商企业的产品销量也会大大增长，相应地，仓储物流环节的工作量也会增加，因此，农产品电商企业还应扩大产品管理部的规模，在订单处理、打包等岗位增派多人，具体人数视企业情况而定。

3. 运营成熟发展期

农产品电商企业发展进入成熟稳定阶段后，一般会有多个业务板块，所涉及的细分市场也越来越多，因此可以考虑采用矩阵制的方式架构，即以具体项目为单位，每个运营单位又由营销、客服、内容策划、活动策划等岗位人员构成，各个运营单位的后勤保障由共同的后勤保障中心（分为人力资源、行政、法务、财务、物流管理等部门）负责。

知识补充

农产品电商团队的建设离不开团队激励。团队激励的方式包括榜样激励、目标激励、授权激励（即给予团队成员一定权限）、尊重激励、沟通激励、赞美激励、宽容激励（即容许成员试错）、情感激励（即增进团队成员间的感情）、竞争激励（即在团队内部建立竞争机制以调动成员积极性）等。

2.3.2 制定部门职责

在设计好电商团队架构后，农产品电商企业还需要制定部门职责。制定部门职责可以有效避免工作推诿，使团队运作更加规范，提高工作效率与工作质量。农产品电商团队中，部门之间的职能不能重叠，即一事无二管；同时，部门之间的职能不能有空白，即各部门的职能应互相衔接，使企业运转所需的所有职能都有相应的部门负责。

各农产品电商企业架构并不相同，这里以图2-59所示的团队架构为例介绍各部门的职责。

1. 人事行政部

人事行政部的职责主要分为两个方面，即人事和行政。

- **人事**。人事职能包括负责企业人事资源的总体规划、薪酬体系的制定，负责新员工的招聘和培训，负责员工人事档案的建立、保存、更新，负责员工的招聘、升迁、解聘、奖惩等，负责员工社会保险业务的办理。
- **行政**。行政职能包括负责企业文件的拟、收、发、存的文档管理，负责公章、办公用品、固定资产、车辆使用的管理，负责公司管理部门例会及日常会议的组织及会议纪要的工作。

2. 财务部

财务部的职责包括会计凭证的填制、会计报表的编制等；负责每月的报税工作；负责企业的日常资金管理，做到日清月结；负责制定企业的财务制度，并监督执行情况。

3. 平台运营部

平台运营部负责电商平台的后台管理，包括开通店铺、上传商品、管理商品、报名参加电商平台促销活动等，以及店铺数据分析与优化（包括分析并优化店铺流量数据、店铺交易数据、店铺服务数据等）。

4. 客服部

客服部的职责主要是通过各种方式提升消费者的购物体验，进而提高消费者满意度。客服部的具体职责包括为消费者提供咨询解答服务，并向消费者推荐农产品，引导消费者完成在线下单；负责确认订单信息并跟进订单物流情况，确保农产品顺利完好地送达消费者手中；负责消费者评价的处理与响应；负责接收消费者关于购物的意见与建议，并及时予以响应；负责处理消费者退换货申请；负责处理消费者投诉，对投诉进行分类并向相关部门反馈；负责制定并执行精准的促销方案，提高复购率。

5. 策划部

策划部主要负责农产品的文案和美工工作，具体包括根据目标市场定位，进行装修店铺、设计促销和商品展示页面；撰写农产品详情页文案、促销活动文案、社交平台文案；拍摄并处理农产品图片和短视频等。

6. 市场营销部

市场营销部负责对外的合作、推广和宣传工作，包括社交平台营销、搜索引擎营销、电子邮件营销、网站合作、媒体合作、口碑合作、活动及研讨会等。市场营销部的职能包括两点：对外是推广合作，对内是营销分析。职能之间相互协同、交叉，其中，推广合作必须以营销分析的结果为主，以提高推广效果。

7. 产品管理部

产品管理部的职责包括采购、质量管理和仓储3个方面。

① 采购

采购职责是指根据采购名单筛选供应商，争取与优质的农产品或原料供应商展开合作，争取最低的采购价格。

② 质量管理

质量管理职责包括农产品生产质量检查与农产品溯源管理，以获取农产品质量认证，确保农产品的品质。

知识补充

当前，我国农产品质量认证主要包括无公害农产品认证、绿色食品认证、有机食品认证和农产品地理标志登记，简称“三品一标”。其中，无公害农产品认证主要是对农产品的质量安全的高度认可；绿色食品认证既注意安全因素的控制，又强调农产品的品质营养；有机食品认证则注重对影响生态环境的控制；农产品地理标志就是标示农产品“产自特定地域、彰显独特品质”。

③ 仓储

仓储职责包括仓储运营、供应链优化、配送管理。

- **仓储运营**。仓储运营人员负责仓库的布局，农产品的入库、拣选和出库，仓储管理系统的设计和改进等。
- **供应链优化**。供应链优化人员负责从采购、农产品入库、农产品销售、订单配送到消费者收到农产品的供应链优化，尽可能缩短仓储周转周期以及订单配送周期（包括订单处理、订单分拣、订单包装和快递配送等），从而提高资金周转率和仓储利用率等。
- **配送管理**。配送管理人员负责农产品的分拣和包装、确定快递配送合作伙伴、制定配送标准、设计包装规格、制定订单配送管理规则。

2.3.3 培养专业人才

在农产品电商快速布局、增长迅速的背景下，农产品电商专业人才的缺口不断增大。根据中国农业大学智慧电商研究院发布的《2020中国农村电商人才现状与发展报告》，到2025年，我国农产品电商人才缺口将上升至350万人，巨大的人才缺口将对农产品电商的发展产生较大的桎梏作用。因此，要在农产品电商领域有所作为，除了硬件设施的建设，专业人才的培养也是必不可少的。

行业视点

近年来，我国十分重视乡村振兴战略，《中共中央 国务院关于实施乡村振兴战略的意见》提出，在乡村振兴过程中，要大力培育新型职业农民，全面建立职业农民制度，同时加强农村专业人才队伍建设。

新型职业农民正是农产品电商所急需的人才，由此可以看出国家对于农产品电商专业人才的培养是十分重视的。

1. 农产品电商人才需掌握的知识与技能

农产品电商涉及电商战略规划、电商平台运营、电商资源整合等方面，因此需要多方面的专业人才，包括农产品电商运营人才、农产品电商战略人才、农产品电商技术人才、农业技术人才、农产品电商营销人才、综合管理型人才等。

（1）农产品电商运营人才

目前，农产品电商运营人才是农产品电商发展中需求量最大的专业人才。农产品电商运营人才应熟悉农产品及农产品电商运营的特点，了解农产品电商主要平台、各平台特点与运营策略，掌握一定的获客方法，具备店铺开通、商品管理、交易管理、店铺美工（如店铺装修、视觉设计、图片处理等）等技能，能够进行电商数据分析，并给出相应的优化建议。

（2）农产品电商战略人才

农产品电商是一个系统化的工程，涉及农产品选品、市场定位、供应链管理、战略规划等方面，需要具备一定战略眼光的人才从宏观角度思考与农产品、品牌和运营管理方面相关的问题。因此，农产品电商战略人才应具备互联网新思维和各方面的综合素质，了解农产品电商发展现状与前景，能够解读农产品电商相关政策以及农产品电商行业数据，具备分析农产品电商发展路径的能力。

（3）农产品电商技术人才

技术是一项非常重要的因素，没有技术的支持，农产品电商的运营无法正常开展。在农产品电商的发展中，有实力的企业可以自行建设官方网站、电商平台、购物小程序等，因此需要掌握网站设计、建设与维护，电商平台网店搭建，小程序或App开发等技能的农产品电商技术人才。

（4）农业技术人才

农产品电商涉及农产品的生产或加工，为了提升农产品的品质，农业技术人才也是必需的。农业技术人才需要一定的农产品生产或加工专业技术，具备一定的研发能力。

（5）农产品电商营销人才

农产品电商营销人才需要熟悉农产品品牌建设推广策略，熟悉各大网络营销平台的营销策略，能熟练运用微信、微博、抖音等进行网络营销。

（6）综合管理型人才

发展农产品电商不仅需要从事具体工作的技能型人才，还需要管理方面的人才。综合管理型人才能够建立数字化、网络化、智能化、信息化的农业新模式，利用电商技术和手段提高农产品的种植（养殖）、加工、运营和管理水平；了解农产品供应链的构成，熟悉农产品采购策略与注意事项，具备打造农产品供应链的能力；了解农产品品控溯源的意义，能够拟定建立品控溯源体系的方案；具备统筹管理整个电商团队、推动电商项目开展的能力。

2. 农产品电商人才的培养策略

一般而言，培养农产品电商人才有以下一些策略。

（1）分别进行有针对性的培训

目前，从事农产品电商工作的人员主要是原先就从事农产品生产的人员、各大高校和职业院校电商相关专业的毕业生和原先从事线下农产品交易的经纪人。这3类人员具有不同的特点，应该分别进行有针对性的培训。

- **原先就从事农产品生产的人员**。这部分人员包括农民，农产品生产基地、农业合作社的员工。他们的优势是对农村、农业和农产品等的熟悉程度很高，在农产品的生产经营方面经验丰富，人脉资源广。他们的劣势在于缺乏电商方面的知识和技能，对于计算机等的操作不熟练，以及生产技术较为原始。所以，这部分人员需要着重进行电商技能和新农业技术的培训，包括管理电商平台、利用网络进行农产品营销与服务，以及利用先进技术进行农产品的生产。他们在经过一系列培训后可以转型为农产品电商中的新农人。
- **各大高校和职业院校电商相关专业的毕业生**。电商相关专业的毕业生在学校接受了较为系统化的专业知识教育，掌握了较为丰富的理论知识，也具有一定的实践技能，能够运用相关的电商服务工具。此外，他们的综合素质较高，学习能力较强，善于运用新思维与工具处理问题。但是，他们也具有明显的劣势，即欠缺实践经验，对农业、农产品生产经营的认知不充分。对于这部分人员，可以重点培训其实践能力，安排其深入农产品经营地进行实地考察，与农民、村干部、基层农产品电商从业者等多交流（见图2-60），让其参与农产品的生产或加工，提升其对农产品生产或加工的熟悉程度。

图2-60 大学生深入农村

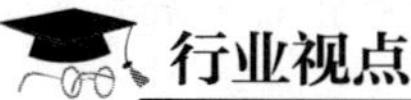

行业视点

为了支持、鼓励大学生返乡创业，国家出台了非常多的优惠、扶持政策。例如，人力资源和社会保障部针对高校毕业生创业给予税费减免、场租补贴、培训补贴、创业担保贷款及贴息等政策支持；财政部持续加大专项资金投入，中央财政设立普惠金融发展专项资金，用于创业担保贷款贴息及奖补。

案 例

陇县返乡创业大学生投身农产品电商

蔡银军是陕西省宝鸡市陇县东南镇张家庄村的一位返乡创业大学生，2013年毕业于西北工业大学计算机科学与技术专业。毕业后的他本来在城市中有一份高薪工作，但看到农产品电商的发展前景和国家相关政策的扶持力度，于是在2015年毅然决定返乡创业，投身农产品电商领域。

蔡银军返乡创业，属于从头开始，好在他有计算机专业的相关知识，计算机方面的操作难不倒他。他积极参加政府每个月举办的电商培训，努力学习电商实际操作技能，不久就掌握了农产品电商的运营流程。

接着，他在淘宝网上开设了一家专门经营陇县特产的店铺。一段时间后，随着业务的深入开展，店铺的销售情况明显有了起色。渐渐地，蔡银军的电商团队人数也由最初的2人发展为10多人。在政府的鼓励下，他成功地申请注册了陕西苏美佳尔电子商务有限公司。

在2019年的一期电商培训中，他学习了直播卖货的方式，并结识了一批当地返乡创业的大学生，与他们一起研究直播卖货。接下来，他在快手、抖音等平台进行直播，一天的直播时间长达16个小时，每天基本能带来50笔以上的订单。一起参与电商培训的学员也先后前往他的公司进行实践学习，并利用学到的经验成功地开起直播，将家乡的核桃和苹果销往全国各地。

思考：（1）作为一名返乡大学生，蔡银军具备哪些方面的优势？

（2）电商培训对蔡银军有哪些帮助？

- **原先从事线下农产品交易的经纪人**。这类经纪人活动于范围相对较大的乡镇、城市地区，但受制于地理、技术等限制，无法在规模、品牌、资源等方面实现突破。他们的优势是拥有一定的资源，熟悉农产品贸易；劣势是缺乏互联网思维，不熟悉计算机网络操作等。在对这些人员进行培训时，除了培训电商方面的技能，还需要加强互联网思维的培训，建立与农产品相关的交流社群，组织农产品生产、品控、包装、设计、销售、物流、平台建设等方面的研讨，让其打开视野，更好地经营农产品电商。这部分人员经过一系列培训后可以从线下经营者转型为线上运营者。

（2）运用多样化的培训手段

农产品电商人才的培养是一个系统性的工作，在培养过程中可以采用多样化的培训手段，以丰富培训对象的知识和技能结构。例如，可以在了解农民、返乡大学生、农产品经纪人需求的基础上，开展线下集中培训，并邀请当地相关业内人士等进行授课，如图2-61所示；也可以借助在线教育平台或直播平台，邀请国内相关专业的教师和业内资深人士开展远程教育；还可以整合各种资源，依托实际的农产品电商项目，与各农产品电商平台、高校等开展合作，安排培训对象参与实际的项目运作，获取项目经验。

图2-61　线下集中培训

（3）评估培训效果

评估培训效果有助于判断农产品电商培训活动是否达到预期目标、培训计划是否合理等，为下一步农产品电商人才培训计划的制订提供依据。在评估培训效果之前，首先应确定评估方法，考虑以何种方式对培训效果加以量化呈现，如安排结业考试、根据项目实训结果打分等；然后收集培训考核数据，统计相关指标，如电商后台操作考试通过率等；最后根据这些指标评估培训效果。

案　例

株洲市农产品直播带货新农人培训班

为推动株洲市农产品电商的发展，培养一批具备电商技能的新农人，由株洲市农业农村局与湖南（株洲）职业教育科技园管理办公室联合主办，株洲市中小微企业窗口服务平台与湖南省商业技师学院协同承办的农产品直播带货新农人培训班于2021年1月18日开班，如图2-62所示。

图2-62　新农人培训班

在开班仪式上，株洲市农业农村局局长寄语各位学员，希望他们顺应网络化、智能化、数字化的发展趋势，多学习、多交流、多探索新的电商技能。开班仪式结束后，培训班正式开讲，首堂课程是“直播电商发展趋势”。学员们经过学习，了解了当前农产品营销的新手段——直播营销。一位学员表示，这次学习机会十分宝贵，自己一定会用心学、专心学，用理论知识武装头脑，争取为家乡的农产品电商发展贡献自己的力量。

此次培训班为期5天，邀请了业内资深专家前来参与授课，主要安排了直播发展现状和未来发展趋势、5G时代农产品营销新思路、短视频拍摄和剪辑制作、农产品网络品牌打造、短视频直播账号精准定位等课程。这些课程采用理论知识与实训相结合的形式，使学员不仅可以全面、系统地熟悉直播带货的相关知识，还能实际掌握各种直播技巧。

思考：（1）此次培训安排了哪些课程，有何意义？

（2）新农人与从事传统农产品贸易的农民有何区别？

2.4 本章实训——为沃柑写作文案

某商家自产自销的沃柑具有以下特点。

- 该沃柑种植于云南省的哀牢山，生长期长达14个月，种植地拥有2500多小时光照和1200多毫米雨水的优越条件，海拔在1200～2600米，昼夜温差在10℃左右，因此沃柑的品质较高。
- 该沃柑属于晚熟的一种杂交柑橘品种，果实中等大小、呈扁圆形。相比普通的橘子，它的果皮薄、汁水浓、囊壁薄，内含的果粒饱满，颗颗分明。
- 该沃柑含有丰富的维生素C、柠檬酸、葡萄糖和果糖等多种营养成分，很容易被人体吸收，同时含有丰富的膳食纤维和果胶含量，可以促进肠胃蠕动。
- 由专业人员进行管理，坚持原生态种植，没有使用化学药剂。
- 食用方法多样，包括榨汁，做蛋糕、奶冻、果酱等。

商家现要将该沃柑放到电商平台上售卖，需要为其写作文案，提升对消费者的吸引力。

1. 实训要求

① 掌握农产品文案的组成结构。

② 能够写作农产品文案。

2. 实训准备

要为该农产品写作文案，除了掌握基本写作思路和写作切入点，还需要了解农产品文案的组成结构。一般而言，农产品文案分为标题、正文和结尾3部分。其中，标题的主要作用是吸引消费者，让其进一步阅读文案正文；正文的作用是全面介绍农产品，通过各种卖点的叙述打动消费者；结尾的作用是促使消费者下单。

3. 实训步骤

① 写作文案标题

在文案的标题中可以设置一定的悬念，刺激消费者的好奇心，吸引消费者点击文案进行阅读。例如，标题可以设置为“沃柑界‘新宠’！比橙子清甜、比橘肉细腻，喜茶新品也用它”，该标题分别利用“沃柑界‘新宠’”和“喜茶”（知名奶茶品牌名称）作为吸引点，以前者设置悬念，以后者提升消费者认同。

② 写作文案正文

在正文部分，商家要合理选择切入点，简明直观地介绍沃柑的各种卖点。就沃柑而言，可以选择以下切入点写作正文。

- **口感**。口感是消费者在购买沃柑时比较关心的因素，商家在文案正文中可以采用生动直观的文字将沃柑的口感描述出来，并配以诱人的沃柑细节图片，激起消费者的食欲，如图2-63所示。
- **生长环境**。不同的生长环境会造就不同品质的农产品，商家在文案正文中可以向消费者介绍沃柑生长环境的特点，以及生长环境对沃柑品质的影响，如图2-64所示。

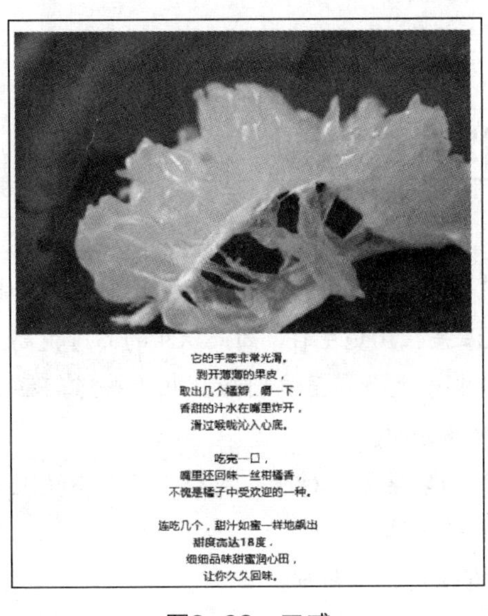

图2-63 口感

图2-64 生长环境

- **种植方法**。食品安全是消费者十分关注的问题，该沃柑采用原生态种植方法，属于绿色有机食物，这一点对于消费者来说颇有吸引力，商家在文案正文中可以加以强调，如图2-65所示。
- **食用方法**。沃柑的食用方法有很多，很多消费者往往会直接食用，商家在文案正文中介绍沃柑的特殊食用方法，可以带给消费者更多的新鲜感，让其产生跃跃欲试的冲动，如图2-66所示。
- **产品功效**。文案正文除了对沃柑展开详细介绍，还需要激发消费者的购买欲望，商家可以采用介绍沃柑功效的方式来实现，通过叙述沃柑能带来的利益让消费者感到物有所值。具体来说，沃柑的功效包括营养丰富、能促进肠胃蠕动等，如图2-67所示。
- **消费者好评**。很多消费者不会轻易相信商家单方面所讲述的内容，这时就需要借助第三方的评价、认证等来提升消费者的信任感，因此商家可以在文案正文中展示消费者的好评，如图2-68所示。

图2-65 种植方法

图2-66 食用方法

图2-67 产品功效

图2-68 消费者好评

③ 写作文案结尾

消费者坚持读到文案结尾，说明其对沃柑已经产生了一定的兴趣，此时还需要进一步引导，商家可以在文案结尾处强调新鲜、低价等信息，并添加购买链接或二维码，如图2-69所示。

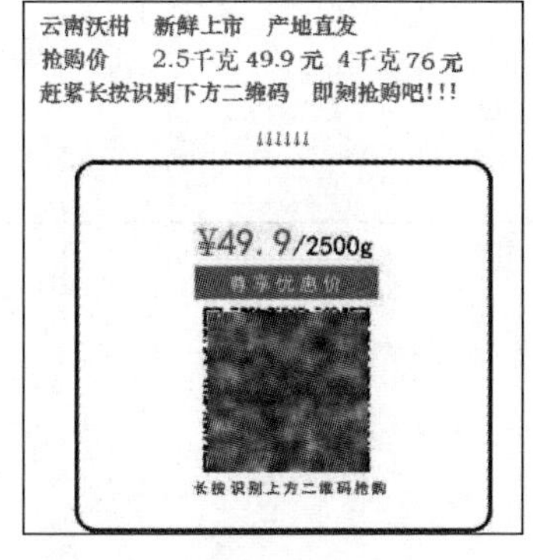

图2-69 低价促销

2.5 本章小结

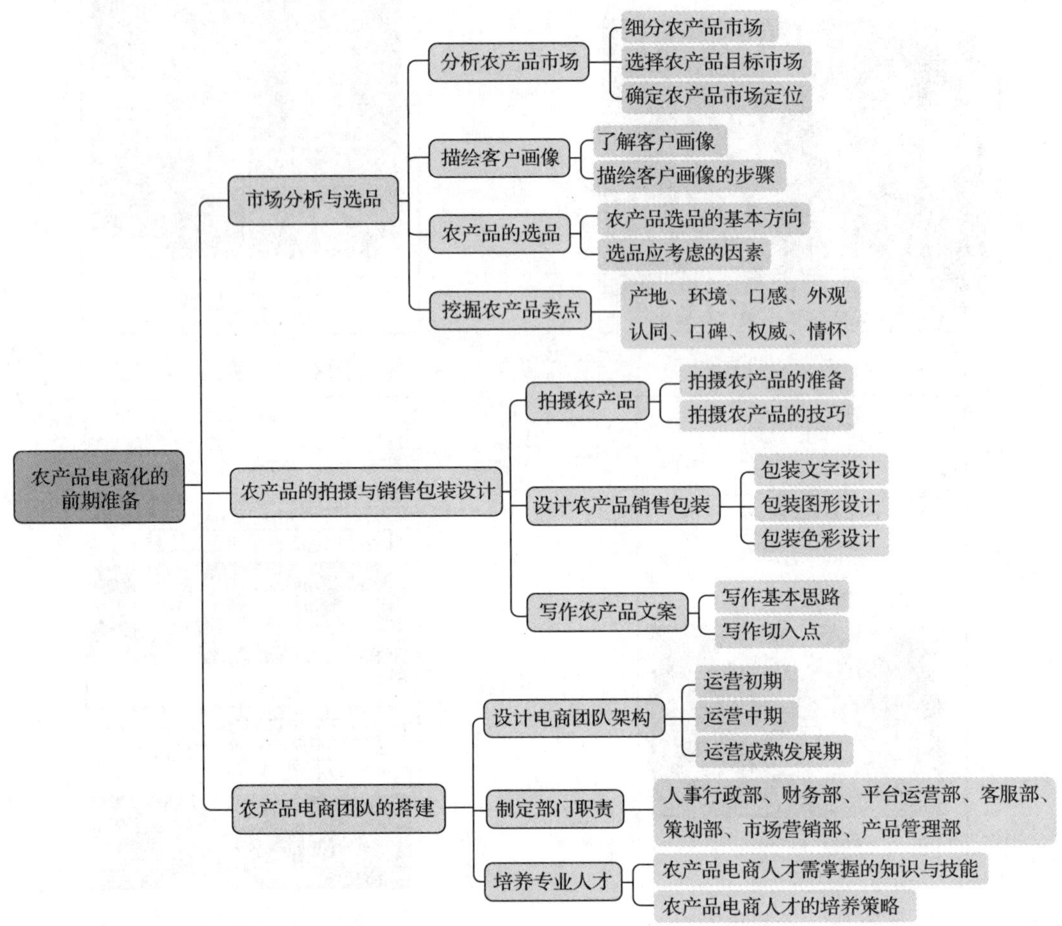

真实案例推荐阅读

1. 新农人掀起创业新风向
2. 逐梦黑土地——返乡大学生创业助力乡村振兴
3. 龙泉市农产品电商人才培训圆满收官

拓展阅读：

真实案例推荐阅读

第3章 农产品电商运营方案

学习目标

- ◆ 了解农产品电商运营的相关理论。
- ◆ 熟悉农产品电商平台的选择。
- ◆ 掌握农产品营销策略。
- ◆ 掌握农产品电商运营保障。

引导案例

广东省农产品统一交易平台——“鲜特汇”

一些广东省肇庆市端州区的上班族买菜的方式是早上在“鲜特汇”平台上下单，下班后到小区内的社区银行打卡、开箱，然后取菜。“鲜特汇”是广东省农村信用社联合社（以下简称“广东农信”）打造的以销售广东省优质农产品为主的统一交易平台，凭借农合机构覆盖城乡的社区银行网点多的优势，对接了肇庆市供销社“菜篮子”项目（即供销社把旗下专业合作社生产的农产品直接配送到住宅小区、饭堂的生鲜直供服务）。“鲜特汇”中的蔬菜食品取消了诸多中间环节，从田间地头直供居民小区。消费者能够通过手机，在“鲜特汇”平台上快速购买新鲜农产品。

“鲜特汇”整合了广东省内的诚信农产品商户、种养殖户，对接了多个蔬菜、水产、畜牧、山货类合作社，并在居民小区安装了智能保鲜柜。消费者在“鲜特汇”下单后，“鲜特汇”直供进箱，一般半个小时内就能将农产品配送到消费者所在小区的智能保鲜柜中。

“鲜特汇”是广东农信自建的农产品电商运营平台，是广东农信立足广东省，借助全省农村商业银行、农村信用合作社扎根城乡的优势，精选各地诚信商户，打造的绿色健康、安全放心的农产品交易平台。它的成功运营离不开广东农信强大的实力，以及农村企业和合作社的鼎力协作。未来，广东农信将继续扩大服务范围，与更多农合机构开展业务合作，在更多金融网点、社区分理处，安装智能保鲜配送柜，从而为消费者提供新鲜、安全的蔬菜、水果、粮油副食等农产品。

3.1 农产品电商运营概述

近年来，国家对农业的高度重视以及消费者对农产品需求的增加，加快了农产品电商的发展。农产品因为不易保存和运输、标准化程度较低、质量不易甄别等特点，与一般产品的电商运营有所区别，商家想要抓住农产品电商发展带来的市场机遇，就要了解农产品电商运营的特点，掌握农产品电商运营的模式。

3.1.1 农产品电商运营特点

目前，农产品电商保持着蓬勃发展的态势，在规模结构、质量效率和产业渗透率等方面不断深化，俨然已成为电商市场中的“蓝海”。农产品电商运营经过不断摸索、试验，在发展模式、销售模式、物流等方面呈现出较为明显的特点。

1. 发展模式多样

农产品电商在发展中不断衍生出新的发展模式，由最初的淘宝网、京东商城、苏宁易购等综合电商平台，以及顺丰优速、沱沱工社、本来生活等农产品电商平台驱动的局面，逐渐演变为以农产品上行拉动、电商平台驱动、产业转型推动、园区孵化联动、公共服务带动为主的几大模式。农产品电商的发展模式越来越多样化，更能体现时代发展的特征和创新精神。

- **农产品上行拉动**。农产品上行拉动是指依托农产品所在地的产业优势，推动农产品的电商化、标准化、品牌化和可追溯化体系建设，从而打造特色农产品电商品牌的模式。清河羊绒、奉节脐橙、五常大米、兰州百合、琯溪蜜柚等就是农产品上行拉动模式打造的特色农产品品牌，拥有较高的知名度。
- **电商平台驱动**。电商平台驱动是指通过大型综合电商平台运营，或者自行打造垂直或区域性的电商平台的模式。若商家资金有限、没有电商运营经验，可在淘宝网等综合电商平台开设店铺并售卖农产品；若商家实力强大，可以自己开发电商平台，打造有特色的垂直电商平台。
- **产业转型推动**。产业转型推动是指当地政府依托传统优势产业，积极推动中小企业实现产业转型升级的模式。例如，海南省农业农村厅通过大力调减低产低效热带农产品结构，积极推广优质高效农作物种植，合理引导农民改种特色高效农产品，着力扶持与培育热带农业新产业、新业态发展，热带农业转型升级明显加快，促进农村电商的发展。
- **园区孵化联动**。园区孵化联动是指政府通过开发建设电商产业园、创业孵化园，引导电商集聚发展的模式。这一模式能推进供给侧“去库存”工作。例如，穗华物流园在阳曲综合园区、农谷农产品园区建立的穗华仓卖电商直播基地，为中小微企业提供电商代运营、带货直播和新媒体矩阵运营等一体化服务。
- **公共服务带动**。公共服务带动是指发挥政府在电商发展中的引导作用，积极出台扶持政策，营造良好的农产品电商发展环境的模式。例如，肥西县2020年出台的多项电商高质量发展产业扶持政策、招商引资大项目优惠政策以及农村电商专项扶持政策等，全方位发挥政府在电商发展中的引导作用，打造立体化的电商招商和产业扶持政策体系，为县域电商发展出力。

案　例

大闸蟹上天猫

洪泽湖是我国著名的大闸蟹产地，洪泽湖大闸蟹蟹肥、肉香，品质好。为了扩大洪泽湖大闸蟹产业，提高洪泽湖大闸蟹的知名度和美誉度，江苏省人民政府携手天猫共同举办了六月蟹推介会暨江苏省“大闸蟹上天猫”巡湖推介活动。该活动不仅推动了大闸蟹品牌的建设，还充分发挥了各级人民政府的支持和引导作用，推动了阿里巴巴等企业对农业农村的不断深耕，实现了农业农村电商的顺利发展，打造了更多的“一镇一业”“一村一品”等特色优势产品供应链。

天猫是大型综合电商平台，背靠阿里巴巴的优质资源，拥有较好的口碑和广阔的市场，是消费者较为信赖的电商平台。“大闸蟹上天猫”巡湖推介活动启动仪式上，天猫与洪泽区人民政府、重点商家签订了战略合作协议。之后，还举行了洪泽湖六月黄大闸蟹首场捕捞仪式。活动闭幕后，江苏省淮安市当地政府部门随即通过合资发展等举措，协助商家通过天猫平台打造洪泽湖大闸蟹品牌。

思考：“大闸蟹上天猫”巡湖推介活动属于哪种类型的农产品电商发展模式？该活动举办的意义是什么？

2. 销售模式新颖

近年来，许多商家在不断推出新的销售模式，这些创新的销售模式让农产品电商的运营更加游刃有余。

> **思考与讨论**
>
> 作为一名消费者，你认为预售对你有哪些影响？购买哪些产品会更愿意选择预售？

（1）预售模式

由于农产品本身所具有的季节性特点，农产品的销售可能表现出较明显的季节性特征。此外，农产品的产量大，库存积压量多，长时间存放还会产生较高的存储和损耗费用。因此，越来越多的商家采用预售模式销售农产品。农产品预售就是通过网络平台，提前一段时间发布农产品信息，消费者了解信息后先付款生成订单，商家按订单备货，并在承诺时间内完成发货。例如，在生鲜农产品还未收获之时，商家就提前通过京东商城、天猫等电商平台进行预售，如图3-1所示，生成并收集订单后，开始根据订单需求采摘、发货。

图3-1　预售模式

预售是一种能促进供需双方实现共赢的营销模式，它通过提前收集市场需求信息，将原产地生产者和消费者直接联系到一起，使商家更加从容地备货和应对市场风险，实现产地的按需供应，不仅减少了中间环节，成本更低，而且极大限度地降低了农产品的滞销风险。同时，预售可以保证农产品的新鲜度，更容易让消费者接受。

（2）“周期购”模式

粮、油、奶等农产品在需求上表现出很强的周期性特征，商家为了使这类农产品的购买更加便捷，设计了“周期购”模式。

“周期购”即粮、油、奶等农产品的包月、包年订购业务。具体来说，“周期购”模式的操作方式如下：消费者先在电商平台上一次性购买一段时期内（季度、半年或一年）的农产品，并指定配送周期；然后，商家按照订单约定的发货周期定期向消费者送货；消费者收到农产品后再进行评价，以便商家根据相关反馈意见做出改进。图3-2所示即为鲜牛奶的“周期购”模式详情，其配送周期为30天，配送模式为7日1送，每次配送1件，配送总件数为5件。

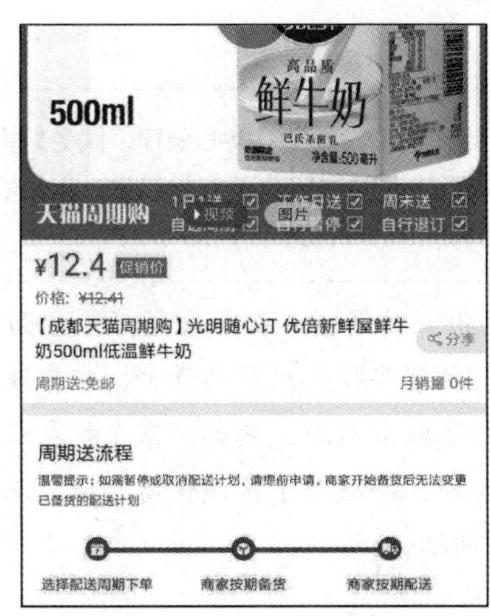

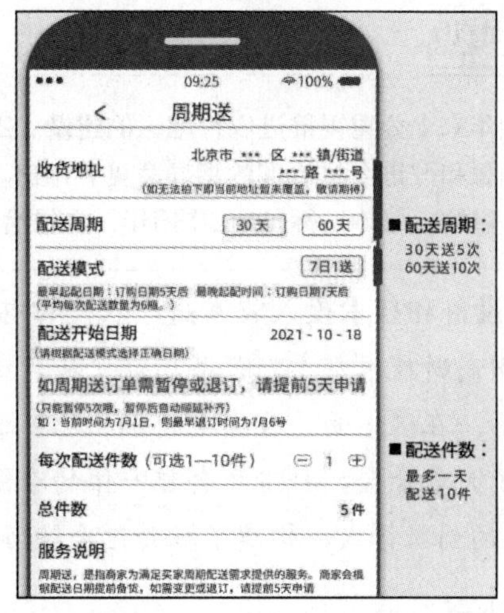

图3-2 “周期购”模式

对于消费者而言，“周期购”模式免去了频繁下单的麻烦，农产品的售价也更加便宜。对于商家而言，“周期购”模式能够有针对性地调配库存，同时锁定消费者，降低推广成本，快速回笼资金，提高客单价。

3. 物流服务标准高

相对于线下销售而言，农产品电商更多依靠物流将农产品送达消费者手中。因此，物流服务水平直接影响着农产品的品质，商家必须在物流配送精准度和物流规划合理性方面对自己有较高的要求，才能更好地为消费者提供高品质的农产品。

- **物流配送精准度要求高**。消费者的收货时间具有较大的不确定性，一旦消费者当天无法及时收货，就很可能让农产品滞留在快递收发点，影响农产品的新鲜度，因而需要具备较高的物流配送时间精准度，如将配送时间精确到消费者能够及时收货的某一具体时间段（如18:00—21:00），从而提升消费者的购物体验。
- **物流规划合理性要求高**。农产品生产具有季节性的特点，因而农产品丰收季的物流运送需求量巨大，而其他季节的物流需求则相对较小。同时，农产品产地相对较分散，要将农产品从产地运送至全国各地消费者手中，一般需要经过多次的运输、存储、装卸以及配送，再加上农产品尤其生鲜农产品易腐坏、易损耗，对存储和运输要求极高，这些都对物流规划合理性提出了较高的要求。例如，利用全新的信息化技术，通过收集、分析相关数据，提前预测农产品的物流需求，智能调度运输车辆，并设计合理的物流运输路线等。

4. 物流成本高

长期以来，农村地区物流基础设施建设不足，为农产品物流运输带来了很多困难，一定程度上增加了物流成本。同时，为了维持农产品的品质，农产品电商物流往往需要使用保鲜、冷藏和防疫等方面的设备和技术，这也需要投入大量成本。

- **农村地区物流基础设施建设不足**。我国近年来加大了农村基础设施建设力度，当前已取得较大的成果，但部分农村地区由于地理环境复杂、路网结构不健全，其物流基础设施建设水平依然相对较低，农产品产地较为分散，这些都给农产品上行带来一定的阻碍，使得物流成本增加。

行业视点

我国近年来十分重视推进农村地区的建设。2019年6月，中共中央办公厅、国务院办公厅印发的《关于加强和改进乡村治理的指导意见》指出，要坚持把保障和改善农村民生、促进农村和谐稳定作为根本目的，总体目标是到2035年，乡村治理体系和治理能力基本实现现代化。

- **物流设备和技术投入成本高。**农产品电商物流对保鲜、冷藏和防疫等方面有较高的要求，需要应用高新技术避免农产品腐烂变质，这些都需要投入大量的资金，相应地，物流成本也进一步增加。在这方面，各大电商企业已经进行了较多布局。例如，京东就在农产品冷链物流方面投入了大量资金，打造了仓配一体的冷链仓网，并联合了区域优质冷链企业形成“骨干网+合伙人”的创新模式，构建了社会化冷链协同网络。

知识补充

农产品冷链物流是指使肉、禽、水产、蔬菜、水果、蛋等农产品从产地采收（或屠宰、捕捞）后，在农产品加工、贮藏、运输、分销、零售等环节始终处于适宜的低温控制环境下，最大程度地确保农产品的品质和质量安全、减少损耗、防止污染的特殊供应链系统。

3.1.2 农产品电商运营模式

随着农产品电商的蓬勃发展，各种不同的运营模式开始出现。目前，国内农产品电商主要有商家到消费者（Business to Customer，B2C）模式、厂商到消费者（Factory to Customer，F2C）模式、消费者到消费者（Customer to Customer，C2C）模式、线上线下一体化（Online to Offline，O2O）模式、社区团购模式，以及消费者到商家（Customer to Business，C2B）模式。

1. B2C模式

B2C模式是目前农产品电商领域的主流运营模式，该模式又可以分为平台型B2C模式和垂直型B2C模式。

平台型B2C模式即商家入驻综合电商平台，如京东商城、天猫等，作为第三方卖家将农产品销售给消费者，并自行负责物流配送。这种模式的优势是商家所入驻电商平台的知名度较高，拥有规模较大的消费群体和完善的支付系统；劣势是电商平台竞争激烈，流量获取成本高。

垂直型B2C模式即专业的农产品电商平台直接从优质供应商处采购农产品，然后以自营的方式将农产品销售给消费者，典型代表有中粮我买网、顺丰优选、本来生活等。

2. F2C模式

F2C模式的本质是农场直供模式，即商家在某地区承包农场，种植、养殖农产品，然后通过自建网站的方式将生产的农产品销售给消费者，典型代表是沱沱工社。早在2008年，沱沱工社就投入大量资金在北京自建了70万平方米的种植大棚，用来种植有机蔬菜，养殖有机家禽、家畜，希望能将农产品的品质把控权掌握在自己手中，提供让消费者放心的健康食物。F2C模式的优势是可以快速赢得消费者信任；缺点是受制于场地和非标准化生产的影响，无法满足消费者更加丰富的口味需求，市场空间有限。

3. C2C模式

C2C模式是指生产农产品的个体农户直接将农产品销售给消费者的模式。近年来，随着智能手机的普及，越来越多的个体农户在生产农产品之余借助智能手机销售农产品，因而该模式得到了快速发展。在该模式下，个体农户主要在微信、淘宝网等平台进行销售，通过自己的小货车或第三方物流配送农产品。这种模式适合居住在距离省市较近的城乡接合部、农产品生产量较小的个体农户，销售的农产品主要是自家生产的特色农产品，如水果、鸡蛋等。由于销售量小，个体农户的运营能力有限，以及缺乏相应的监管等因素，此种模式对应的市场发展空间较小，物流配送成本相对较高，农产品质量风险较高。

4. O2O模式

O2O模式是指线上线下相融合的模式，即消费者线上买单、线下体验的模式。在该模式下，线下实体店负责提供农产品展示、体验式消费服务等，线上电商平台负责导入流量、销售农产品以及会员管理。另外，商家还可以通过微信群、微博、微信小程序等渠道进行营销。该模式的优势在于物流成本较低，互动性较强，能够有效挖掘线下资源，导入线上流量，并且能够通过线下服务培养消费者对商家的信任；劣势在于线下实体店的辐射能力有限。

5. 社区团购模式

社区团购模式即以小区为基本单位，以社群、微信小程序等线上平台为载体，整合社群以及供应商资源，集中化采购小区业主所需农产品的商业模式，其典型代表如兴盛优选等。社区团购模式是当前十分热门的农产品电商运营模式，尤其适合柴米油盐、蔬菜水果等高频、刚需的日常生活消费类农产品。社区团购模式是采用“团长（一般为社区实体店主）+线上预订+次日送站+站点（一般为社区实体店）自提”的模式。例如，团长通过微信群发布农产品拼团信息，社区内消费者于当日23点前在线上通过微信小程序等实现拼团，社区团购平台于次日16点前将该社区内消费者购买的农产品统一配送到站点，然后团长负责检查农产品的数量和质量并暂时加以妥善储存，最后消费者在16点后到站点提货。

社区团购模式的优势在于：第一，采用集中配送、集中履约的方式，将一个小区当天所有的订单一次性配送到小区站点，由小区消费者自提，大大降低了物流成本；第二，充分利用社区中原有的门店资源（如水果店、快递超市、杂货店等），将原来的门店店主发展为团长，因而不用承担门店、配送站、前置仓的租金；第三，采取预售模式，消费者下单后再向供应商采购相应的农产品，不用囤货、备货，所以不必承担损耗、管理等方面的成本。

6. C2B模式

C2B模式的本质是消费者定制模式。在该模式下，商家首先要发展大规模种植或养殖，并具备一定的农产品生产能力，然后在网络平台中发布推广信息并招募会员，通过会员系统收集会员的农产品需求并进行生产，待农产品生产出来后以家庭宅配的方式将农产品配送到会员手中。该模式的盈利来源主要是会员费（会员年卡、季卡或月卡），优势是进行定制化生产，生产经营的风险小，劣势是市场发展前景受商家生产能力的影响较大。该模式的典型代表是多利农庄，图3-3所示即为多利农庄的农产品生产基地。

图3-3　多利农庄的农产品生产基地

3.2　农产品电商平台的选择

近年来，农产品电商成为热门领域，众多农产品电商平台如雨后春笋般涌现，其中既有主流综合电商平台（开辟农产品电商板块），又有垂直农产品电商平台。

3.2.1　主流综合电商平台

目前国内的综合电商平台（如淘宝网、京东商城、拼多多、微店、苏宁易购等）都在农产品电商领域进行了大量的投资，开辟了生鲜等农产品电商相关板块，也吸引了很多农产品商家入驻。这些平台多属于B2C、C2C模式，直接面向消费者，知名度高、流量大。下面主要介绍京东商城和拼多多这两个主流综合电商平台开辟的农产品电商板块，即京东生鲜和多多买菜。

1. 京东生鲜

京东生鲜隶属于京东商城，专注于为消费者提供水果蔬菜、海鲜水产、肉禽蛋奶、速冻冷饮等生鲜食材。依托于京东集团的强大实力，京东生鲜为消费者提供了优质的服务，还为入驻商家提供了有利的发展条件。

（1）京东生鲜的平台优势

国家统计局主管的中国市场信息调查业协会发布的《2020线上生鲜行业报告》显示，2020年京东生鲜表现突出，前3季度以25.8%的交易额占比居行业第一位。京东生鲜之所以能获得众多消费者的认可和青睐，与其在农产品质量保障和物流服务保障方面的平台优势是分不开的。

① 农产品质量保障

农产品质量一直是消费者购物时关注的重点问题。为了让消费者买得放心，京东生鲜采取了一系列措施来保障农产品质量。

- **制定农产品抽检规范**。为了保障生鲜农产品的安全，维护消费者的合法权益，京东生鲜制定了农产品抽检规范，并定期对农产品进行抽查。
- **建立快检实验室**。京东生鲜分别在北京、上海、广州建立了快检实验室，由专业的质检人员完成一系列与食品安全相关项目的检测，如农药残留、兽药残留等，并实时将质检报告上传至系统，从而保证每一批入库生鲜农产品的安全性，如图3-4所示。

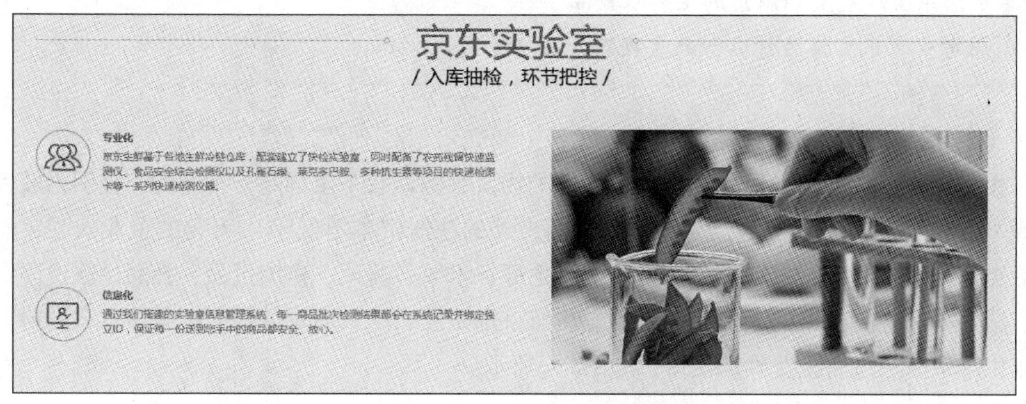

图3-4　京东生鲜快检实验室

- **制定生鲜行业标准**。为了把控农产品品质，促进农产品标准化，并为商家提供公平的竞争环境，京东生鲜在国家标准和行业标准的基础上制定了京东生鲜行业标准。
- **建立农产品溯源机制**。为了让消费者更放心地购买农产品，京东生鲜基于京东的信息平台，接入了源头供应商的生产监控视频和京东仓储视频，通过直播供应商的生产全过程，让消费者真实地观看所购买农产品的生产环境、加工环境和分拣包装环境。

② 物流服务保障

京东生鲜依托京东在物流方面的优势，不断升级优化冷链物流，实现生鲜农产品的全物流链控温配送，保障了农产品的新鲜度。目前，京东生鲜专属的冷库数量已超过10个，拥有深冷、冷冻、冷藏和控温4个温层，可以满足各类生鲜农产品的保鲜需求。京东生鲜物流配送体系覆盖超过200个城市，可实现“211限时达”“京准达”“定时达+夜间配”。同时，京东生鲜还在农产品原产地建立了协同仓，实现农产品从产地直发。

案　例

京东生鲜的高品质服务

2020年6月5日，京东生鲜宣布品质服务全新升级，推出“壕敢赔”计划，包括“优鲜赔-只赔不需退”“化冻就赔”“配送延时就赔”“发货延时就赔”“破损包赔”“足斤足两”“效期无忧”“兑换无忧”等售后赔付服务，不仅让消费者可以享受更优质的服务，还为生鲜行业的服务水平树立了新的标杆。当前世界领先的检验、鉴定、测试和认证机构瑞士通用公证行（SGS）相关负责人表示，京东生鲜是国内首个获得BRCGs A&B和ISO 9001双认证的生鲜农产品电商平台。这表明京东生鲜对农产品质量管理的水平已经得到了业内的高度认可。

同时，京东生鲜还推出了“好吃”系列标准，为生鲜农产品的口味制定精细的标准，让其得到量化、规范化的呈现，便于消费者直观地了解生鲜农产品的口味。京东生鲜与专业测评机构熊猫指南、SGS结成了好吃认证联盟，委托试吃专家团开展大范围试吃，结合原产地美味认证审核，并利用感官测评机器进行检测，制定出相对合理的口味标准，保证消费者在京东生鲜能买到满意的生鲜农产品。

思考：京东生鲜为什么如此重视农产品质量？

（2）京东生鲜的入驻规则

由于拥有巨大的市场份额，能提供优质的物流服务，京东生鲜是一个对商家吸引力较大的电商平台。目前，京东生鲜接受除个体工商户外的注册资本不低于10万元的企业入驻，热招的品类包括速食熟食、海鲜水产、大闸蟹小龙虾、水果、蔬菜、禽肉蛋品、乳品冷饮、面点烘焙、猪牛羊肉等。商家的入驻流程：首先注册京东账号，然后填写并提交相关信息及资料，待京东生鲜审核通过后缴费确认便可，如图3-5所示。

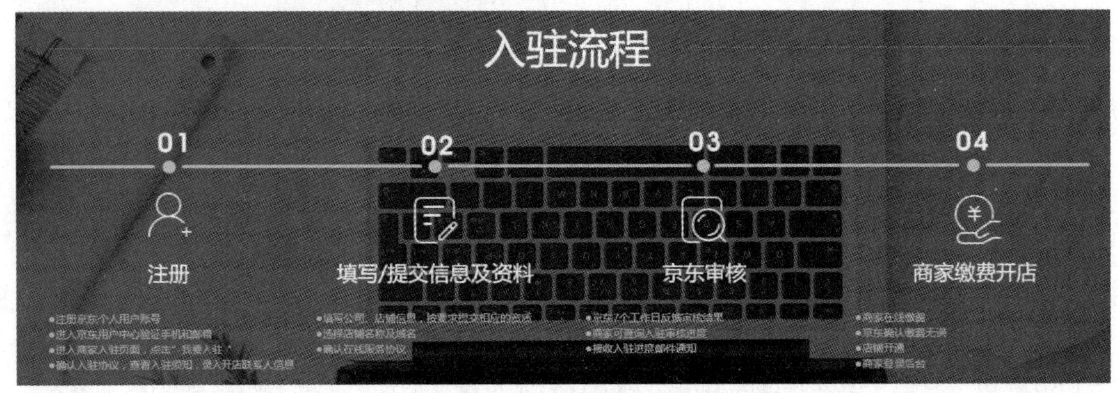

图3-5　京东生鲜入驻流程

2. 多多买菜

多多买菜是国内主要的农产品上行平台——拼多多推出的一个实惠、安心、便民的买菜平台，属于社区团购模式。依托于拼多多巨大的用户量和高额的补贴，多多买菜一上线就被业内人士看好。

（1）多多买菜的运作模式

多多买菜的运作模式分为供应商端和消费者端，如图3-6所示。在供应商端，多多买菜遵循“从田间直达餐桌”的原则，农产品由国内外超过1000个农产品产区或供应商供货，包括蔬菜、水果、肉蛋、米面、粮油、乳品等品类，确保了农产品具有较高的性价比；同时采用以销定采的模式，即通过采集消费者订单需求确定农产品采购量，再通过集约配送降低物流成本。在消费者端，多多买菜采取“线上下单+线下自提”的半预购模式，消费者只需在每天23点前通过拼多多App“多多买菜”频道或微信小程序“多多买菜”下单，便可于次日到最近的站点取回农产品。

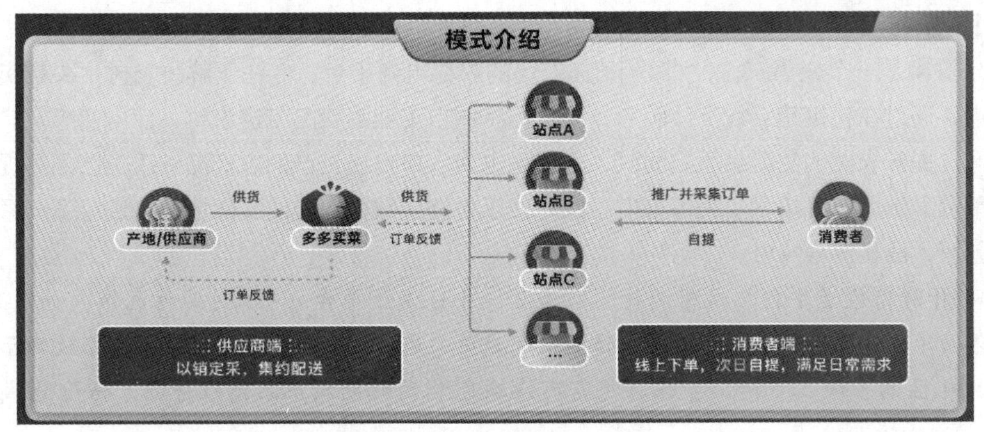

图3-6　多多买菜的运作模式

多多买菜借助拼多多的农产品上行物流体系连接供应商端和消费者端，通过冷链物流等方式将农产品从原产地直接发往消费者所在城市，从而保证消费者在较短时间内收到新鲜的农产品。

（2）多多买菜的入驻

目前，入驻多多买菜有两种主要的形式，一种是申请成为多多买菜供应商，另一种是申请成为多多买菜团长。

① 申请成为多多买菜供应商

商家可以在拼多多商家后台申请成为多多买菜的供应商，为多多买菜供应农产品。多多买菜会在一周左右的时间进行审核，审核通过后，商家所在地的多多买菜采销中心还会进行二次审核。成为供应商后，商家需要在规定的时间内发货，并将农产品送到指定的多多买菜的仓储中心。

② 申请成为多多买菜团长

有线下门店的商家可以申请成为多多买菜的团长，即以自家的门店作为多多买菜的站点，方便消费者自提。多多买菜将消费者下单的农产品配送至团长的门店中，团长需要检查配送来的农产品数量和品质，若发现农产品有破损缺货等问题，应及时向多多买菜申请进行售后处理。同时，团长应在消费者自提前做好保鲜、保质、保量的工作，并为消费者提供自提服务，并协助提供售前售后服务。此外，团长需要引导消费者参与团购，提高消费者复购率，储备良好的社区关系资源（如微信群等）可以提高站点的营业额。

知识补充

为了在短时间内发展更多的团长，多多买菜制定了较低的门槛（有营业执照即可）和一系列富有吸引力的政策。例如，团长的佣金比例一般在10%～20%，完成每日/每月任务之后还能获得额外奖金；佣金提现没有金额限制，不收任何手续费，2小时即可提现到账。

3.2.2　垂直农产品电商平台

除了综合电商平台，我国也出现了一批垂直农产品电商平台，主要专注于农产品领域。

1．乐村淘

乐村淘是一个聚焦农村，服务于8亿农民的农村电商平台，专注于解决农村“买难卖难”的痛点。通过在村镇建立线下体验店，乐村淘将城市工业消费品带进农村，让电商惠及广大农村地区，提升农民的生活品质。同时，乐村淘也为农户自己生产的农产品、手工艺品等提供了交易平台，帮助农民拓宽了销售渠道。此外，乐村淘还结合农村的实际情况，进行了一系列的运营创新，凸显自身特色。

- **开辟特色子平台**。乐村淘特意打造了一个B2B子平台——乐村淘特色馆，如图3-7所示。借助乐村淘全国25个省10万多家体验店的数据、渠道、人群等资源优势，商家致力于挖掘各县域地区的乡魂、乡情、乡味，将富有地域色彩的特色农产品销往全国，传承地域人文精神。

图3-7　乐村淘特色馆网页

- **开创新销售模式**。乐村淘于2015年推出了新的农村互联网销售模式——乐6集模式。在该模式下，平台将每月分为3个周期，周期节点为6日、16日、26日，并于周期节点开展促销活动，次日安排分拣配送该周期订单，物流周期控制在3～4个工作日，如图3-8所示。该模式有利于集中处理订单、集中发货、集中收货，提高工作效率。

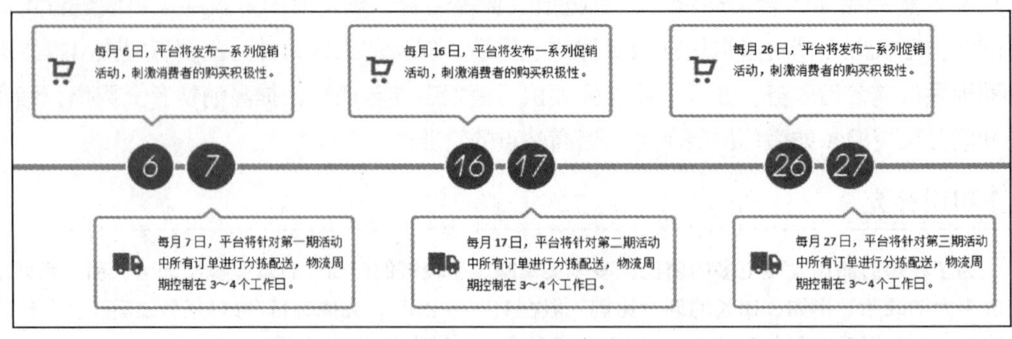

图3-8　乐6集模式

- **建立新型物流平台**。乐村淘建立了新型的城乡物流众包平台——捎啦啦。该平台通过互联网技术吸纳往返城乡之间的社会车辆，以私家车、中小型厢式货车等剩余运力为核心，降低配送成本，实现小件快递当日到达，解决物流“最后一公里”难题。

2. 惠农网

惠农网是由湖南惠农科技有限公司推出的B2B网站，主要为农户服务，为农产品的采购与销售提供渠道。目前，该平台囊括水果、蔬菜、禽畜肉蛋、水产、粮油米面、农资农机、种子种苗、苗木花草等类目，涵盖2万多个常规农产品品种。农户在该平台上不仅可以开设店铺销售农产品，还可以发布农产品采购信息。同时，该平台还会发布最新的农业政策和新闻，以及农业农村部提供的全国农产品的市场行情，并为农户们提供关于电商知识、农技知识方面的培训。图3-9所示为惠农网首页。

图3-9　惠农网首页

3. 美菜网

美菜网诞生于2014年6月，致力于用先进的科技和创新的理念改善我国农业市场的发展状况。不同于面向终端消费者的平台，美菜网所服务的对象是中小餐厅，为全国近千万家餐厅提供全品类、低价、新鲜安全的餐饮食材采购服务，并对质检、采购、仓储、物流等环节进行科学和精细化的管理。商家入驻美菜网主要有两种形式，即为美菜网供货和在美菜网开店。

- **为美菜网供货**。在该形式下，商家直接将农产品销售给美菜网，不需要在美菜网开店，并且可以保证农产品销路。该形式下，美菜网对入驻商家的要求如图3-10所示。

1.所有跟美菜合作的商家必须是依法注册的法人（包括个人企业、合伙企业、公司制企业）；另生鲜蔬菜、水果品类允许个体工商户入驻美菜。
2.营业执照上法人主体的成立日期至今需满足6个月以上（生鲜蔬菜、水果3个月以上）；企业注册资金必须在50万元(肉禽鲜品类100万元) 及以上；经营生鲜蔬菜和水果品类，不受此条件限制。个体工商户类型的商家，其营业执照上无注册资金的；或营业执照上无注册资金的不受此条件限制。
3.所有跟美菜合作的商家必须能开票。

图3-10　入驻要求1

• **在美菜网开店**。商家可以在美菜网中开店，直接向中小餐厅销售农产品。在该形式下，货权仍属于商家，美菜网只需提供销售平台和仓储管理、物流配送、收款回款及逆向退货等服务。商家可自主上架农产品，借助美菜网平台迅速打开市场，覆盖更多城市，并且可以自主制定促销方案，经营自主权更大。该形式下，美菜网对入驻商家的要求如图3-11所示。

1. 除蔬菜、水果品类外，所有跟美菜合作的商家必须是依法注册的法人（包括有限公司、合作社、基地、个体工商户等类型的法人）。蔬菜、水果品类允许个人（即自然人）入驻美菜。
2. 法人性质商家，其法人主体的成立日期至今需满足6个月以上；注册资金必须在50万元及以上；经营蔬菜和水果品类，不受此条件限制。个体工商户类型的商家，其营业执照上无注册资金的；或某商家分公司主体类型的商家，其营业执照上无注册资金的不受此条件限制。

图3-11　入驻要求2

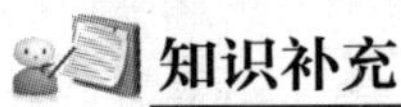

知识补充

除了为美菜网供货和在美菜网开店，商家还可以成为美菜网的城市代理商。城市代理商是指使用美菜网品牌和高效IT系统，商家可在代理城市开设美菜站点，在美菜网的辅导、扶持下，面向区域内餐饮商户和社区用户提供食材配送服务。

4. 盒马鲜生

盒马鲜生是阿里巴巴集团旗下以数据和技术驱动的新零售平台，旨在为消费者打造社区化的一站式新零售体验中心，用科技和人情味为消费者带来“鲜美生活”。

众所周知，传统零售门店的特点是面积大、类目繁多，消费者在购物过程中往往存在想要的东西找不到、农产品的质量和新鲜程度得不到保证、长时间排队结账、购买的产品太沉不便带回家等痛点。而盒马鲜生携带全新的新零售理念，针对传统零售门店的缺点进行了全面升级，从消费者的体验出发，彻底颠覆了传统零售的消费体验方式与经营模式，拓展并满足了消费者的各种消费需求。

盒马鲜生既是线下超市、餐饮店，又是线上购物平台，通过先进的运营模式和强大的技术支持，实现了线上线下为一体的全渠道融通。

（1）线下运营

在线下实体门店，盒马鲜生采用了一系列创新的运营模式，为消费者带来更快速、便捷、丰富的购物体验。

• **设置前置仓并采用仓店一体化模式**。前置仓又被称为卫星仓或者云仓，是分布于城市内、面积较小、更靠近消费者、品类以生鲜为主的新模式。而仓店一体化模式是指前置仓与商超的一体化，即以门店作为前置仓。在该模式下，每个门店都作为一个中小型的仓储配送中心来运作，总部大仓只需定时对门店供货，由门店覆盖到消费者之间的“最后一公里”。消费者下单后，由附近的门店接单，拣货员直接在门店货架上拣货，如图3-12所示，然后交给快递员实现即时配送。这样可以保障产品在较短时间内送达在门店3公里范围内的消费者手中。简单地说，前置仓是在离消费者较近的地方设立一个小型仓库，消费者下单后1个小时内就能收到货物。

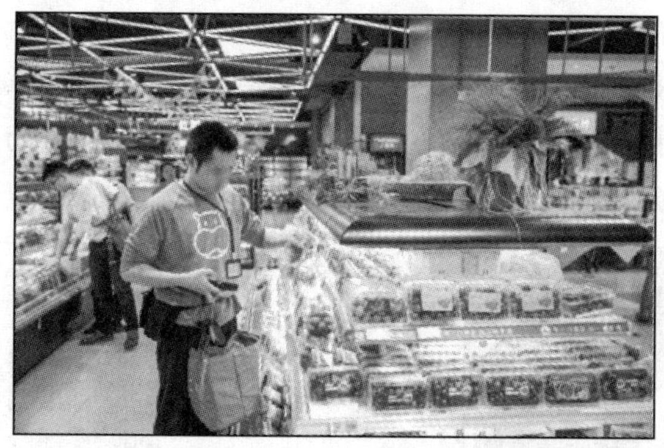

图3-12 拣货员拣货

- **在门店设置传送带**。盒马鲜生创造性地在门店顶部设置了传送带，连接商品陈列区和后仓，以快速传送消费者线上订购的产品。一般收到线上订单，拣货员便立即使用专用购物袋开始拣货，拣货完成后通过传送带输送到下一位拣货员处，依次拣货完成后，再传送到后仓进行打包、安排配送。通过传送带，盒马鲜生加快了拣货、打包、装箱的流程，确保在较短时间内完成拣货、装箱。

- **商超与餐饮结合**。盒马鲜生主打生鲜类农产品，主要包括水果蔬菜、海鲜水产、餐饮熟食、粮油零食等品类。门店内设有餐厅区，消费者可以一边逛，一边吃，即在店内选购海鲜等食材后可以委托厨师直接加工、现场制作，实现即买即烹，品尝新鲜食物。

（2）线上运营

作为新零售平台，盒马鲜生与传统商超的一大区别就在于加入线上端。盒马鲜生通过盒马App、电子价签系统、会员制度等，将线上线下消费环节打通，实现信息共享，全面提升了运营效率。

- **线下体验线上下单**。盒马鲜生门店会指导消费者安装盒马App，引导其在线上下单，打造线上线下闭环消费模式。消费者在盒马鲜生门店内看到的任一产品都可在盒马App中找到同款，同时消费者还可以自行挑选，对购物环境、产品品类和品质有更真切的感受，实现所见即所得。

- **线上线下产品统一管理**。盒马鲜生使用电子价签（见图3-13）系统，省去了以往传统线下超市调价后人工调整纸质价签的工作，真正将线上线下产品打通，实现线上线下产品统一管理，全面涉及产品的变价、促销、积分和库存等信息。

图3-13 电子价签

- **线上线下一体化的会员管理。**盒马鲜生推出了“盒马X”会员制度，如图3-14所示，消费者只需要一年支付258元，就可以在线上线下享受一系列专属服务和权益。同时，盒马App还设计了“盒区生活”模块（见图3-15），为居住在线下同一社区的消费者建立线上交流平台，提供本地化社交服务，以提升消费者黏性。

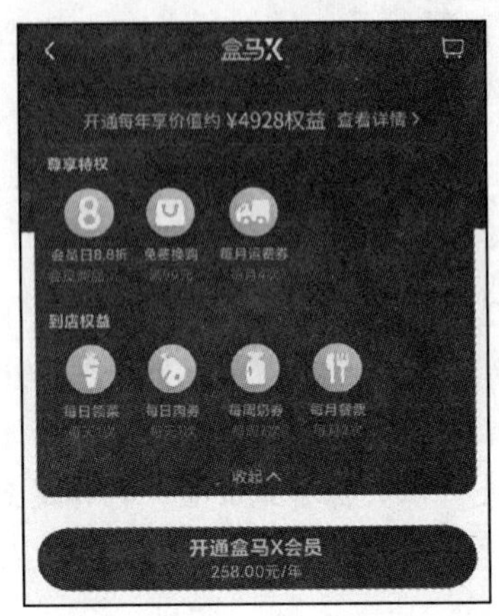

图3-14 “盒马X”会员制度

图3-15 “盒区生活”模块

3.3 农产品营销策略

选择好电商平台之后，商家就可以销售农产品了，在这个过程中，农产品营销是一项必不可少的工作。当前农产品市场同质化情况严重，商家要想在激烈的市场竞争中脱颖而出，制定合理的农产品营销策略显得尤为重要。

3.3.1 产品策略

多数消费者在购买农产品时更多关注农产品本身，因此农产品是商家经营的根本。农产品是否符合市场需求，是否吸引消费者的注意在很大程度上决定了商家的日常经营状况，因此，商家有必要对产品策略有所了解。具体来说，产品策略包括新产品策略、产品组合策略以及包装策略。

1. 新产品策略

随着社会、经济的发展，消费者对于农产品的需求逐渐从“吃饱”转变为“吃好”，并呈现出越来越多元化的发展态势。对于想要获得长远发展的商家来说，紧跟市场发展趋势，保持良好的产品更新换代的节奏至关重要。商家不能仅仅满足于经营现有的农产品，而应采取适当步骤和措施开发新产品。

知识补充

新产品不仅指全新农产品（即应用新的技术、新的原料生产出的完全不同种类的农产品），还包括在原有农产品的基础上，采用或部分采用新技术、新原料生产出来的具有新口味、新品种的农产品。

一般而言，新产品开发都有一定的流程，包括新产品构思、产品方案筛选、形成产品概念并测试、初拟营销计划、商业分析、新产品研制、市场试销、正式上市。

拓展阅读：

头脑风暴法

（1）新产品构思。提出新产品的设想方案，可使用头脑风暴法等方法来实现。

（2）产品方案筛选。比较判断各种构思，从可行性、效益性和适应性等方面筛选出合适的产品方案。

（3）形成产品概念并测试。从消费者的角度多次描述新产品构思方案，让消费者能一目了然地识别新产品，然后对这些产品概念进行测试，筛选出有潜力的产品概念。

（4）初拟营销计划。拟定新产品投放市场的初步营销计划书，包括目标市场的规模、结构，对新产品的价格、分销策略，以及新产品的销售目标进行规划。

（5）商业分析。分析新产品的销售额、成本、利润等，查看其是否符合商家的经营目标，若符合，即可开发新产品。

（6）新产品研制。开始研制新产品，应特别注意其在技术和商业上的可行性。

（7）市场试销。将新产品投入市场中进行试销，分析消费者的接受度、产品销量等，以便调整新产品与改善营销方案。

（8）正式上市。正式在市场中投放新产品，最终获得利润。

例如，某经营猕猴桃的商家想要开发新产品，使用头脑风暴法提出了两个新产品的设想方案：一是开发沃柑，二是开发新口味猕猴桃。经过比较两个方案后，商家认为自身已具备多年的猕猴桃种植、销售经验及相关渠道资源，而果园所在地也更适合猕猴桃的种植，开发新口味猕猴桃所需种植技术也有价格合理的引进渠道。由于方案二的可行性、效益性和适应性更高，商家选定了方案二。

接下来，商家开始对新产品构思进行描述，并经过测试、筛选，形成了新产品概念——肉厚多汁的黄心猕猴桃。然后，商家开始拟定新产品营销计划书，分析新产品的预期销售额、成本、利润等，认为其能获取较高的利润，符合经营目标。

最后，商家开始利用引进的新技术，种植新口味猕猴桃，并将新产品投入市场试销，发现消费者对新产品的接受度还不错，但普遍反映不够甜，于是商家又根据消费者的反馈意见改进新产品的种植技术和方法，然后将改进后的新产品正式投入市场。

2. 产品组合策略

产品组合是指商家生产经营的各种不同类型产品之间的组合。产品组合策略是指商家为面向市场，对所生产经营的多种产品进行组合的谋略。制定产品组合策略的目的是使产品线广度（产品线数量）、产品线深度（每条产品线中包含的产品品种），以及各产品线之间在生产技术、运销方式和最终用途等方面的一致程度处于较优的组合状态，以提高竞争力，取得更好的经济效益。

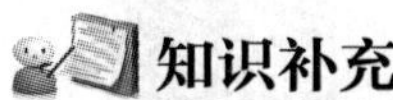

知识补充

所谓产品线，是指不同规格品种但具有相似使用功能的一组同类产品。例如，某商家经

营的肉类产品中包含猪肉和鸡肉两个品种，经营的菜蔬类产品中包含白菜、菠菜和芹菜3个品种，经营的水果类产品中包含苹果和橘子两个品种，则该商家拥有3条产品线、7个产品品种，具有一定的产品线广度和深度。

（1）扩大产品组合策略

扩大产品组合策略是指增加产品线的广度和深度。增加产品线的广度主要是指增加产品线，如原本经营水果、蔬菜，现增加新产品线——粮油；增加产品线的深度是指在原有产品线内增加新的产品品种，如原本经营的水果仅包括梨子、苹果，现增加新水果品种——柑橘。

农产品具有较强的季节性，消费者对部分农产品的需求量变化较大，农产品的价格也存在波动，这些因素使得某一种类农产品的盈利水平较不稳定。商家适当提升产品线广度，将有利于分散市场风险，提升收益稳定性。

另外，由于同一产品线中的各品种农产品具有相似的物理属性，可以采用相近的工艺和设备进行贮藏、包装与运输，商家适当增加产品线的深度，将有助于降低销售成本，满足消费者的多元化需求，从而扩大市场范围。

（2）缩减产品组合策略

缩减产品组合策略是指通过缩减产品组合的广度、深度等，使商家集中力量进行经营。当农产品市场不景气，或者生产所需的原材料价格大幅上涨时，商家可以采用该策略淘汰需求量小、生产成本高的产品线或产品品种，留下利润率高的产品线或产品品种，从而有效缩减经营成本，集中资源和技术力量提升农产品的品质。

（3）产品线延伸策略

产品线延伸策略是指商家改变原有的农产品市场定位，将目光转向其他不同类型或相同类型的其他市场或其他领域的农产品。例如，商家原本经营平价杧果，现将产品线向上延伸，增售高端精品超大杧果，以期带来更丰厚的利润；商家原本经营中等价位的菜籽油，现将产品线向上、向下延伸，增售高档冷榨工艺菜籽油和平价农家菜籽油。

知识补充

制定产品组合策略时应遵循3项原则：一是满足消费者的需要，二是促进产品销售，三是提高经济效益。

3. 包装策略

当前有些商家不重视农产品的包装，仅使用编织袋、塑料袋之类的包装。其实，精致的包装可以提升农产品的美观度，使农产品看上去更有档次，这对农产品的销售是十分重要的。当然，商家在策划农产品包装时，也不能仅仅追求美观，还需要采用一些包装策略。

高清大图：

相似包装策略

（1）相似包装策略

相似包装策略是指商家的农产品在包装上采用相同或相似的图案、颜色，保证整体风格一致，如图3-16所示，从而体现出共同的特征，更好地树立农产品形象。相似包装策略有助于形成一个包装系列，给消费者留下深刻的印象，从而提升农产品的形象效应。该策略能够节约农产品包装的设计和制作成本，一旦形成明显的包装风格，就能加快消费者对农产品的认知，有利于商家推广与宣传新产品。

图3-16　相似包装策略

（2）多用途包装策略

多用途包装策略是指采用多用途包装以促进农产品销售的一种策略。在多用途包装策略下，消费者将农产品取用完毕后，还可将包装用于其他方面，如水果罐头玻璃瓶可用来盛放食物，如图3-17所示。

（3）分等级包装策略

分等级包装策略是指按照农产品的等级设计包装的一种策略。商家可以按照农产品的质量、价值，将农产品分成不同等级，如车厘子按尺寸大小可分为超大果、大果、中小果，不同等级农产品采用不同的包装，如图3-18所示。不同等级农产品的包装应各具特点，易于辨识，以便消费者根据包装选择农产品。一般而言，农产品品质越好，售价越高，包装就越精美，包装设计成本也就较高。

图3-17　多用途包装策略

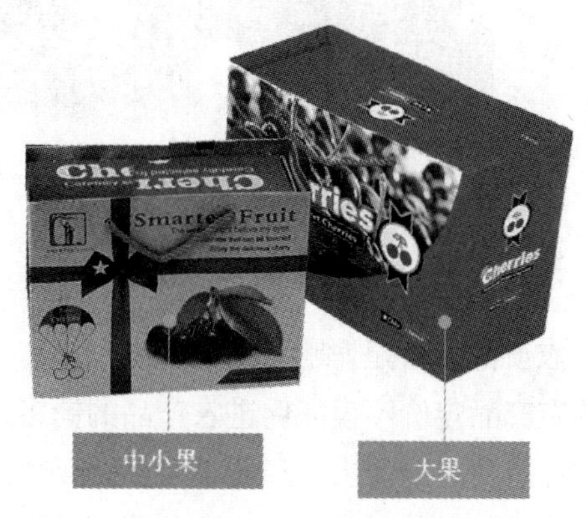

图3-18　分等级包装策略

（4）附赠品包装策略

附赠品包装策略是指在包装容器内附赠奖券、奖品，或包装本身可以换取礼品，以吸引消费者购买的一种策略。

（5）改变包装策略

改变包装策略是指改变和放弃原有的农产品包装，改用新的包装。当农产品升级换代、消费者包装需求发生变化或科学技术发展更新后，商家往往需要对农产品包装进行改变。改变包装有助于打造全新的农产品形象，改变农产品在消费者心目中的地位。图3-19所示的农产品就对旧包装进行升级，采用了更时尚的包装，获得了消费者的好评。

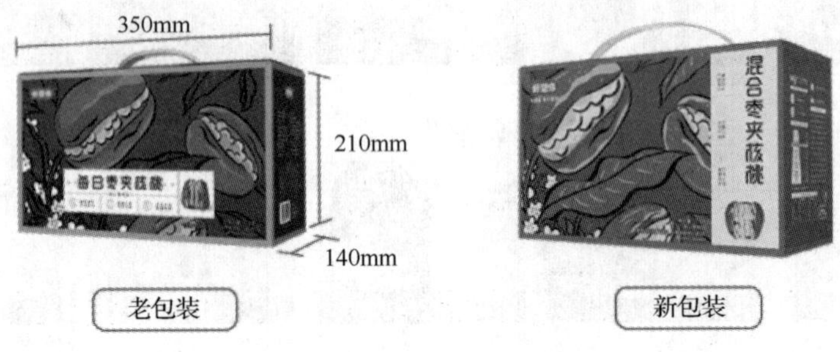

图3-19　改变包装策略

（6）配套包装策略

在配套包装策略下，商家会根据消费者的消费习惯，将多种关联性较强的农产品包装在一起成套供应，以便消费者购买、携带以及使用，这不仅降低了包装成本，还有利于带动多种产品销售及新产品进入市场。例如，商家将不同品种的茶叶配套包装在一个精致的实木礼盒内，不仅能突显茶叶的品质感，还便于满足消费者品尝不同品种茶叶的需求，如图3-20所示。

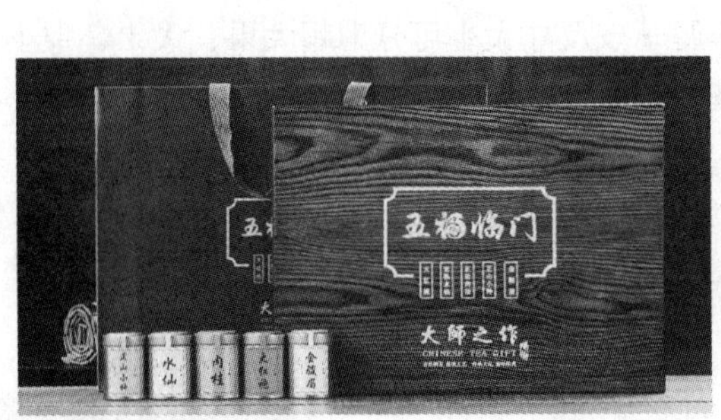

图3-20　配套包装策略

3.3.2　价格策略

农产品定价是影响市场需求和购买行为的一项重要因素，直接影响商家能获取的利润。合理的农产品定价不仅能促进农产品的销售，还有助于增加商家的利润；不合理的农产品定价则会制约消费者的需求，降低收益。而要想进行合理定价，商家必须掌握农产品价格策略。

农产品价格策略是指在定价目标的指导下，根据农产品特征和市场条件，综合考虑影响价格的各种因素，运用具体的定价方法，对农产品价格进行决策。

1．渗透定价策略

同一个品种的农产品具有较大的同质性，因此商家经常会采用渗透定价策略吸引消费者。

所谓渗透定价策略，是指商家把农产品投入市场时的价格定得相对较低，以吸引大量消费者，迅速打开市场，短期内获得比较高的市场占有率，同时通过接近成本的定价，吓退其他打算进入该领域的竞争者的一种定价策略。因此，渗透定价策略也称为低价定价策略。

知识补充

渗透定价策略对应的是低价，但低价是相对于农产品品种和服务水平而言的，强调的是物美价廉，并非指一味降低价格。

渗透定价策略适用于以下情况：农产品刚进入市场；农产品的市场规模大，市场竞争激烈；农产品需求弹性较大，消费者的价格敏感度较高，小幅度的降价就能刺激市场需求；大批量生产能显著降低生产成本；薄利多销带来的利润大于以正常价格销售带来的利润。渗透定价策略的分类如表3-1所示。

表3-1 渗透定价策略的分类

策略	含义	针对消费人群
高质中价定位策略	商家提供优质的农产品，却将价格定在中等水平，让消费者感到以中等价格就能进行高品质消费	中等收入水平、追求生活品质的消费群体
中质低价定位策略	商家以较低的价格，向消费者提供符合一般标准的农产品，使消费者以较低的价格获得品质合格的农产品	价格敏感度较高，但又希望质量有所保障的消费群体
低质低价定位策略	农产品没有质量优势，只有价格优势	低收入消费群体

2. 撇脂定价策略

撇脂定价策略是指农产品进入市场后，商家有意识地把农产品价格定得较高于成本，以期在短期内获取厚利，尽快收回投资的一种定价策略。在这一策略下，农产品在定价时不以成本为标准，而以高价凸显农产品的高品质、高附加值。撇脂定价策略适用于商家重点打造的优质、特色农产品，其可以让农产品与其他同类农产品拉开差距，获取更多利润。例如，某原生态黑猪肉由于采用的是慢养300天的黑猪的前腿肉，肉质、口感上佳，其定价也远高于一般的猪肉价格，符合其精品猪肉的定位。

在实施这一策略时，商家往往需要同时采取强大的宣传攻势，让消费者在短时间内就对农产品形成深刻的认知，并产生强烈的购买欲望。

3. 尾数定价策略

心理学家的研究表明，价格尾数的细小差别能够明显影响消费者的购买行为。利用价格尾数进行定价的策略称为尾数定价策略，是指在定价时利用消费者求实惠的心理，制定非整数价格，让消费者产生农产品定价准确、相对便宜的印象，从而激起消费者的购买欲望，促进农产品的销售。例如，将500克白菜定价为1.9元，远比定价2元更吸引消费者。该策略比较适合中、低等价格的农产品，尤其是大众化、没有经过加工的初级农产品。

4. 整数定价策略

对于高档农产品或被用来送礼的农产品，消费者出于按质论价和炫耀心理，往往希望价格稍高一些，在这种情况下商家就可以采取整数定价策略。

整数定价策略与尾数定价策略相反，是指商家把原本应该定价为零数的产品价格改为高于该零数价格的整数，一般以“0”作为价格尾数。例如，一盒高档礼品装天然燕窝定价4998元，就比定价5000元给消费者带来的高档次消费满足感弱。

5. 差别定价策略

在当前多元化发展的农产品市场中，“一刀切”式的定价方式在很多情况下已经不能满足实际需求，这时商家需要考虑使用差别定价策略。差别定价策略是指根据不同消费者，不同销售场所、时间和不同产品规格，把农产品分为多个价格档次。

差别定价策略具体包括以下的情况：针对不同消费群体制定不同的价格，例如，一些生鲜超市采取会员制，针对会员实行会员价，吸引消费者注册会员，以增强消费者黏性；针对同一农产品的不同规格制定不同价格，例如，把草莓按照大小分成中果、大果和特大果3个不同的等级，每个等级对应不同的价格，图3-21所示即为草莓中果和特大果的不同价格；针对不同销售场所制定不同价格，即根据销售场所的交通便利程度、商业繁华度、消费层次等因素确定不同的价格，地处商业繁华、人流量大或周边居住人口密度高的农产品销售场所，其农产品定价会更高；针对不同的时间段制定不同价格，如春节期间的新鲜蔬菜的价格就比平时高。

图3-21　针对同一农产品的不同规格制定不同价格

6. 折扣定价策略

在实际经营过程中，为了鼓励消费者尽早付清货款、大量购买、淡季购买等，商家有时会降低农产品的价格，这时就需要采取折扣定价策略。折扣定价策略包括以下两种形式。

- **数量（金额）折扣**。农产品由于保鲜期短，需要在短时间内大量售出，因此，商家经常会采用数量（金额）折扣刺激消费者的购买热情。数量（金额）折扣指商家为了鼓励消费者多购买农产品，达到一定数量或金额时给予一定程度的折扣。数量（金额）折扣包括累进折扣和非累进折扣，累进折扣是指消费者在一定时期内累计购买达到一定数量或金额时，即被给予折扣优惠，购买次数越多，折扣比例越高；非累进折扣是指消费者一次性购买达到要求的数量或金额时，即被给予折扣优惠，如商家规定，消费者一次性购买3盒鸡蛋即可享受8折优惠。

- **交易折扣**。交易折扣是指根据各类中间商在市场营销中的不同功能给予不同的折扣，而具体交易折扣的多少，则应根据行业、农产品的不同以及中间商所承担责任的多少来确定。一般来说，批发商所享受的价格折扣较高，零售商则较低。例如，某生产杧果的商家按杧果零售价格的40%和10%分别给予批发商和零售商折扣，若杧果单价为20元/斤，则应给予批发商的折扣为8元，零售商的折扣为2元。

3.3.3 品牌策略

农产品品牌能够将农产品与同类农产品相区别，表现该农产品的特点，使消费者迅速想到该农产品的品质、口感、特色等，如内蒙古科尔沁牛肉、辽宁盘锦大米、黑龙江东宁黑木耳等。要想成功建设农产品品牌并加以推广，商家需要掌握品牌建设和品牌推广两个层面的相关知识。

1. 品牌建设策略

当前我国农产品品牌的数量很少，知名的农产品品牌更少，大多数商家要么没有品牌观念，要么不懂如何建设农产品品牌。因此，商家有必要掌握农产品品牌建设策略。

（1）树立品牌观念

首先，商家要转变观念，认识到农产品品牌化对于自身发展的意义，以及当前消费者对于高品质消费日益增长的需求，在自身实力允许的前提下，将品牌建设作为经营管理的重点。

（2）确定品牌定位

商家在进行品牌定位时可以采取以下3种策略。

- **根据农产品自身特性定位**。农产品自身特性包括种源、生产技术、生产过程等，这些特性都可以作为农产品品牌定位的因素。例如，某商家生产的西红柿采用有机肥灌溉，未使用农药化肥等，就可以将品牌定位为绿色健康的有机西红柿，如图3-22所示。
- **根据农产品产地定位**。消费者对一些地区的特色农产品较为熟悉，如果商家生产的农产品刚好属于当地特产且具有一定知名度，商家就可以用农产品产地来进行品牌定位，如广东清远土鸡。但需要注意的是，采用这种策略时，商家还需进一步突出自己生产的农产品与周边地区农产品的区别，否则无法形成自己的品牌特色。以广东清远土鸡为例，根据土鸡的养殖方法还可以分为深山散养、农家散养和暗室笼养等，定位品牌时如果可以进一步明确养殖方法为农家散养，如图3-23所示，就可以与其他品牌形成差异。

图3-22 有机西红柿

图3-23 农家散养清远鸡

- **根据消费者特征定位**。该策略根据消费者的特征（如性别、喜好、年龄、职业、收入情况、所在地区等）来确定农产品品牌定位。例如，某生产坚果的商家通过市场调研得出目标消费者主要是青年女性，多关注饮食健康、减肥等话题，就可以将品牌设定为健康、青春、活泼的风格。

（3）提高农产品质量

农产品质量是品牌建设的基石。在生产成本可接受的范围内，商家应尽量提高农产品的质量，并建立农产品质量标准，使农产品的质量管理更加规范，以保证农产品质量的稳定性。

（4）设计品牌形象

与一般行业的品牌不同，农产品品牌形象设计需要考虑农产品自身的特殊性，商家在设计时，不仅要进行深入的市场调查，还要结合农产品产地的地域文化，对农产品品牌形象进行整体、规范、统一的规划与定位。商家在设计品牌名称时，应采用简洁易记、朗朗上口、寓意好的名称，如“鲁花”“福临门”等。

（5）注册和保护商标

商家要树立较强的商标意识，及时在相关部门注册农产品商标，做好商标保护工作，以防品牌知名度提升后商标被他人抢注，引起法律风险，造成经济损失。

2. 品牌推广策略

商家除了保证农产品品质、服务水平，维护农产品口碑，还需要进行品牌推广。具体来说，制定品牌推广策略时需注意以下要点。

- **选择合适的推广平台进行精准投放**。商家可以开展推广平台调研，根据各渠道的数据选择适合自身的平台，如商家的目标群体为一、二线城市的年轻人，就可以选择微博、抖音等年轻人喜爱的平台进行推广。
- **打造立体推广矩阵**。在互联网时代，各种新媒体平台层出不穷，商家应借助多个平台的传播力量，打造立体化的推广矩阵，并打通线下、线上渠道，提升品牌传播力。例如，酣客酱香酒品牌为了尽快提升品牌知名度，不仅开设了近千家线下实体店，还借助微博、微信公众号、官网等平台推广品牌信息，吸引了大量粉丝，取得了不错的推广效果。
- **利用品牌故事赋予品牌文化内涵**。随着生产力和生活水平的提升，消费者通过购物来满足精神需求的特征越来越明显，这就使农产品在使用价值和交换价值之外，还有了文化、历史、政治、社会、科技、自然等元素组成的符号价值。因此，对于品牌推广来说，赋予品牌文化内涵非常重要，品牌故事就是一个很有效的手段。一个好的品牌故事，不仅可以让消费者了解农产品，还可以让消费者与品牌完成感情交流，让消费者感受到品牌的温度，进而从精神、情感方面认同品牌。例如，粽子品牌“五芳斋”就在品牌故事中将品牌历史追溯到1921年，讲述了“五芳斋”如何从一位以弹棉花为生的浙江人开设的粽子摊发展为家喻户晓的粽子品牌。

拓展阅读：

“五芳斋”品牌故事

3.3.4 促销策略

促销是商家常用的销售手段，但在农产品电商中，很多商家没有意识到农产品促销的重要性，促销手段单一。农产品促销即运用各种方式，向消费者提供农产品的信息，帮助消费者认识农产品，使消费者对农产品产生好感，以引起消费者的注意与兴趣，从而激发消费者购买欲望的过程。要想做好农产品促销，制定合理的促销策略是十分有必要的。一般而言，农产品促销策略包括对网络广告推广、人员销售、公共关系维护和销售促进等的选择与组合使用。

1. 网络广告推广

简单地说，网络广告就是在网络上做的广告。网络广告具有成本低、易检索查询、可突破地理位置的局限实现直接洽谈协商等优点，对商家来说，实用性强、门槛低，效果也相当不错。

网络广告主要包括以下4种形式。

- **网幅广告**。网幅广告常在网页中以GIF、JPG等图像文件格式表现广告内容，是网络中较常见的广告形式。
- **链接式广告**。链接式广告占用空间较小，在网页中的位置比较自由，主要是提供通向商家指定网页的链接服务。链接式广告形式多样，包括小图片、小动画以及提示性的标题或文本中的热字等。
- **插播式广告**。插播式广告是在一个网站的两个网页出现的空间中插入的网页广告，又称为过渡页广告，就如同电视节目中出现在两集电视剧中间的广告。
- **竞价广告**。竞价广告是一种由商家自主投放、管理，通过调整价格来进行排名，按照广告效果付费的网络广告。例如，国内著名的百度竞价广告就是依托百度搜索技术为商家提供的搜索排名服务，借助行业领先的百度搜索和资讯流推荐，实现广告精准投放，只有当用户点击广告之后，才会产生费用。图3-24所示即为在百度搜索“火龙果”后出现在搜索框下方醒目位置的竞价广告。

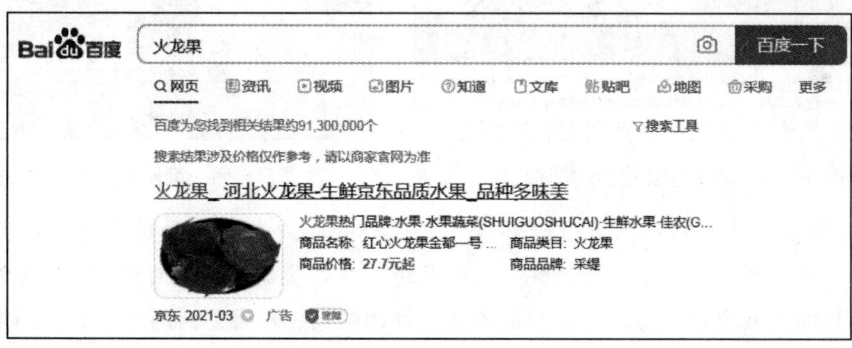

图3-24 百度竞价广告

2. 人员销售

人员销售即由销售人员进行产品展示以达到建立客户关系、促进销售的目的。人员销售是十分传统的促销手段，对于农产品电商而言，销售人员与消费者面对面接触的机会较少，但销售人员可以通过网络与消费者实时交流，如当下热门的直播营销就可以视作电商中的人员销售。

相比于网络广告，人员销售注重与消费者之间人际关系的培养，销售人员可以通过有亲和力的语言和表情拉近与消费者之间的心理距离，让消费者产生亲切感、归属感，使其产生购买行为。同时，人员销售可以获得消费者的即时响应，例如，在直播中，消费者就可以直接通过弹幕发表自己的意见，销售人员可以解答消费者的各种疑问，与消费者进行互动。

3. 公共关系维护

公共关系维护即通过树立正面良好的形象引起消费者注意，以及消除不利的传言和事件影响。商家可以通过以下活动维护公共关系。

- **与媒体建立联系**。商家应积极与媒体建立联系，及时将自身的最新动态提供给各大媒体，同时还可举办记者招待会或邀请记者参观生产基地，借助媒体的影响力，扩大商家及其农产品的影响。图3-25所示即为媒体对金龙鱼的报道。
- **参加或举办专题活动**。商家可以参加或举办农业展会、农事节庆活动、新品发布会、订货会等，吸引业内人士和消费者等参加，提高自身知名度。图3-26所示即为淮安红椒参加展销会的场景。

金龙鱼“外婆乡小榨菜籽油”，让你找回怀念的儿时味道

2021-03-17 14:00

阳春三月，春暖花开，乡村田野中遍地金灿灿的油菜花成为春天的主角，一年一期的菜花节如约而至。3月13日，“2021年金龙鱼外婆乡小榨菜籽油菜花节”活动在具有”全国环境优美乡镇”之称的婺源县江湾古镇盛大开幕！在徐徐春风中，众人

图3-25　媒体对金龙鱼的报道

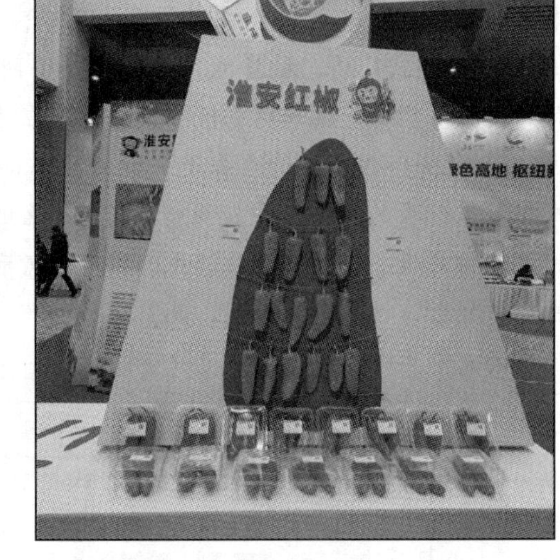

图3-26　淮安红椒参加展销会

- **口碑营销**。在现在的网络营销环境下，大部分企业或品牌开始大打粉丝牌，不管是“卖技术”“卖品质”，还是“卖情怀”，都是进行口碑营销，只有拥有好口碑才能发挥粉丝的作用，通过粉丝的主动宣传扩大品牌影响力。口碑营销比较常见的两种方式是利用在线社群和新媒体平台。
- **投放公关广告**。公关广告主要有3种类型，一是致意性广告，如向消费者传达节日问候或感谢等；二是倡导性广告，主要传递正面的价值观念，如倡议保护环境，提倡不浪费粮食等；三是解释性广告，即就某一问题做出澄清，以消除误会和负面影响。

4. 销售促进

销售促进包括在特定市场上鼓励消费者购买、提高中间商交易效益的各种促销活动，是围绕商家营业额进行的一种促销方式。销售促进追求短期促销效果，具有不规则性、非常规性，对消费者的购买行为有直接影响，适用于一定时期、一定任务的短期特殊推销，是其他促销手

段的辅助手段。

销售促进的手段包括有奖销售、赠送样品、发放优惠券、打折销售、提供分期付款服务等。在进行销售促进时，商家应根据具体的情况选择适当的方式，如“双十一”活动期间采取发放优惠券的方式刺激活动期间的销量。同时，商家还应确定合适的时间和目标人群，并制定实施方案，以提升销售促进的效果。最后，商家还应及时对活动效果进行评估与分析，总结经验教训。

案 例

嘉兴市油车港镇南湖水果专业合作社的营销策略

嘉兴市油车港镇南湖水果专业合作社（以下简称“南湖合作社”）于2003年11月成立，主要从事葡萄产业。该合作社很重视品牌的打造，不仅注册了商标“南湖”牌，还积极寻求相关权威机构进行产品认证。2003年，南湖合作社获得了无公害农产品生产基地认证检测，旗下的“南湖”牌葡萄也获得浙江省无公害农产品的认证。

在产品策略方面，南湖合作社意识到优质农产品的市场需求，致力于生产高品质的葡萄，并建设了新品种葡萄培育中心，开发出具有肉质脆、口感甜、不易裂果、适合冷藏等优点的新品种——阳光玫瑰，并将其确定为主推农产品，同时采用全新技术，全面提高葡萄的产量与品质。

在促销策略方面，南湖合作社根据葡萄的特性，结合当地的地域文化，举办了“葡萄文化节”活动。该活动以打响农产品品牌为主旨，开展了品葡萄、评葡萄、论葡萄和画葡萄等主题的趣味活动，取得了十分不错的宣传效果。

思考：（1）南湖合作社在品牌建设方面采取了什么策略？

（2）南湖合作社为什么要举办“葡萄文化节”活动？

3.4 农产品电商运营保障

在农产品电商运营中，除了营销，客户服务、物流管理和财务管理等保障性的工作也很重要。做好保障性工作，不仅可以使农产品电商的运营更加顺畅，还可以提升消费者的满意度，间接促进销售。

3.4.1 客户服务

客户服务是指商家在适当的时间和地点，以适当的方式和价格为目标客户（在农产品电商中客户一般指消费者）提供适当的产品或服务，满足客户的适当需求，使商家和客户的价值都得到提升的活动过程。在农产品电商中，消费者无法实际接触农产品，而农产品易腐烂、运输途中易损耗等，容易使消费者产生各种顾虑或不满，因此商家需要通过良好的客户服务来保证消费者的消费体验。在农产品电商运营中，客户服务可以分为售前服务和售后服务。

1. 售前服务

售前服务是指在消费者未接触农产品之前所开展的刺激购买欲望的一系列服务。要提供优质的售前服务，就要了解售前服务的内容，并掌握售前服务的技巧。

（1）售前服务的内容

消费者在网上购买农产品时，无法亲自挑选，往往会存有顾虑，例如农产品何时能发货、是否新鲜、是否使用过农药化肥，农产品运输途中造成的损失应由谁承担，农产品是否支持7天无理由退换货等，因此消费者通常会向商家咨询一些自己关心的问题。此时，售前服务的重要性就体现出来了。在农产品电商运营中，售前服务主要涉及一些引导性的工作，如应对消费者（包括潜在消费者）对于农产品属性、使用方法的咨询，对物流的咨询等。售前服务的内容主要包括售前接待消费者、推荐农产品、解决异议和确认及核实订单等。

- **接待消费者**。售前接待消费者是售前服务中的基础工作，商家接待消费者时应保持热情、耐心和周到的服务态度。
- **推荐农产品**。推荐农产品即面对消费者的咨询，专业、耐心地解答消费者提出的问题，并主动挖掘消费者的需求，向消费者推销合适的农产品，介绍农产品的品质、产地、种植/养殖技术、使用方法与注意事项、包装、物流等信息，重点以农产品的卖点、质量和优势等引起消费者的购物欲望。例如，消费者咨询代餐燕麦片时，商家就可以进一步挖掘其有减肥需求，进而向其推荐鸡胸肉，以食用方便、口感软嫩、营养均衡为卖点打动消费者。
- **解决异议**。在为消费者推荐农产品的过程中，消费者有时会对农产品的功能、价格等产生异议，因此解决异议也是售前服务的一项重要内容。面对各种异议时，商家只有结合专业知识、销售技巧进行处理，并且始终保持热情、耐心的态度，才能让消费者满意。例如，消费者就鸡蛋在物流过程中的运输安全问题提出异议，认为鸡蛋易碎，不适合网购；商家就可以向消费者解释自己出售的鸡蛋采用了稳妥的防震包装，而且破损包赔，以打消消费者的顾虑。
- **确认及核实订单**。确认及核实订单即与消费者确认订单并核实信息，确保消费者填写的信息正确，降低订单出错的概率。例如，消费者下单购买一箱中小果草莓，商家就应重点与消费者确认草莓的规格，避免消费者因下错单而造成不必要的麻烦。

（2）售前服务的技巧

售前服务是一项技巧性很强的工作，掌握一定的技巧有助于为消费者提供更好的服务，提升消费者的满意度。

① 拉近消费者距离的技巧

拉近消费者距离的技巧包括巧用称呼用语、多用礼貌用语、巧用聊天表情等。

- **巧用称呼用语**。商家与消费者交流时应多用“我们”“咱们”“您”等称呼用语，少用“我”“你”等称呼，缩短与消费者之间的距离，让消费者既感受到亲切，又得到尊重。例如“您太客气了，咱们都是老朋友了，这些都是小事儿”。
- **多用礼貌用语**。亲切的礼貌用语可以快速拉近与消费者之间的关系，让消费者感受到服务的热情与真挚。例如，“欢迎光临××水果店”“很高兴能为您推荐海鲜产品”“希望在这里能买到让您满意的有机大米”等基本的礼貌用语都是必不可少的。若遇到纠纷，商家应在交谈过程中向消费者表达真诚的歉意，如“对不起”“请原谅”“很抱歉”“麻烦”“请多包涵”等。
- **巧用聊天表情**。在线沟通的一大局限就是不能用面部表情、手势等微观语言表达意思，仅靠文字很难让消费者感受到商家的热情，此时，商家可利用聊天表情弥补这一缺陷。各种有趣、可爱的聊天表情可以使枯燥的文字瞬间生动起来，使消费者感受到商家的热情。

② 应对不同类型消费者的技巧

商家每天需要与很多消费者交流，这些消费者大抵可归类为急躁型、犹豫型、健谈型、精明型、怀疑型、沉默型、冲动型及挑剔型。针对不同类型的消费者，商家要有不同的应对技巧。

- **急躁型**。急躁型消费者的特点是急躁、容易发怒，商家应对时的沟通态度要慎重，不能随便套近乎，响应速度要快，不要让消费者等得不耐烦。
- **犹豫型**。犹豫型消费者的特点是思来想去，难做决定，商家应对时必须重点说明农产品能带来的利益，并消除其抵抗心理。例如，某消费者看中了商家出售的土鸡，但认为价格偏贵，难以做出购买决定，此时商家就可以重点向该消费者介绍自家土鸡采用原生态的养殖方法，营养丰富，尤其适合用来熬鸡汤，滋补身体。
- **健谈型**。健谈型消费者的特点是比较爱说话，商家应对时应耐心聆听，同时一定要掌握主动权，并抓住机会巧妙委婉地引导消费者进入正题。
- **精明型**。精明型消费者的特点是理智，逻辑性强，商家应对时应巧妙恭维，表达对他的判断和讨价能力的欣赏，拉近与消费者的心理距离。
- **怀疑型**。怀疑型消费者的特点是防卫戒备，不相信他人，商家应对时可以承认一些小缺点，同时用依据和事实进行耐心说明，解开消费者心中的疑问。例如，某消费者发现商家销售的苹果个头不大，因而怀疑苹果的品质，此时商家就可以向消费者解释自家苹果采用纯天然方法种植，未使用膨大剂，个头不大但食用起来更放心，并给出权威部门的相关检测报告。
- **沉默型**。沉默型消费者的特点是不太爱说话，商家应对时要仔细观察其语言，采取提问性方式进行沟通，引导消费者开口，用感性带动其热情。
- **冲动型**。冲动型消费者的特点是反应快、行为容易受情绪影响，很容易下结论，商家应对时应直接进入主题，可以提出提议，但不要告诉消费者怎么做。
- **挑剔型**。挑剔型消费者的特点是针对农产品都容易挑剔，商家应对时切忌多言，应细心听取其批评，再找机会解释。

③ 提升响应时间的技巧

在农产品电商运营中，响应时间分为首次响应时间和平均响应时间，理想的首次响应时间应在10秒内，平均响应时间应在16秒内。商家可以通过以下几种技巧提升响应时间。

- **熟悉键盘快捷键，灵活应用于聊天**。例如，按“Ctrl+Shift”组合键切换输入法、按“Windows+D”组合键显示桌面、按“Shift+空格”组合键切换半/全角，按“Ctrl+F”组合键查找等。
- **闲暇时间多练习打字**。商家可以使用一些固定的打字测试软件。
- **按等待降序接待消费者，遵守先等待先回复的原则**。不要让消费者一直处于等待状态，对于等待越久的消费者，越要优先处理。
- **设置自动回复**。对于一些常见问题，如“什么时候发货？”“是真的没用农药吗？”“运输途中坏了包赔吗？”等，应当设置自动回复，以提高响应速度。

2. 售后服务

售后服务就是在农产品出售后所提供的各种服务活动，主要是对消费者下单后的售后问题进行跟进和处理。农产品由于保鲜期短、标准化程度不高、运输途中易损耗等，容易产生一些售后问题，因此，售后服务对于农产品电商运营来说是十分重要的。良好的售后服务有助于妥善解决农产品的各种交易纠纷，并给消费者一种细致贴心、服务周到的感觉，提升消费者对商家及品牌的好感度。

（1）售后服务的内容

售后服务具体包含如下内容。

- **提醒消费者及时收货**。提醒消费者及时收货即在货物运输到消费者所在城市并完成配送后，通过短信或聊天软件消息的形式提醒消费者及时收货，防止货物遗失。
- **定期回访消费者**。定期回访消费者可以确定客户关系的维护情况。常用的回访方式有发短信或微信消息，回访内容可以是告知促销活动信息或邀请消费者参加农产品质量调查等。
- **解决交易纠纷**。解决交易纠纷是售后服务中难度、技巧性较高的工作。具体的交易纠纷包括农产品质量纠纷（如消费者认为农产品收货后不新鲜、运输途中有损耗、农产品与描述不符等）、物流纠纷等。

（2）售后服务的技巧

在农产品电商的售后服务中，经常会遇到棘手的问题，因此商家需要掌握一定的技巧。

① 面对消费者要求补差价时的技巧

电商平台中某些农产品偶尔会出现降价的情况，降价原因可能是参加了促销活动、节庆日打折，或者之前活动力度较小，效果不明显，因而加大了活动力度等。如果短期内同一农产品出现了两种不同的价格，部分高价购买的消费者就可能要求补差价，商家在处理这一问题时，可先安抚消费者，然后再阐述价格下降的原因，最后适当提供优惠或赠送小礼物。

② 面对消费者要求退货退款时的技巧

退货退款是商家经常遇到的棘手问题，只有合理且及时处理和跟进，才能妥善处理。当消费者有退货退款意愿时，商家首先应主动且耐心地询问消费者退货退款的原因，分析消费者提出的问题是否能够解决。

- **农产品不新鲜**。很多农产品的保鲜期很短，容易出现收货时已经不新鲜的情况，此时消费者很可能会提出退货退款申请。商家应及时核实农产品不新鲜的程度以及原因，若只是轻微不新鲜，商家可以给予一些物质上的补偿以平衡消费者的心理；若已经无法食用，则可以考虑为消费者退款。
- **农产品与描述不符**。农产品标准化程度较低，商家对农产品的描述无法做到完全量化、客观，因此很容易使不同的消费者对农产品产生不同的认知，甚至使部分消费者在收货后产生农产品与描述不符的感觉。遇到这种情况，商家首先要诚恳地向消费者表示歉意，安抚其情绪，然后耐心向消费者解释。如果经过核实发现消费者收到的农产品确实与描述有明显差距（如橘子描述为直径90mm的大果，消费者实际收到的部分橘子远远达不到这一标准），商家应给予消费者一定的补偿。
- **消费者预期过高**。如果属于消费者自己心理预期过高而导致的落差，商家应尽量说明农产品的优点或卖点，争取有理有据地说服消费者，不能一味迁就消费者的意愿。例如，某消费者购买零脂低升糖荞麦面后要求退货，原因是他认为该荞麦面口感不如普通面条细腻，此时商家应详细说明荞麦面之所以具有零脂低升糖的特点，就是因为其是使用粗粮制作的，难免口感较粗。

- **货物破损**。遇到这种情况的，商家应联系消费者提供实物照片以确认农产品的情况，同时向物流公司核实，如果属于物流公司的责任，应当为消费者换货，并向物流公司索要赔偿。当然，很多商家为了打消消费者的购买顾虑，在农产品描述中承诺了运输损耗包赔，这种情况下商家应无条件地承担相应的运输损耗。

③ 消费者回访技巧

进行消费者回访前，商家应当充分了解消费者的基本资料（如年龄、所在城市、职业、喜好、性格特点）、购买农产品的记录，做好充分的准备，然后选择合适的方式回访，如电话回访、QQ回访等。商家在回访时，首先要注意时间的选择，最好不要选择中午或凌晨等休息时间，其次一定要保持彬彬有礼、热情大方、不卑不亢的态度，说话语速尽量放慢，语气尽量正式且温和，多让消费者说话，但同时要及时、热情地回应消费者。

回访过程中，商家还可以记录重点内容，以便后续分析总结。如果回访时遇到无法及时向消费者解答的疑问，商家更应该记录并重点标注，争取制定详细的解决方案为下一次回访做准备，以赢取消费者的好感。

3.4.2 物流管理

在农产品电商运营中，物流管理的重要性不言而喻。只有提供高质量的物流服务，才能保证消费者收到的农产品的新鲜度。在各大电商平台纷纷打出“产地直采”“从田间到餐桌”等标语的时代，供应链管理无疑是农产品物流管理中的关键部分。另外，农产品由于保鲜期短、易腐坏，对于仓储条件要求较高，因此，农产品的仓储管理也是非常重要的。

1. 供应链管理

农产品电商的供应链是以农产品电商企业为主导，并组织供应商、物流企业共同建立的功能网链。传统的农产品供应链主要是以农产品加工企业或批发市场为主导组建并运行的链条，从农户延伸到最终消费者，涉及的节点数量众多。传统农产品供应链管理存在批发市场流通效率不高、质量安全有隐患、流通成本较高、产销结合不紧密、信息化水平低等问题。农产品电商的出现，使相应的供应链管理得到了升级，消费者和商家之间的环节减少了，也使得商家的生产更贴近市场的需求。在当前农产品电商供应链管理中，能体现农产品电商运营特点的是布局原产地仓和设置前置仓。

（1）布局原产地仓

随着消费者对于农产品品质要求的提高，各大电商企业纷纷对原有的物流供应链模式进行升级，减少了供应链环节，把仓储直接移到原产地，布局原产地仓。原产地仓就是指大型零售和物流企业在供应商或商家产地就近建设仓库，供应商或商家就近送货入仓。

① 电商企业对原产地仓的布局

菜鸟网络科技有限公司（以下简称“菜鸟网络”）先后建立了菜鸟（茂名）原产地仓、菜鸟瑞金赣南脐橙原产地仓、菜鸟武功原产地仓，对当地特色农产品进行精细化的分级和加工，进一步提升农产品的附加值。图3-27所示即为菜鸟瑞金赣南脐橙原产地仓。

图3-27　菜鸟瑞金赣南脐橙原产地仓

案　例

菜鸟（茂名）原产地仓

2017年，菜鸟网络在茂名荔枝产业基地设立了菜鸟（茂名）原产地仓，这是菜鸟网络与茂名荔枝产业基地合作项目的正式落地。该原产地仓是菜鸟网络在国内设立的首个原产地仓，也是我国首个生鲜原产地发货基地，可以保证茂名当地数万吨荔枝的全程冷链运输。

与传统的产地集货仓不同，菜鸟（茂名）原产地仓可以直接接受消费者的订单，从源头保障荔枝的品质，经过筛选和包装的荔枝被送入冰箱冷库，然后通过冷链车运往全国130多个城市。消费者可以在72小时（自荔枝采摘下开始计算）内品尝到新鲜的荔枝。过去，物流企业用空运来压缩运输时间，但由于途中没有冷链设备，依然有较多的农产品腐坏；现在，凭靠全程冷链的保障，荔枝的腐坏率可以大大降低。相比传统的空运，菜鸟网络原产地仓让商家的收益大大增加，对于消费者而言，不但荔枝的品质得到了保障，而且提升了荔枝的新鲜程度和口感。

同时，菜鸟网络通过“产地仓冷链”，在保障荔枝品质的同时，大大降低了物流成本。与传统物流相比较，菜鸟网络通过优化将物流成本降低了30%。值得注意的是，在菜鸟（茂名）原产地仓启动的同时，与之有密切关联的茂名市电商供应链也正式开始了运作。

思考：（1）建立原产地仓对农产品电商有何意义？

（2）原产地仓在选址时要注意哪些问题？

② 原产地仓的作用

原产地仓可以使物流集约化、规模化，实现从产地仓向转运中心和分拨中心的多频次、小批量的连续补货，从而实现备货结构的优化。同时，原产地仓可以提升现货率，并缩短订货的前置期，一方面可以降低双方的物流成本；另一方面又能提升紧急订单处理的能力，实现多方共赢。

原产地仓对供应链各个环节的作用如下。

- **供应商**。对供应商而言，原产地仓可以缩短账期，简化供货流程，前端送货的物流成本也大为降低。

- **销售商家**。对商家而言，原产地仓可以大幅度提高补货频率和现货率，备货结构也能得到优化，同时还可以简化农产品的入库流程，降低物流成本，提升消费者的实际购物体验。
- **物流企业**。对物流企业而言，原产地仓可以增加在途的库存农产品，减少库房占用面积，提升现货率和送货频率，降低库存周转时间，减少滞销，最终降低物流成本，增加收益。

行业视点

国家相关指导意见指出："鼓励贫困地区因地制宜新建或改建一批产地仓、气调库、冷藏冷冻保鲜库等设施"，"鼓励供销合作社、邮政和大型电商企业、商贸流通企业、农产品批发市场等，整合产地物流设施资源，推动产地仓升级，增强仓储、分拣、包装、初加工、运输等综合服务能力"。这表明国家对于建设农产品原产地仓是十分重视的。

（2）设置前置仓

盒马鲜生为了提升配送效率，在城市中各区域设置了前置仓。前置仓属于一种新型的仓配模式，在当前的农产品电商中扮演着越来越重要的作用。有研究认为，广义的"前置仓"即电商企业通过数据分析将高频次购买的爆款产品前置，采用在靠近消费者的地方布局爆款产品仓库，缩短电商企业物流系统整体响应时间，提高应对消费者需求的响应速度，为企业获得时间上的竞争优势。

① 前置仓配送模式

农产品电商的前置仓配送模式系统包括配送中心、供应商、前置仓和消费者4方。前置仓配送模式如图3-28所示。农产品电商企业根据总体销售情况和自身制定的库存控制策略向供应商处订货，由于经营的农产品品类众多，所以多个供应商会根据农产品电商企业的订货单把农产品运送至相应的配送中心；农产品电商企业根据分布在不同区域的各前置仓的库存需求，将配送中心的农产品运送至各前置仓；当消费者下单时，前置仓会根据消费者的订单和其他要求，把农产品定时、定量地配送到消费者指定的位置，实现从前置仓到消费者的"最后一公里"配送。

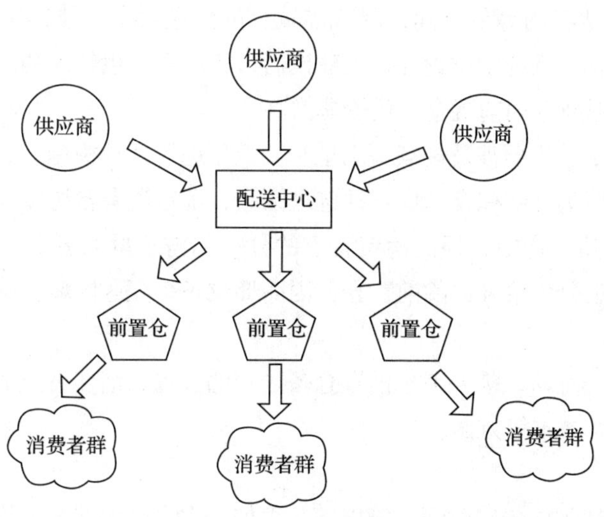

图3-28　前置仓配送模式

农产品电商配送具有多批次、小批量、高冷链成本、高损耗及对保鲜度要求高等特点，相应地，农产品电商配送的成本较高。因此，配送网络半径不能太大，否则成本难以承受。

② 前置仓的优势

前置仓的本质是用200～300平方米的面积去承载10多个生鲜大品类、2000多个库存保有单位（Stock Keeping Unit，SKU）。就面积而言，前置仓仅相当于一个便利店；就覆盖品类和消费者群体而言，前置仓又可与大中型综合超市比肩。换句话说，前置仓就是用小门店的低成本模式去承担大门店的服务深度与品类广度。

前置仓的优势主要包括以下两个方面。

- 前置仓可以使农产品的配送更加及时，消费者下单后，农产品从最近的仓库发货，可以保证在短时间内送到消费者手中。
- 在前置仓模式下，农产品通过冷链物流提前、大批量被配送至前置仓存储待售，消费者下单后，再由前置仓工作人员组织完成拣货、包装和配送。这在一定程度上节省了配送成本。

就订单响应速度和配送成本两个方面来看，前置仓模式相比传统远距离物流配送具有很大优势。

知识补充

虽然前置仓在提升消费者购物体验上有着明显的优势，但是作为一种新兴模式，前置仓也存在一定的劣势，如消费者订单的不确定性导致前置仓在备货、补货方面面临很多不确定因素。另外，设立前置仓在仓储、物流方面也需要投入大量的资金，具有一定风险。

③ 前置仓的选址

前置仓的选址是十分关键的环节，其合理与否会直接影响配送系统的效率、成本和消费者满意度的高低。因此，前置仓的选址应该建立在充分分析调查的基础上，全面考查前置仓上游的城市配送中心、下游消费者的分布、城市内部的交通状况等因素。前置仓如果选址不合理，可能会使部分前置仓覆盖消费者分布密度不够、与消费者距离过远或交通不便等，大大增加前置仓的配送成本和消费者的等待时间，降低前置仓的配送效率，最终影响交易总额和品牌信誉。同时，各个前置仓一旦选定位置并投入建设后，相应会产生较高的冷藏、冷冻设备的投入和运维成本，倘若要重新布局前置仓，代价非常高。

在前置仓选址方面，主要涉及连续型选址和离散型选址两种模型。其中，离散型选址在实践中运用较多。离散型选址即综合考虑各种选址因素，确定所有备选位置，在这些备选前置仓位置和消费者点位置的集合中，根据消费者点的分布和需求量的多少，选出一定数量的前置仓，并将消费者点就近分配给开放的前置仓，因而形成各个配送区域，确保所有配送区域的总成本较小。

在对前置仓进行选址时，需要考虑前置仓备选点的位置，消费者点的需求量、消费者点的分布，交通条件及租金成本等方面。

2. 仓储管理

农产品入库后一般需要一定时间才能出库，再加上农产品的保鲜期短、易腐烂等特点，因此对仓储管理的要求较高。农产品在库时，商家需要做好农产品库存保管；农产品出库时，商家则需要重点做好农产品打包工作。

（1）农产品库存保管

对于农产品的库存保管，商家要制定明确的管理制度和操作规程，并严格执行。

- **严格验收入库**。商家应在农产品入库时进行严格验收，明确农产品及其包装的质量状况。对于吸湿性农产品，还需要检测其含水量是否超过规定水平。若发现农产品有异常情况，应及时查明原因，并进行有针对性的处理。例如，土豆入库时发现其中一部分已经发芽，则需要立马将发芽的土豆清理出来，并追究采购人员和供应商的责任。

- **适当安排仓储场所**。不同农产品具有不同的特性，对保管条件的要求也不同，因此商家有必要根据农产品的特性来安排仓储场所，做到分区分类管理。例如，怕潮湿、易霉变的农产品应存放在干燥的库房中；怕高温、暴晒的农产品应存放在温度相对较低的阴凉区域；需要温度适中、湿度较高的保存环境的农产品，应存放在冬暖夏凉的地下室或地窖里。需要注意的是，商家不能将性能相冲突或易串味的农产品放在同一库房混存，避免相互产生不良的影响。

- **科学堆放**。农产品在存储过程中容易受阳光、地面潮气等的影响，因此商家在堆放时要利用诸如枕木、垫板、苇席、油毡等工具，切实做好遮阳、防潮工作。在确定货架的形状与高度时，应充分考虑各种农产品及其包装材料的特性，以及季节气候等情况。对于含水量较高的易霉农产品，堆放时应加强通风；对于容易渗漏的农产品，堆放时可以在各行列间留出一定间隔，减少农产品渗漏的影响。

- **控制好仓库的温度和湿度**。商家应采取密封、通风、吸潮等控制与调节温度、湿度的手段，将仓库温度、湿度保持在适合农产品储存的范围内。

- **定期进行农产品在库检查**。农产品容易受环境的影响，因而很有可能发生数量或质量上的损失，因此商家有必要定期盘点库存农产品，严格检查仓储工作。对仓储工作进行检查时，应重点关注的内容包括农产品保管条件是否合理；农产品温度、水分、气味，包装物的外观是否有异常；管理制度中规定的安全防护措施是否严格落实；消防设备是否能正常使用等。

知识补充

盘点是把握库存物数量和质量动态的手段。盘点的方法主要包括动态盘点法、循环盘点法、重点盘点法和定期盘点法。其中，动态盘点法是指在进行农产品出入库业务的同时，对库存物资数量（即进库、出库和库存数）进行清点的方法；循环盘点法是指在一定时期内对所有库存分别进行盘点的方法。

（2）农产品打包

农产品打包是一个必不可少的环节，农产品运输包装的选择更是重点。通常来说，运输包装可以分为真空包装、气调包装、防震包装、防潮包装、防霉包装和防虫包装等。

- **真空包装**。真空包装是将包装容器内的空气全部抽出并密封，减少包装内氧气的含量，以达到使农产品新鲜、无病腐发生的目的，如图3-29所示。

- **气调包装**。气调包装是采用具有气体阻隔性能的包装材料包装农产品，并将一定比例的混合气体充入包装内，以延长农产品的货架期，如图3-30所示。

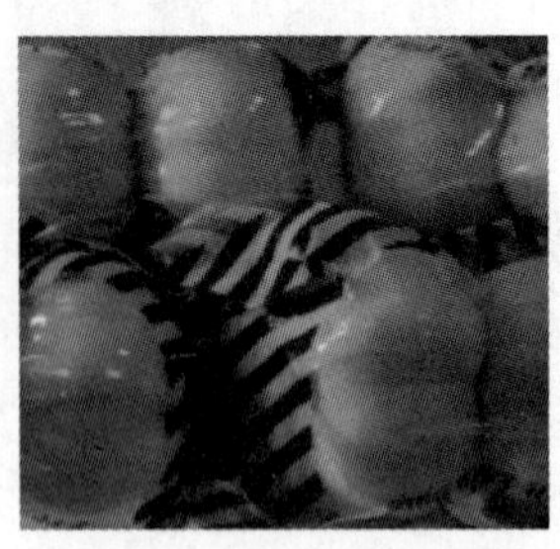

图3-29　真空包装

图3-30　气调包装

- **防震包装**。防震包装又称缓冲包装，是指防止农产品在运输、装卸搬运作业中的震动、冲击等造成损坏所采用的包装。很多易碎、易压坏的农产品（如鸡蛋）就经常使用防震包装，如图3-31所示。
- **防潮包装**。防潮包装是指使用具有一定隔绝水蒸气能力的防潮包装材料对农产品进行封装，如图3-32所示。防潮包装可以避免外界湿度对农产品造成影响，同时使包装内的相对湿度满足需求。

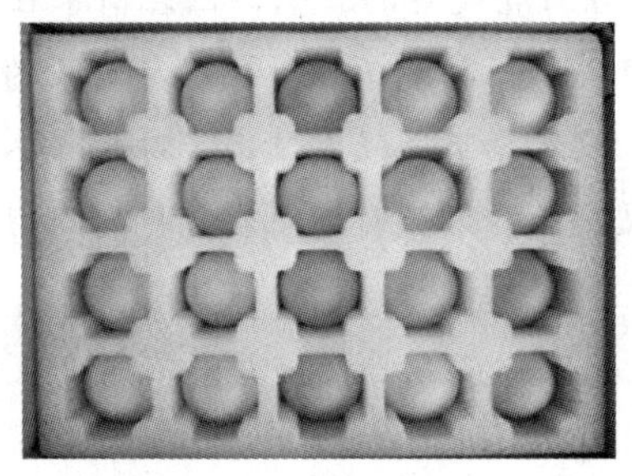

图3-31　防震包装

图3-32　防潮包装

- **防霉包装**。防霉包装是指为了防止霉变而采取一定防护措施的包装。
- **防虫包装**。防虫包装是指为了保护包装内的农产品免受虫类侵害而采取一定防护措施的包装。如在包装容器中使用驱虫剂、杀虫剂或脱氧剂，以增强防虫效果。

不同的农产品运输要求不同，商家可以根据农产品的物理特性和化学特性选择适当的运输包装。例如，不易变质的水果可以用果篮或纸箱，坚果可以用防潮包装，蔬菜可以用气调包装或真空包装。

知识补充

农产品运输包装的基本要求如下。

（1）保证在运输中不损坏、不变质、不渗漏。

（2）尽量采用体积小、重量轻的包装材料。

（3）力求包装标准化和规格化，要有简单醒目的标志，以便于运输和装卸。

（4）尽量节约包装物件，降低包装成本。

3.4.3　财务管理

财务管理是根据财经法律法规制度，按照财务管理的原则，组织财务活动，处理财务关系的一项经济管理工作。在农产品电商运营中，财务管理有助于控制运营成本，提高利润，做出合理的经营决策。但目前，财务管理并没有引起商家足够的重视，很多商家只是简单地记录资金收付的流水账，无法为其经营管理提供有用的信息。在农产品电商运营中，财务管理的主要工作包括成本管理、退款管理、计算利润等。

1. 成本管理

简而言之，成本就是各种不同类别的开支。成本管理，不仅能让商家了解成本的详细构成，还能反映各成本明细项目的变化情况，在一定程度上反映商家的经营状况。在农产品电商运营中，成本管理涉及的项目有很多，如员工工资、营销推广费用、办公费用、产品成本、电商平台管理费、快递费用、房租及水电物业费、仓储费用等。规模较小的商家可以采用成本核算表进行成本管理，如图3-33所示；而大中型商家业务量大，成本项目繁多，应该使用专业的财务核算软件。

成本核算表

单位：元

月份	员工工资	营销推广费用	办公费用	产品成本	电商平台管理费	快递费用	房租及水电物业费	仓储费用	其他	合计
2021年1月	52000	5200	2500	12000	300	500	320	360	1200	74380
2021年2月	65200	5600	2300	15000	230	620	342	362	1526	91180
2021年3月	63200	6230	2630	25000	360	452	360	465	2530	101227
合计										266787

图3-33　成本核算表

2. 退款管理

在农产品电商运营中，商家经常会遇到消费者要求退款的情况，而退款会对企业的收入、利润的计算产生影响，因此有必要专门对退款进行管理。退款管理主要详细记录每天退款的情况，包括退款对应的订单号、退款金额、消费者名称、退款状态、退款原因等。商家通过记录这些信息，不仅可以准确地计算退款总金额，还能综合分析消费者退款的原因，为运营提供有用的参考信息。规模较小的商家可以采用退款明细表进行退款管理，如图3-34所示；而大中型商家业务量大，应该使用专业的财务核算软件。

退款明细表

登记日期	订单号	退款类别	退款金额/元	消费者名称	退款状态	退款原因	相关责任人
2121.4.25	125852222	部分货款	25	小明	已退款	收货时发现坏果	仓储部陈丽
2121.4.25	125842366	部分货款	36	小红	已同意退款，尚未退款	消费者下单大果，错发中果	客服部周亚
2121.4.25	158258233	全部货款	25	小王	已同意退款，尚未退款	发货过晚，不新鲜	仓储部王成
2121.4.25	258533769	部分货款	22	小李	已退款	收货时发现坏果	仓储部杨梓
总计			108				

图3-34　退款明细表

3. 计算利润

利润是商家的经营成果，是商家经营效果的综合反映。对于商家而言，获取利润是主要的经营目的，因此在财务管理中，计算利润也是十分重要的工作。通过计算利润，商家不仅可以明确本月的利润额，还可以分析利润增减变动的原因，便于规划未来的发展方向，为制定合理的经营管理政策提供科学的依据。大中型商家应使用专业的财务核算软件自动生成利润表，而规模较小的商家则可以采用经营利润表计算利润，如图3-35所示。相关计算公式如下。

毛利润=总收入-退款-（产品成本+退货成本）

利润总额=毛利润-费用合计

所得税费用=利润总额×所得税税率（经营利润表中为25%，具体税率以相关税法规定为准）

净利润=利润总额-所得税费用

经营利润表

单位：元

月份	营业收入		营业成本		毛利润	费用								利润总额	所得税费用	净利润
	总收入	退款	产品成本	退货成本		快递费用	营销推广费用	员工工资	办公费用	房租及水电物业费	电商平台管理费	其他费用	费用合计			
2021年1月	1948000	379200	360000	144000	1064800	36000	5200	23600	2563	369	512	2361	70605	994195	248548.75	745646.25
2021年2月	1896000	320000	720000	288000	1208000	72000	2362	28520	5623	362	456	4526	113849	1094151	273537.75	820613.25

图3-35　经营利润表

知识补充

当前国内主流的专业财务核算软件研发公司有金蝶国际软件集团有限公司、用友网络科技股份有限公司、金算盘软件有限公司、珠海市富润科技有限公司（以下简称“富润科技”）等。这些公司旗下的系列财务核算软件可以满足不同规模、不同行业商家的需求。其中，富润科技旗下的富润ERP网店管理系统是专门为电商商家研发的，该系统可以与淘宝网等电商平台后台打通数据通道，涵盖了下载订单、打单发货、采购、库存、物流、财务、会员、批发代销、数据分析等一体化的业务管理。图3-36所示为该系统的部分功能。

全面的报表分析功能

客户销售统计

销售统计分析

进销存报表

收付款、往来账数据表

商品销售统计

库存成本统计

采购库存销售统计

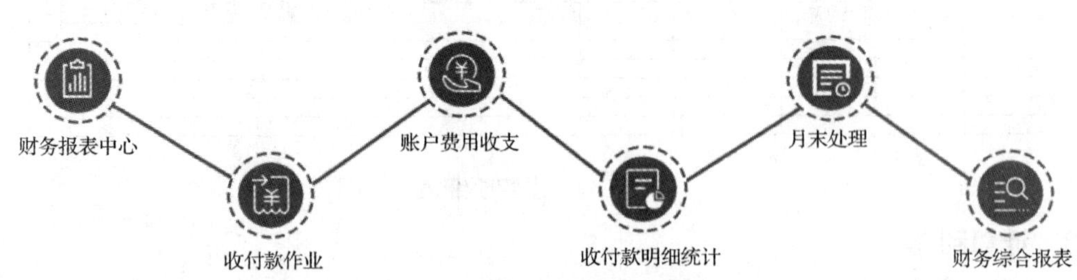

图3-36　富润ERP网店管理系统的部分功能

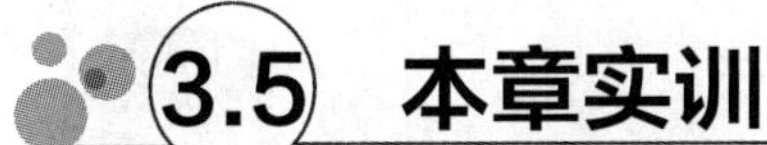

3.5 本章实训

3.5.1 为金丝小枣制定产品策略

山东泰安食品有限公司（以下简称“泰安食品”）主要经营金丝小枣，位于山东省德州市庆云县。庆云县拥有10万亩枣林，数百年的老枣树随处可见，其结出的金丝小枣是庆云县的传统特产之一。该枣不仅皮薄肌厚，肉细汁多，甜脆爽口，而且含糖量高达60%，富含维生素和人体所需的18种氨基酸，具有较高的营养价值。泰安食品只生产金丝小枣，包装采用简单的塑料透明袋，一袋有2千克。

泰安食品近年来积极投身农产品电商领域，将金丝小枣放到淘宝网、京东商城等平台上进行售卖，取得了不错的销量。但面临越来越激烈的市场竞争，为了巩固并提升公司的市场地位，泰安食品决定制定新的产品策略。

1. 实训要求

① 掌握农产品产品策略的内容。

② 能够制定农产品产品策略。

2. 实训准备

在制定农产品产品策略之前，商家需要完成以下工作。

- **关注行业动态**。商家在制定农产品产品策略时必须放宽眼界，充分考虑外部行业环境的影响，制定出符合实际的行业发展情况的产品策略。同时，要及时根据外部环境调整产品策略，做到与时俱进。
- **解读公司战略**。除了外部行业环境，商家在制定产品策略时还要充分考虑公司的整体发展战略。一般情况下，公司都会有长期发展计划，如在5年后成为区域内知名的农产品品牌等。商家在制定某一具体产品策略时，应考虑该产品在公司整个战略布局中扮演的角色、承担的责任以及能获得的支持。

3. 实训步骤

① 为金丝小枣制定新产品策略

泰安食品只有金丝小枣一个产品，产品线过于单一，不能很好地满足消费者的需求，因此首先应当开发新产品。考虑到公司实力、开发成本等方面的因素，泰安食品可以选择利用新的种植技术，开发新的红枣品种，如无核枣和酒枣等。同时，还可以利用现有的金丝小枣制作枣制品，如枣糕、枣夹核桃等。

② 为金丝小枣制定包装策略

泰安食品当前产品的包装过于简单，仅采用普通透明塑料袋，没有设计感，对消费者缺乏吸引力，因此泰安食品制定了改变包装的策略，采用更具有质感的包装设计和包装材料，对包装进行升级。采用红色（金丝小枣的颜色）硬纸盒作为包装盒，包装盒上印有金丝小枣的图片，同时配上手提袋，增加产品档次。金丝小枣新旧包装对比如图3-37所示。

高清大图：

金丝小枣新旧包装对比

图3-37　金丝小枣新旧包装对比

3.5.2　为有机大米制定品牌策略和促销策略

栗富家庭农场（以下简称“栗富农场”）是一家经营有机大米的公司，位于黑龙江省哈尔滨市五常市小山子镇。五常市气候适宜，资源丰富，生态环境优美，利于农作物的生长。依靠五常市得天独厚的自然条件，栗富农场的创始人结合传统水稻种植方法与新生态种植方法，以农家肥、有机肥和液体肥料种植水稻，生产原生态有机大米。

栗富农场投身农产品电商领域已有5年，已初步具有一定的规模和实力，于是决定走品牌化道路，制定品牌策略，打造属于自己的品牌。在促销方面，栗富农场主要依靠淘宝网、京东商城等平台发放优惠券，以刺激消费者的购买热情，虽取得了一定的效果，但手段过于单一，有必要制定新的促销策略。

1. 实训要求

① 能够制定农产品的品牌策略。

② 能够制定农产品的促销策略。

2. 实训准备

在制定农产品的品牌策略前，需要了解品牌命名的注意事项。首先，品牌名称应朗朗上口、易于记忆，让人感觉干净、简洁，如光明等。其次，要注意品牌名称的音调搭配，以产生抑扬顿挫、清脆响亮的效果。最后，要注意避免使用方言、生僻字等。

在制定促销策略前，需要了解口碑营销的方式。口碑营销的方式具体包括以下两种。

- **利用在线社群**。社群是有共同爱好和目标的人所组成的群体，其主要特点就是社交性，通过社交将群成员联系起来，提高群成员的活跃度和参与度，增加群成员对品牌的情感，刺激群成员主动进行口碑宣传。

- **利用社交平台**。现在很多社交平台（如微博等）有即时沟通功能，可以与消费者进行近距离的沟通，并将营销信息精准地传递给消费者，为消费者提供更多的便捷服务，最终引导消费者参与品牌传播。

3. 实训步骤

① 为有机大米制定品牌建设策略

- **进行品牌定位**。该大米为有机大米，自身带有较强的特色；近年来，消费者对农产品的天然性、健康性、安全性也越来越重视，因此商家可以将该大米品牌定位为有机绿色农产品。

- **提升产品质量**。具体措施为引进先进技术和设备，进一步提升大米的颗粒饱满度，并加大防虫、防潮力度。

- **设计品牌形象**。经过考察和分析，将该有机大米品牌命名为"稻香"。一方面，"稻香"与"稻乡"谐音，能让消费者联想到田园牧歌的美好画面；另一方面，以"香"字表现大米的品质和口感，读来朗朗上口，便于传播。同时，使用纤细的字体和灵动的圆形设计品牌Logo，整体效果美观大方，如图3-38所示。

图3-38 品牌Logo

- **注册商标**。及时为"稻香"品牌注册商标，防止他人恶意抢注。

② 为有机大米制定品牌推广策略

在建设品牌的同时，还应当对品牌加以推广，以提升品牌的影响力。具体措施如下：在微博、微信公众平台上开通账号，发布品牌最新动态、打折促销消息、大米食用方法、相关健康小知识等；在快手平台上直播有机大米的生产过程，介绍有机大米的种植、灌溉以及加工方法，以富有乡村风情的特色吸引消费者观看。

③ 为有机大米制定促销策略

栗富农场的促销手段过于单一，可考虑采取更加丰富的促销手段。

首先，栗富农场通过网络广告扩大影响力，即在百度、搜狗等搜索引擎上投放竞价广告，以吸引消费者。

其次，在公关关系方面，栗富农场可以积极开展"稻香文化节"活动，设计收割稻谷、打稻谷等趣味活动，邀请消费者和媒体人士来到生产基地参观稻田、体验农家生活等，塑造良好的商家形象，争取成为当地有代表性的农产品商家。

最后，栗富农场还可开通微博，建立粉丝微信群，通过日常与粉丝的互动增强粉丝忠诚度，利用粉丝的力量实现口碑营销。

3.6 本章小结

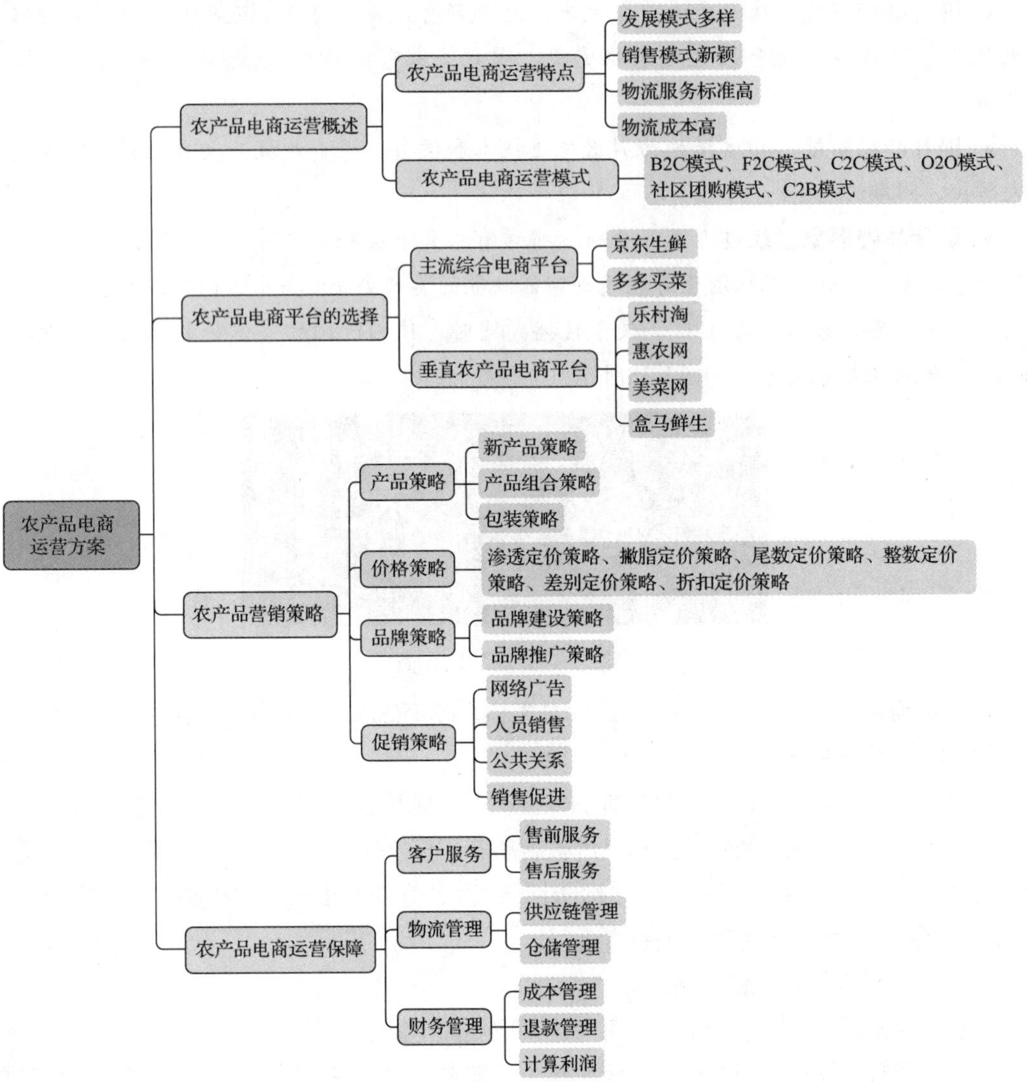

- 农产品电商运营方案
  - 农产品电商运营概述
    - 农产品电商运营特点
      - 发展模式多样
      - 销售模式新颖
      - 物流服务标准高
      - 物流成本高
    - 农产品电商运营模式
      - B2C模式、F2C模式、C2C模式、O2O模式、社区团购模式、C2B模式
  - 农产品电商平台的选择
    - 主流综合电商平台
      - 京东生鲜
      - 多多买菜
    - 垂直农产品电商平台
      - 乐村淘
      - 惠农网
      - 美菜网
      - 盒马鲜生
  - 农产品营销策略
    - 产品策略
      - 新产品策略
      - 产品组合策略
      - 包装策略
    - 价格策略
      - 渗透定价策略、撇脂定价策略、尾数定价策略、整数定价策略、差别定价策略、折扣定价策略
    - 品牌策略
      - 品牌建设策略
      - 品牌推广策略
    - 促销策略
      - 网络广告
      - 人员销售
      - 公共关系
      - 销售促进
  - 农产品电商运营保障
    - 客户服务
      - 售前服务
      - 售后服务
    - 物流管理
      - 供应链管理
      - 仓储管理
    - 财务管理
      - 成本管理
      - 退款管理
      - 计算利润

真实案例推荐阅读

1. 京东生鲜提升生鲜产品标准化水平
2. 拼多多“多多农园”落户云南
3. 四川省的电商扶贫攻坚战

拓展阅读：

真实案例推荐阅读

第4章 拼多多平台运营

学习目标

- 了解拼多多店铺开店流程。
- 掌握农产品发布及管理。
- 熟悉店铺装修。
- 掌握拼多多平台付费推广。
- 掌握拼多多平台活动推广。
- 掌握拼多多平台运营数据分析。

引导案例

小王的拼多多店铺运营之路

小王一直有一个梦想，就是帮助家乡的农民解决农产品销路不畅的问题。2018年大学毕业后，小王仔细分析了整个农产品市场的发展情况，认为只有依靠农产品电商才能解决农产品销路的问题。经过市场调研后，小王返回老家河南成立了公司，自建了电商平台。前期通过大量投放广告和发放优惠券，平台获得了一定的流量和销量，但客户并没有留存下来。后来小王的公司由于难以支撑较高的推广成本，减少了广告投放，很快流量就大幅度减少。再加上平台的其他运营成本也很高，小王的电商平台经营越来越困难，很快公司就濒临倒闭。

就在小王灰心丧气之时，他听说自己的老乡在拼多多开了一个农产品店铺，销售老家出产的青核桃，仅一个月就获得了2000多笔订单。此外，小王还了解到，拼多多是国内主要的农产品上行平台，农产品的销量非常大，也出台了很多扶持政策，如百亿补贴向农产品倾斜、对农产品实行零佣金等。而且在拼多多开店，商家可以报名参加各种平台活动，如“9块9特卖”活动，流量成本相对于自建电商平台更低。这让小王眼前一亮，于是他也决定入驻拼多多，并给自己的店铺起名为“田玉农特产店”，准备出售河南当地的农产品。

一经决定，小王便开始准备开店所需的相关资料，包括自己的身份证、营业执照等，然后将店铺的视觉风格定位为朴素简约，并利用拼多多提供的模板装修了店铺首页。此后，他发布了咸鸭蛋、烤鸭蛋、卤鸭蛋等农产品。一个月后，通过数据分析，小王发现咸鸭蛋的销售表现最好，因此将其确定为主推农产品。之后，小王还为咸鸭蛋报名了“9块9特卖”活动，引来了较大的流量，进一步促进了咸鸭蛋的销售，小王店铺的经营状况也越来越好了。

4.1 拼多多店铺开店流程

在拼多多开店的方法很简单，商家只需要准备好资料，注册拼多多账户，然后按照系统提示进行操作即可，当然成功开设店铺后还需要设置店铺的基本信息。

4.1.1 准备资料

商家在入驻拼多多时，需要提交一些资料，不同类型的店铺需提交的资料不同。在拼多多上，店铺包括个人店和企业店。其中，个人店有个人、个体工商户两种类型。个人类型店铺需要上传身份证原件照片；而个体工商户类型店铺除了需要上传身份证原件照片，还需要上传属于入驻人本人的个体工商户营业执照照片。

知识补充

个人类型店铺可以经营大部分类目，只有部分需要相关资质的类目不可以经营，例如食品类目（初级农产品除外）。经营这部分类目的商家可以开设个体工商户类型店铺。

企业店有普通店、专营店、专卖店、旗舰店4种店铺类型。普通店需要上传“三证合一”的营业执照照片，而专营店、专卖店、旗舰店除了需要上传营业执照照片，还需要上传品牌信息。

拓展阅读：

不同类型企业店的特点及需要的资料

商家可以打开拼多多首页，进入“商家入驻”页面，单击页面中的“资质要求”栏的“立即查看”按钮，在打开的页面中选择店铺类型，即可查看需要准备的资料。

4.1.2 注册账户

注册拼多多账户的操作很简单，只需打开拼多多官方网站，根据系统提示进行相关操作即可。具体方法如下：进入拼多多首页，单击页面上方的“商家入驻”超链接，在打开的页面中输入手机号码和密码，单击“获取验证码”超链接，输入系统发到手机上的短信验证码，单击“0元入驻”按钮，如图4-1所示。

图4-1 注册商家账户

4.1.3 开设店铺

微课视频：

开设店铺

在拼多多开设店铺的操作很简单。这里以开设一家经营水果的个人类型店铺（普通农户一般没有营业执照，而水果属于初级农产品，个人类型店铺就可以经营）为例，介绍开设店铺的方法，具体操作如下。

① 进入拼多多首页，单击“立即登录”超链接，在打开的页面中登录拼多多账户，然后在打开的“请选择您的店铺类型”页面中选择店铺类型，这里选中“个人店”栏下的“个人店”单选项，单击“下一步”按钮，如图4-2所示。

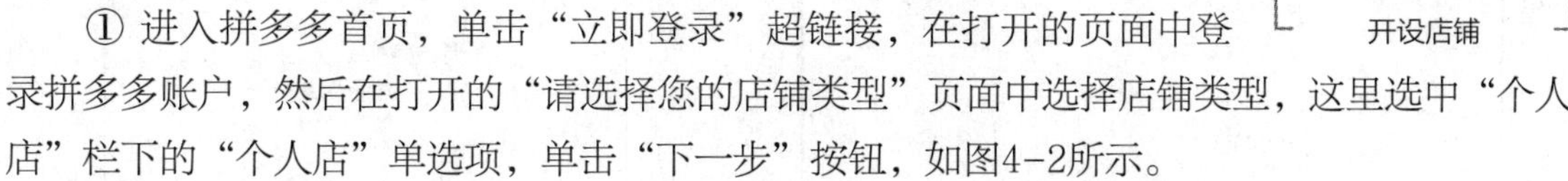

② 打开“店铺信息”页面，首先填写店铺名称，然后选择主营类目为“普通商品”，如图4-3所示。

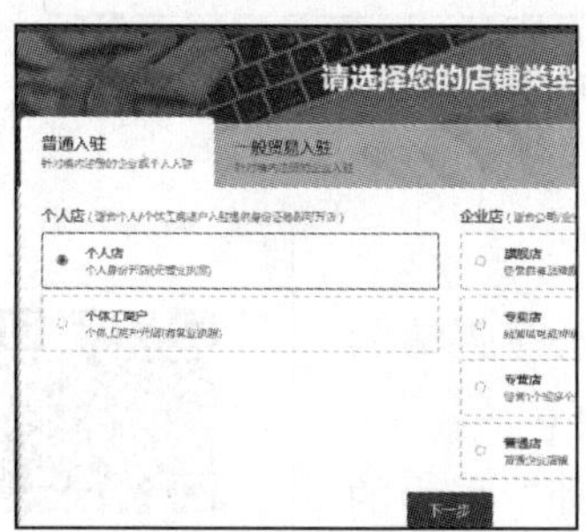

图4-2 选择店铺类型

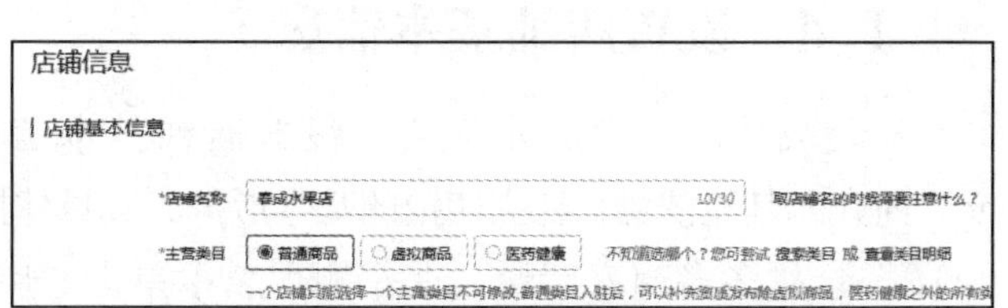

图4-3 填写店铺名称并选择主营类目

③ 设置开店人基本信息。上传开店人的身份证照片时，可以选择“计算机上传”或“微信上传”，这里选中“计算机上传”单选项，单击“身份证像”栏右侧的“上传人像面”图片框，在打开的“打开”对话框中选择需要上传的身份证人像面图片，单击“打开”按钮，如图4-4所示，即可上传该图片。按照相同的方法上传身份证国徽面图片。

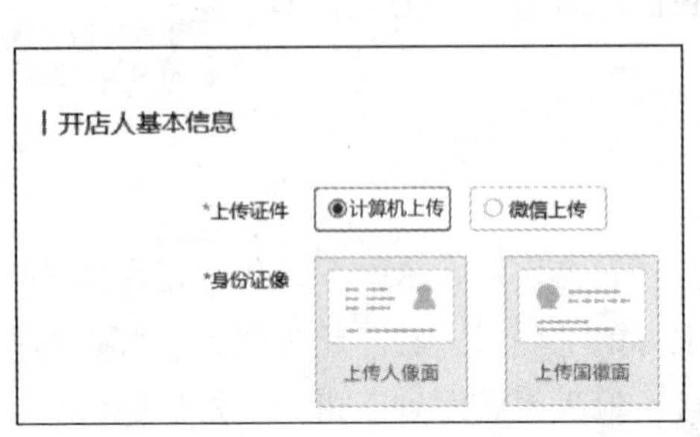

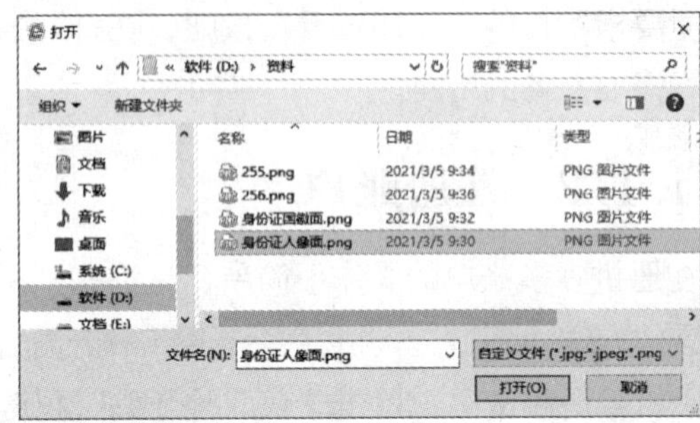

图4-4　上传身份证像

④ 身份证照片上传成功后，系统会对身份证相关信息进行识别，如图4-5所示。商家应仔细核对系统给出的身份信息是否和上传的身份证照片上的信息一致，如果一致，应打开手机使用微信扫描页面中出现的二维码进行人脸识别；如果不一致，应按照所上传的身份证照片上的信息补充并完善相关的身份信息，然后再进行人脸识别。当手机中显示“您已完成人脸识别”信息时，表示人脸识别认证已通过。

⑤ 返回PC端“店铺信息”页面，单击页面下方的“提交”按钮，在打开的对话框中核对信息，核对无误后单击“确定”按钮，如图4-6所示，即可提交开店申请。系统审核通过后，拼多多将向注册手机号发送短信，通知商家开店成功。

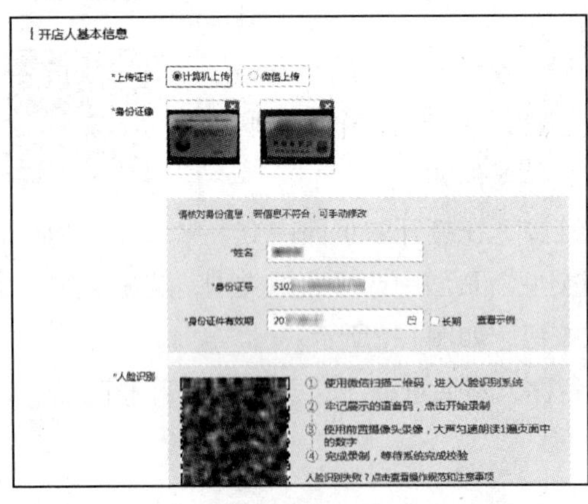

图4-5　核对身份信息并进行人脸识别

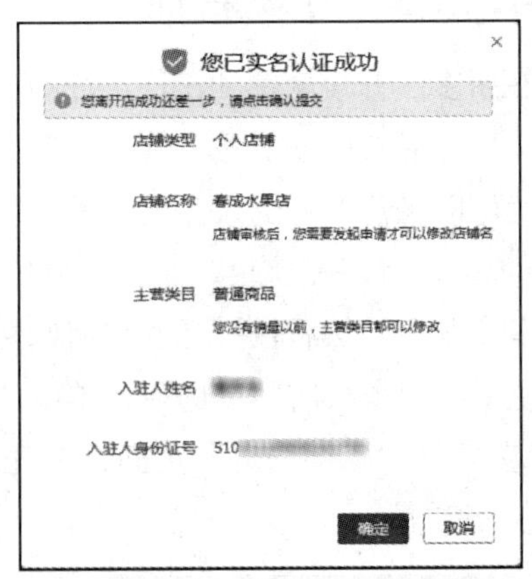

图4-6　单击“确定”按钮

4.1.4　设置店铺基本信息

为开设成功的“春成水果店”设置店铺基本信息，完善店铺的Logo、简介和其他信息，建立店铺的基本形象，其具体操作如下。

① 登录拼多多商家后台，在左侧列表中单击“店铺管理”栏中的“店铺信息”超链接，打开“店铺信息”页面，单击“店铺Logo”栏的

图片框，打开“打开”对话框，选择需要上传的Logo文件（配套资源：素材\第4章\店铺Logo.png），单击“打开”按钮，即可设置店铺Logo，如图4-7所示。

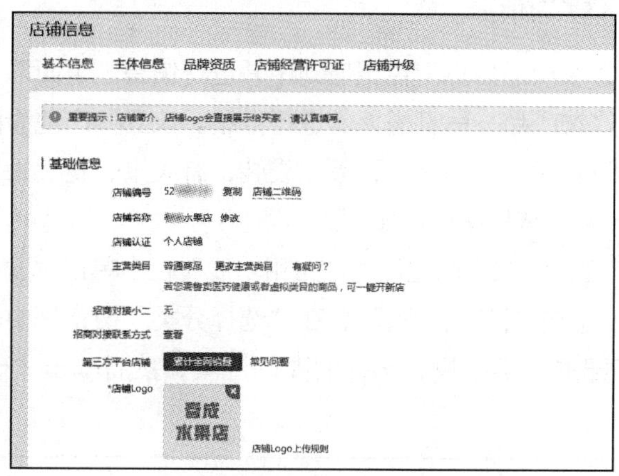

图4-7 设置店铺Logo

② 在“店铺简介”文本框中输入店铺简介，使用简洁的语言介绍店铺及所经营的农产品，如图4-8所示。

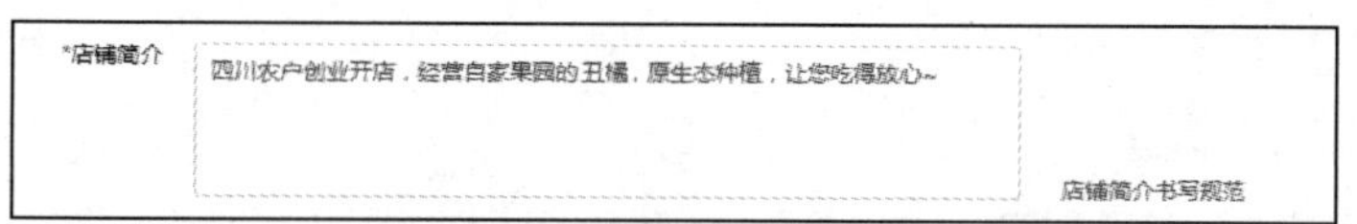

图4-8 设置店铺简介

③ 设置联系方式。在“入驻人邮箱”文本框中输入联系邮箱，在“联系地址”文本框中设置商家的联系地址，选中“我声明……平台协议及平台规则规定为准”复选框，单击“保存”按钮，如图4-9所示。

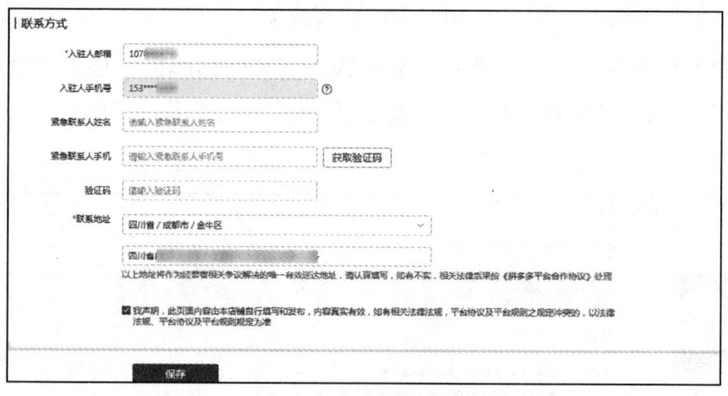

图4-9 设置联系方式

4.2 农产品发布及管理

在拼多多上发布农产品的操作门槛很低，商家入驻拼多多并开店成功后可以轻松发布农产品信息，实现农产品在线销售。拼多多为商家提供了丰富的农产品管理方面的功能，帮助商家提高运营效率。

4.2.1 发布农产品

拓展阅读：

拼多多食品类商品的发布规范

发布农产品，就是将农产品信息上传至店铺中并进行销售。下面以为“春成水果店”发布一款农产品——丑橘为例进行介绍。该丑橘产地为四川省成都市蒲江，品种为丑橘（不知火），采取袋装，有大果、超大果、中大果3种，承诺坏果包赔。其具体操作如下。

① 登录拼多多商家后台，在页面左侧的“常用功能”栏中单击“发布新商品”超链接，打开“发布新商品”页面，在“选择分类”搜索框中输入“丑橘”，搜索框下方会自动显示系统匹配的分类结果，选择需要的选项，然后单击“确认发布该类商品”按钮，如图4-10所示。

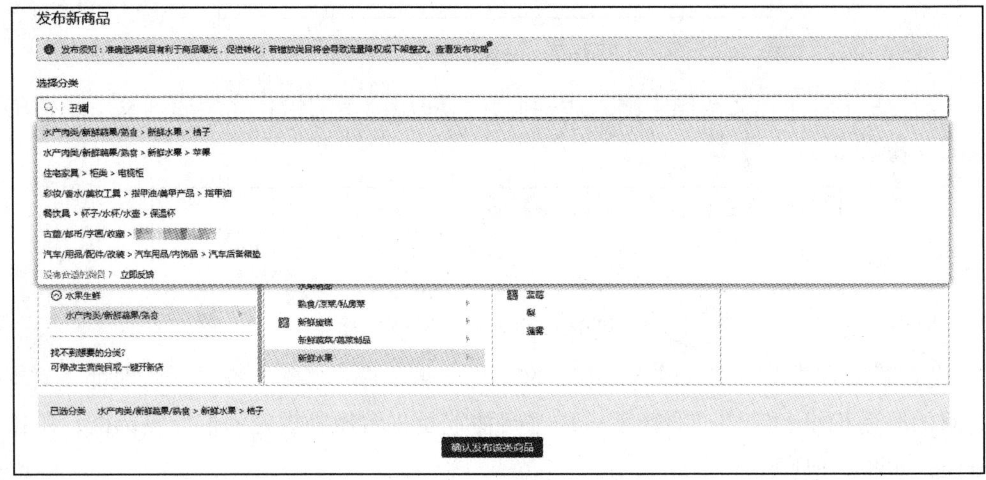

图4-10 选择分类

② 返回“发布新商品”页面，填写商品标题，在“商品属性”栏中设置城市、产地、包装方式、省份、水果品种等属性（拼多多规定，商家发布农产品信息时应当完整、明确地填写这些属性），如图4-11所示。

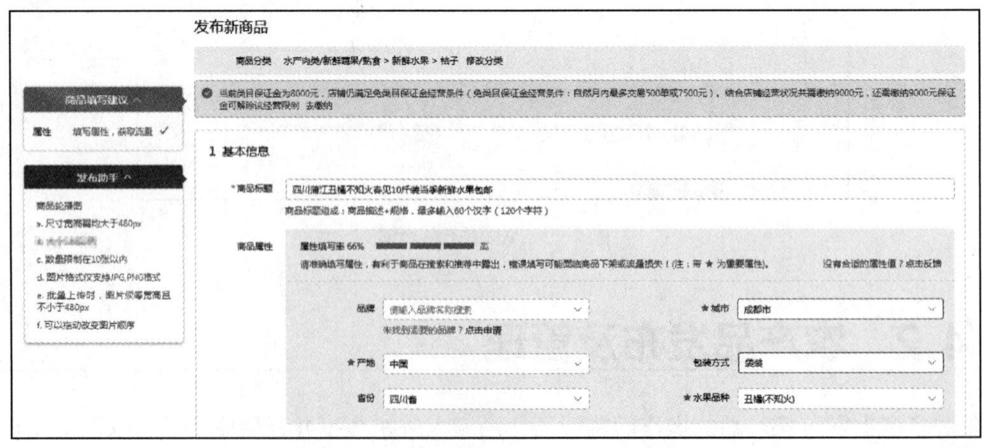

图4-11 填写商品标题并设置商品属性

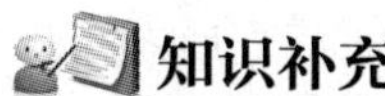

知识补充

农产品属性会直接展现在详情页中，便于消费者对农产品有更多的认知，进而快速决定是否要购买。商家应如实、准确地填写农产品属性。这样才有利于农产品在搜索结果和推荐中获得更有利的位置，否则农产品将损失流量甚至面临下架的风险。

③ 上传农产品轮播图。单击“上传图片”图片框，打开“图片空间”对话框，单击右上角的“本地上传”按钮，打开“选择文件”对话框，单击“选择图片”按钮，打开“打开”对话框，选择需要上传的图片（配套资源：素材\第4章\农产品轮播图1.png、农产品轮播图2.png）后，单击“打开”按钮即可上传，如图4-12所示。“图片空间”对话框中已上传的轮播图如图4-13所示，单击“确认”按钮即可。

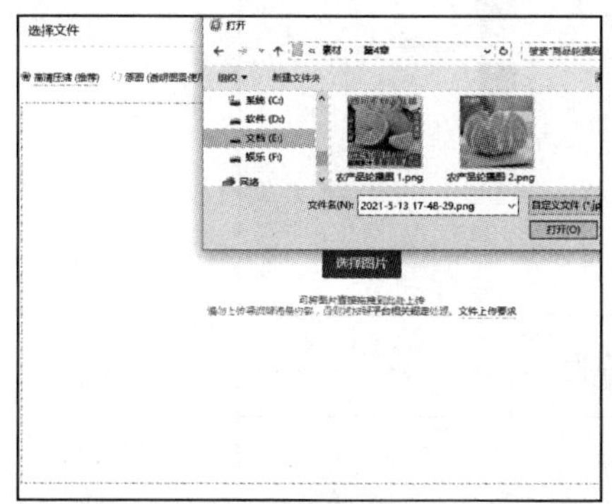

图4-12　选择需要上传的图片

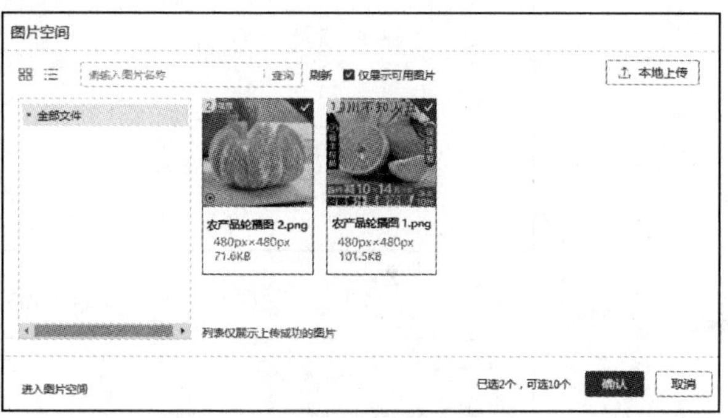

图4-13　已上传的轮播图

知识补充

轮播图即农产品主图，位于农产品详情页顶部，是消费者在搜索结果中首先关注的内容。根据拼多多的规定，轮播图的宽和高应相等且大于480像素（px），图片文件大小必须在1MB以内，数量最多不能超过10张，仅支持JPG和PNG两种图片格式。

④ 在“商品详情”栏下单击“快速编辑”右侧的“上传图片”按钮，按照与上传轮播图相同的方法上传详情页图片。需要注意的是，详情页图片的宽高比应大于或等于1∶3，宽度在480像素以上，图片文件大小应在1MB以内。

⑤ 设置丑橘的规格与库存。在“商品规格”栏中的第一个下拉列表框中选择需要的规格类型，这里选择“尺寸”选项，然后在下方的文本框中输入相应的规格名称。在“价格及库存”栏中分别设置不同规格丑橘的库存、拼单价、单买价、预览图等信息，然后在“商品市场价”文本框中输入相应价格，如图4-14所示。

微课视频：

发布农产品

⑥ 在“服务与承诺”板块中单击“展开修改”按钮，在“运费模板”下拉列表中选择“非偏远包邮默认模板-20210409091853”，商家可以根据实际情况设置商品类型、是否二手、是否预售、承诺发货时间、拼单要求、7天无理由退换货、假一赔十及坏了包赔等。对于丑橘这类易损坏产品，为了让消费者买得放心，商家一般会承诺坏果包赔，因此这里

选中“坏了包赔”复选框，其他保持默认设置，最后单击“提交并上架”按钮，完成发布操作，如图4-15所示。

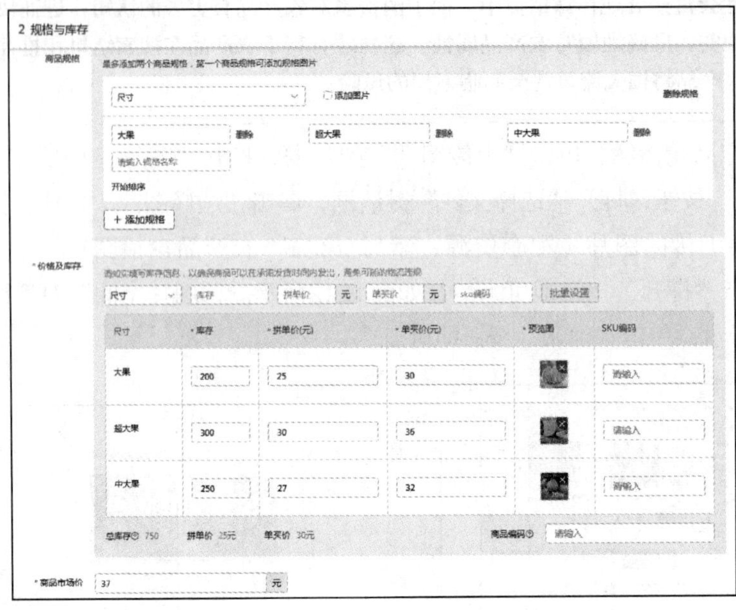

图4-14　设置规格与库存

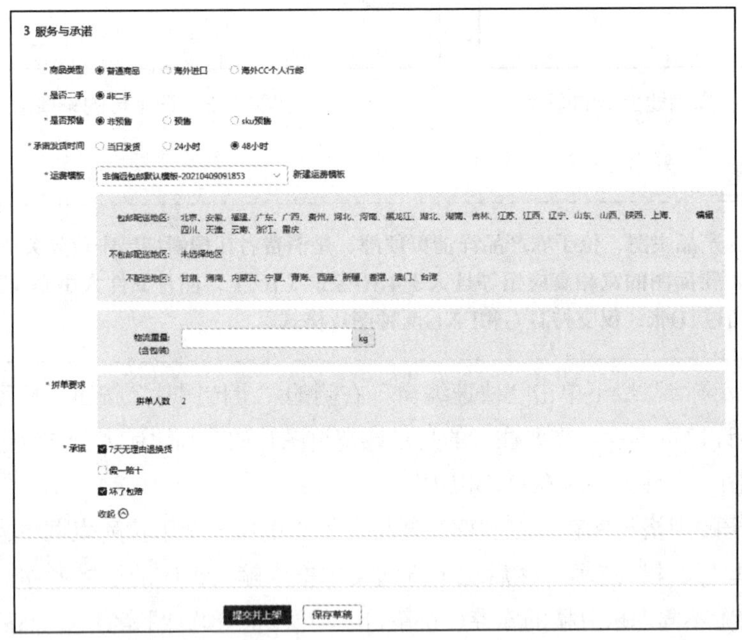

图4-15　设置服务与承诺

4.2.2　管理农产品

农产品发布后，还需要根据实际情况进行管理，例如，当农产品暂时缺货时，需要下架农产品，待备货工作完成后再上架。在拼多多中，管理工作主要包括上下架农产品和商品体检两项操作。

1. 上下架农产品

拼多多店铺相当于一个虚拟超市，上架是指将某农产品摆上货架，让消费者可以下单购买；下架正好相反，是指将农产品从货架上拿下来不再出售。在拼多多商家后台上下架丑橘的具体操作如下。

① 进入拼多多商家后台，在左侧的“商品管理”栏中单击“商品列表”超链接，右侧的页面中将显示店铺目前在售中的农产品，选中需下架农产品最左端的复选框，单击最右端的“下架”超链接，如图4-16所示，在打开的对话框中单击“确定”按钮，即可将该农产品下架。

图4-16 下架农产品

② 单击“已下架”选项卡，页面中将显示之前下架的农产品，可以看到已下架的农产品的“创建时间”列中显示“已下架”字样，选择需上架的农产品，单击其最右端的“上架”超链接，如图4-17所示，在打开的对话框中单击“确定”按钮，即可将该农产品上架。

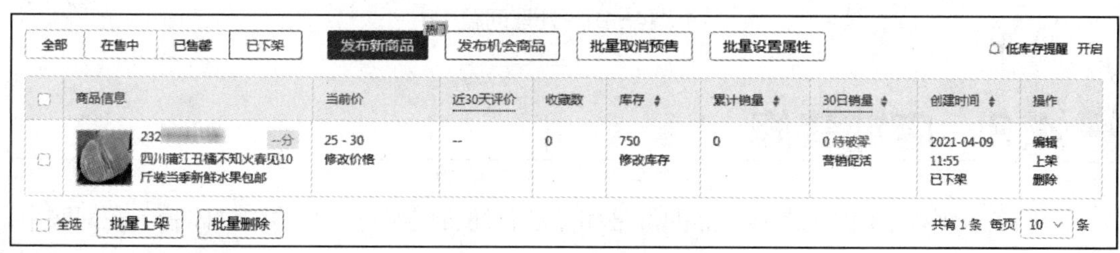

图4-17 上架农产品

知识补充

商家若需要编辑农产品，可以选择需要编辑的农产品，单击其对应“操作”列中的“编辑”超链接，在打开的“编辑商品”页面中修改相关信息，然后单击“提交”按钮即可。

2. 商品体检

商品体检即系统对店铺内已上架的商品进行检查，如果发现商品存在问题，就会给出相应的处理建议。在拼多多商家后台中，进行商品体检的具体操作如下。

① 进入拼多多商家后台，在左侧的“商品管理”栏中单击“商品体检”超链接，在右侧

的“商品体检”页面中可以看到商品体检的结果。该店铺商品存在两项问题，单击第一项问题对应的“立即处理”按钮，如图4-18所示。

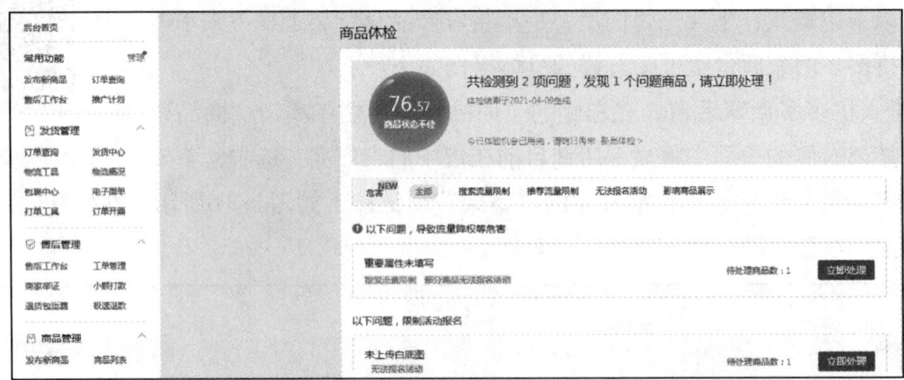

图4-18　商品体检

② 在打开的页面中可以看到涉及该问题的农产品。单击该农产品对应的“修改”按钮，如图4-19所示，打开“编辑商品”页面，针对涉及的问题进行修改，然后单击页面下方的“提交”按钮即可。

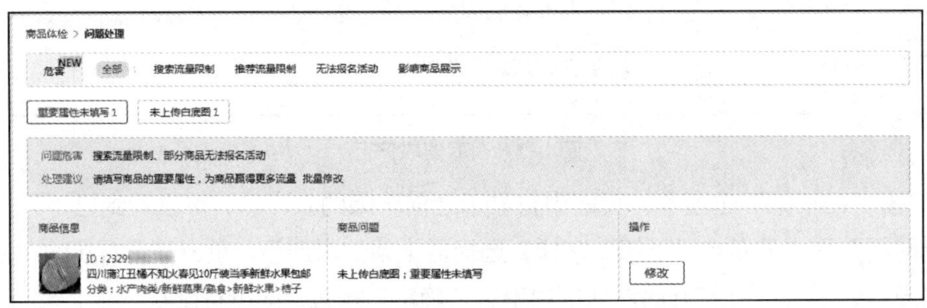

图4-19　处理问题

4.3 店铺装修

消费者在购物时不但关注农产品的价格和品质，还希望能有良好的购物体验。在网购中，视觉体验对消费者购物体验的影响是不言而喻的。因此，好的店铺装修能够给予消费者更佳的视觉体验，增强消费者对店铺的好感，已经成为商家普遍认同的运营策略。

4.3.1 定位店铺视觉风格

一般而言，统一、和谐的视觉风格能给人带来良好的视觉体验，合理的视觉风格定位也有助于凸显店铺或品牌定位，因此在装修店铺之前，商家有必要定位店铺视觉风格。店铺视觉风格常根据目标消费人群的审美偏好和产品特点进行定位。

（1）根据目标消费人群的审美偏好定位

一般而言，商家都会有明确的目标消费人群定位，对该人群的消费能力、教育水平、审美偏好、兴趣爱好等有一个明确的画像。其中，目标消费人群的审美偏好对视觉风格定位是十分关键的。例如，某高端粮油品店铺的目标消费人群是拥有较强购买能力、文化层次较高、生活在一二线城市的白领，其偏好低调有质感的审美风格。该店铺的视觉风格就以精致、简约、大方为主，如图4-20所示。

（2）根据产品特点定位

高清大图：

茶叶店铺装修赏析

除了目标消费人群的审美偏好，商家还可以参考产品某一方面的特点来确定视觉风格，如色彩、质地、形状等。

以绿茶为例，绿茶生长在野外时是翠绿的，给人清新自然之感，而泡为杯中茶后则给人舒缓、温暖、宁静的感觉，因此绿茶店铺在定位视觉风格时，就可以选择清新自然或宁静淡雅的风格，如图4-21所示。

图4-20 精致、简约、大方风格

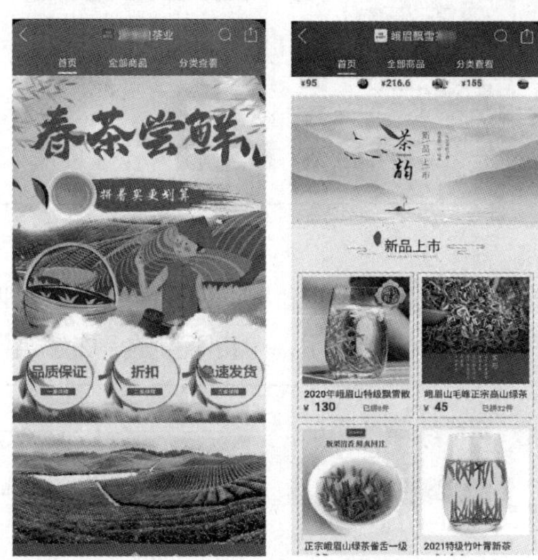

图4-21 绿茶店铺风格

知识补充

商家可以多关注当前流行的视觉风格，如中国风、小清新风等，在综合了解各风格的受众群体后，再结合店铺的实际情况进行选择。此外，商家还可以“独辟蹊径”，选择与竞争店铺反差很大的风格，如茶叶店铺多以清新或宁静风格为主，定位为热情喜庆的风格反而能让店铺脱颖而出，形成差异化竞争优势。

4.3.2 装修店铺首页

微课视频：

装修店铺首页

有品质的店铺首页装修可以给消费者留下良好的印象，帮助店铺从众多竞争对手中脱颖而出，并提高店铺转化率。为了帮助商家更好地装修店铺，拼多多为不同行业的商家提供了不同风格的装修模板，如水果类店铺模板，农产品商家可以根据自身需求进行选择。拼多多还规定，新手商家要订购装修模板后才能开通装修功能，因此商家首先需要选择一款合适的模板，再在模板的基础上进行编辑，完成店铺的装修。为“春成水果店”装修店铺首页的具体操作如下。

① 进入拼多多商家后台，在左侧的“店铺营销”栏中单击“店铺装修”超链接，打开“店铺装修”页面，将显示系统推荐的装修模板，单击所选模板下方的“立即试用”按钮，打开图4-22所示的页面，选择需要的装修周期，这里选择“3天免费试用”选项，单击“立即订购”按钮。

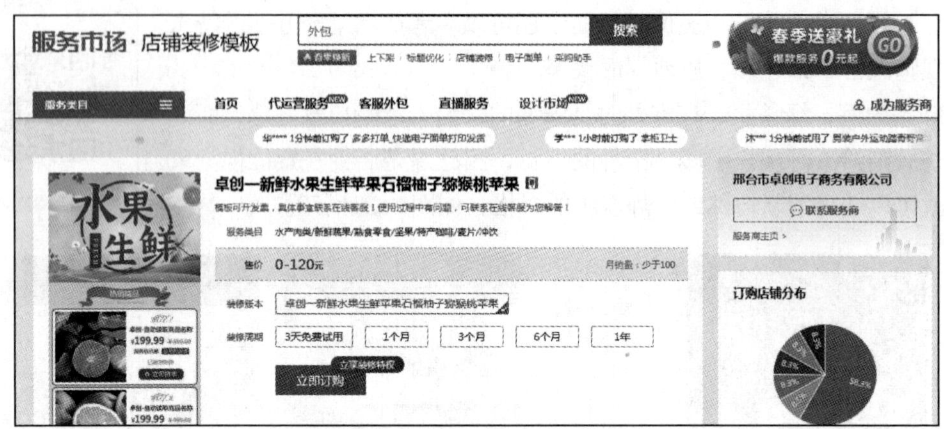

图4-22　订购装修模板的页面

② 在打开的页面中单击“提交订单”按钮，即可成功订购该模板，页面中将显示“购买成功”字样，如图4-23所示，单击下方的“去编辑”按钮。

图4-23　购买成功

③ 打开店铺装修页面，此时页面中间区域将显示已订购模板的预览效果，商家可以根据实际情况对模板进行编辑，包括添加或删除组件、更换组件中的图片等。这里选择“大家都在拼”组件，单击该组件右侧的“删除”按钮，在打开的对话框中单击“确认”按钮，删除该组件，如图4-24所示。

图4-24　删除组件

④ 选择导航栏下方的“一行一张”组件，将鼠标指针移动至右侧组件编辑区的“图片1”编辑框中，单击出现的“更换图片”按钮，如图4-25所示。在打开的“图片空间”对话框中，单击右上角的“本地上传”按钮，打开“选择文件”对话框，单击“选择图片”按钮，在打开的“打开”对话框中选择需要上传的图片，单击“打开”按钮，返回“图片空间”对话框，即可看到系统正在上传图片，完成后单击“确认”按钮即可。

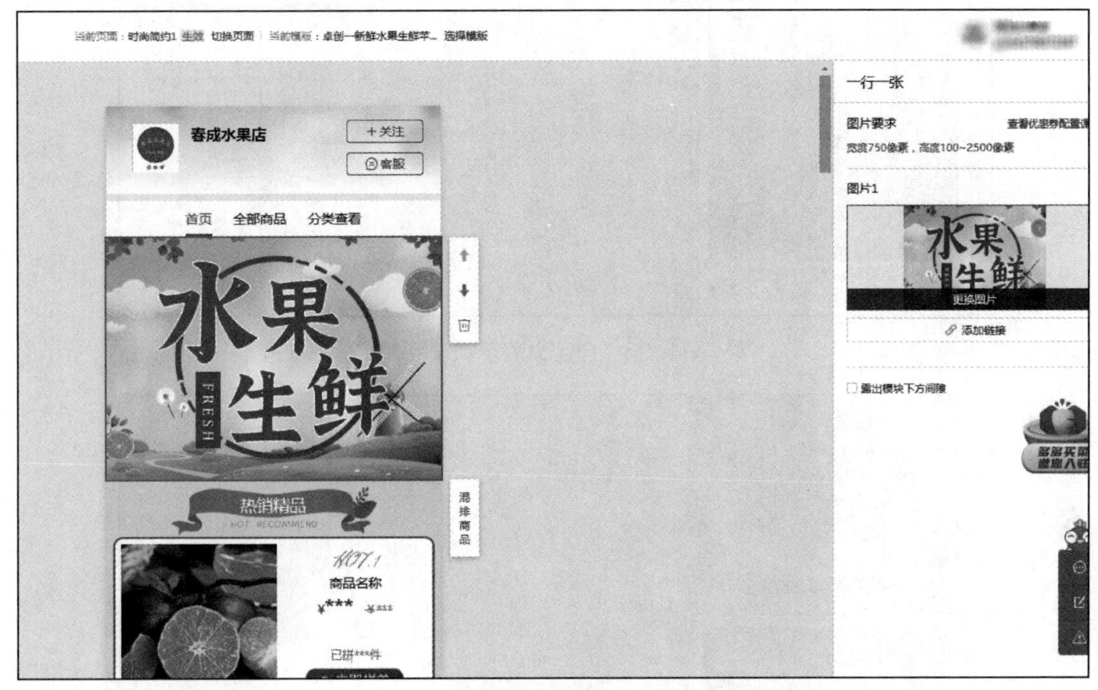

图4-25　单击“更换图片”按钮

⑤ 返回店铺装修页面，单击右侧组件编辑区的“图片1”编辑框下方的“添加链接”按钮，打开“选择链接”对话框，选择对应的农产品链接，单击“确定”按钮。

⑥ 选择“混排商品”组件，将鼠标指针移动到右侧组件编辑区的“模板样式”编辑框中，单击出现的“更换模板样式”按钮，打开“混排商品样式”对话框，选择需要的样式，单击“确定”按钮。

⑦ 返回店铺装修页面，单击右侧组件编辑区中“展示商品”栏下的“商品1”编辑框，打开“通过商品选图”对话框，选择需要展示的农产品，单击“确定”按钮即可自定义该组件中展示的农产品，效果如图4-26所示。按照相同的方法自定义该组件中其他的农产品。

⑧ 在右侧组件编辑区的“文本1”文本框中将“热门推荐”文本修改为“当季热卖”，单击“颜色”编辑框，在打开的下拉列表中拉动滑块，选择需要的颜色，如图4-27所示。

⑨ 将鼠标指针移到左侧“图片组件”栏下的“轮播图片”组件上，当鼠标指针呈✥形状时，拖动该组件到页面中间预览区的适当位置，这里将该组件放置到“一行一张”组件下方，然后单击右侧组件编辑区的“图片1”编辑框，如图4-28所示。

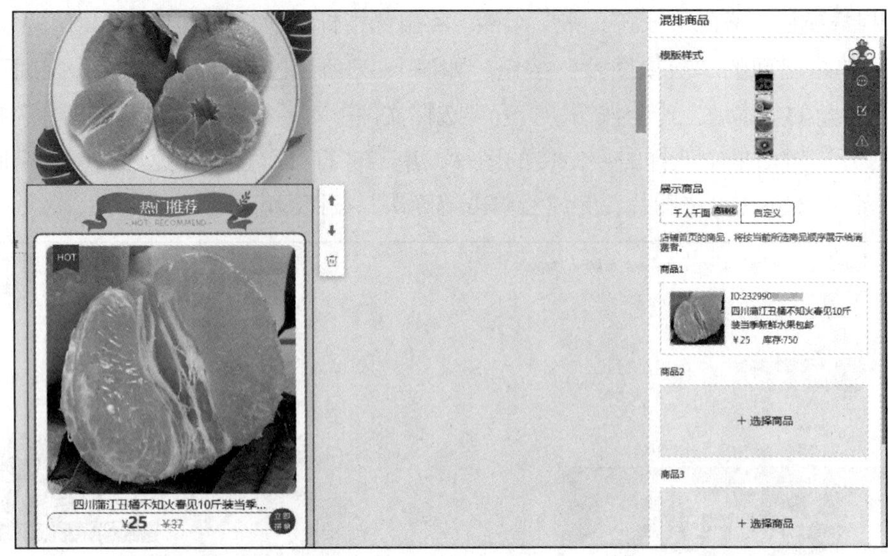

图4-26　自定义展示农产品

图4-27　修改文本内容和颜色

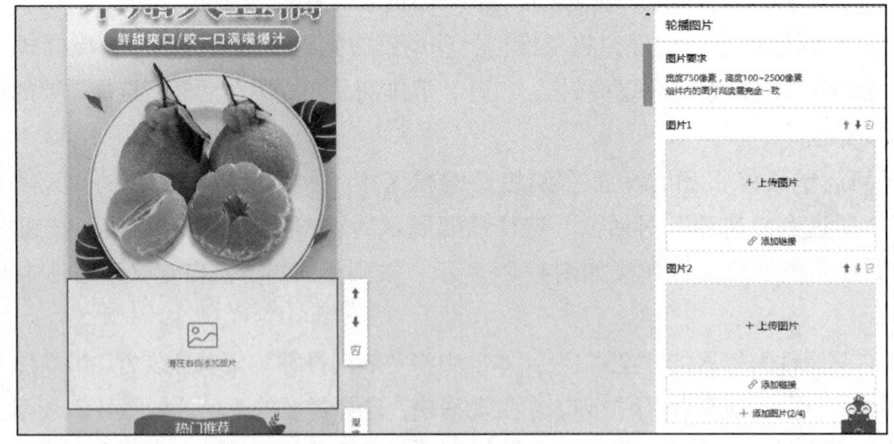

图4-28　添加组件

⑩ 在打开的“图片空间”对话框中，选择需要展示的图片，单击“确认”按钮，返回店铺装修页面，即可查看预览效果，如图4-29所示。按照之前介绍的方法，分别添加“图片1”“图片2”的链接。

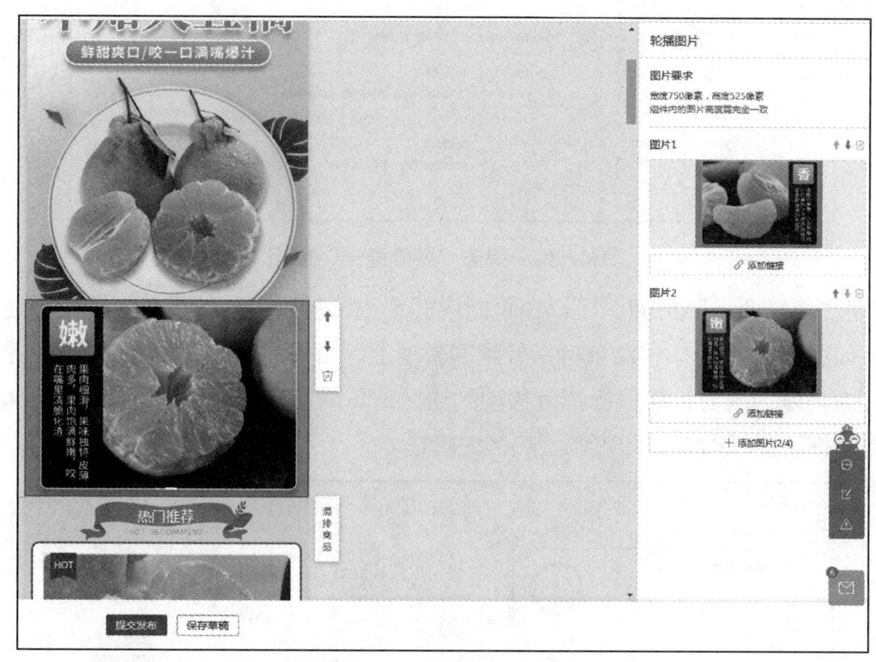

图4-29　轮播图片效果预览

⑪ 单击页面中间预览区域中“轮播图片”组件中的“上移”按钮，将该组件上移至“一行一张”组件上方。

高清大图：

店铺首页装修效果

⑫ 按照相同的方法继续添加或删除组件，更换图片或自定义农产品等操作，完成后单击“提交发布”按钮，即可完成店铺首页的装修。

知识补充

除了图片组件，拼多多还提供了营销组件。报名参加平台营销活动的商家可以添加营销组件，展示活动农产品。

4.3.3　装修农产品详情页

微课视频：

装修农产品详情页

农产品详情页装修是拼多多新推出的功能，商家可以使用该功能在详情页添加更加丰富的文本内容，以及农产品链接，也让整个详情页更美观，元素更丰富，有助于转化率的提升。在拼多多商家后台中为“春成水果店”的一款丑橘进行详情页的装修，具体操作如下。

① 进入拼多多商家后台，在左侧的“常用功能”栏中单击“发布新商品”超链接，在打开的页面中选择分类后进入“发布新商品”页面，在“商品详情”栏中单击“装修商详”按钮，如图4-30所示。

② 打开“装修商详”页面，可以看到页面左侧为组件选择区，包含图文类组件、高级组件等。与装修店铺首页中的操作类似，可以通过直接拖动需要的组件至页面中间的预览区来添加组件，这里添加“图文类”栏下的“热区图片”组件，系统将自动打开“图片空间”对话框，选择需要的图片，单击“确认”按钮。

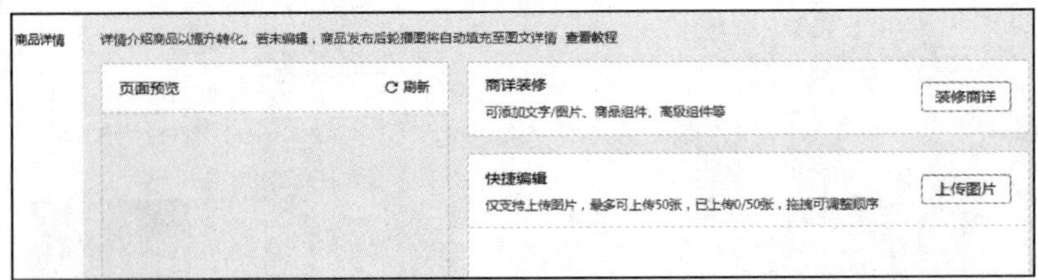

图4-30 单击“装修商详”按钮

③ 返回“装修商详”页面，可以在页面中间预览区看到上传的图片，图片中还有一个热区编辑框，如图4-31所示。移动鼠标指针到编辑框上，当鼠标指针变为✥形状时，拖动鼠标即可移动热区编辑框。同时，将鼠标指针移动到热区编辑框左上角，当鼠标指针变为↘形状时，向左上或右下拖动鼠标指针，即可调整热区编辑框。

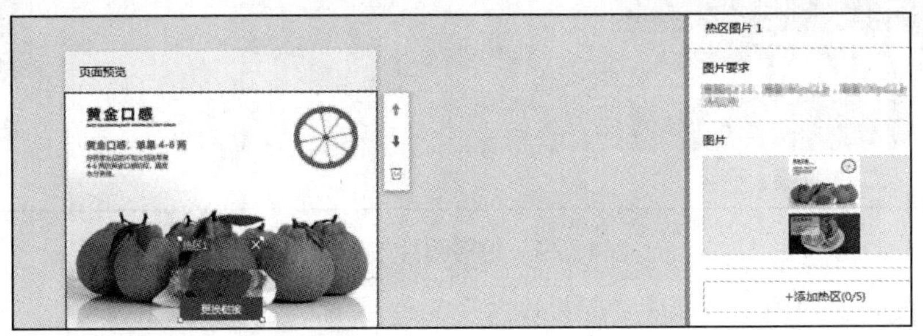

图4-31 预览热区图片

知识补充

热区就是图片中可点击跳转的局部区域，含有热区的图片可以让消费者通过点击热区跳转到其他对应产品的购买页。一张图片最多可以添加5个热区。

④ 单击右侧组件编辑区中“热区1”栏的“添加链接”按钮，打开“选择链接”对话框，选择对应的产品链接，如图4-32所示，单击“确定”按钮关闭对话框。

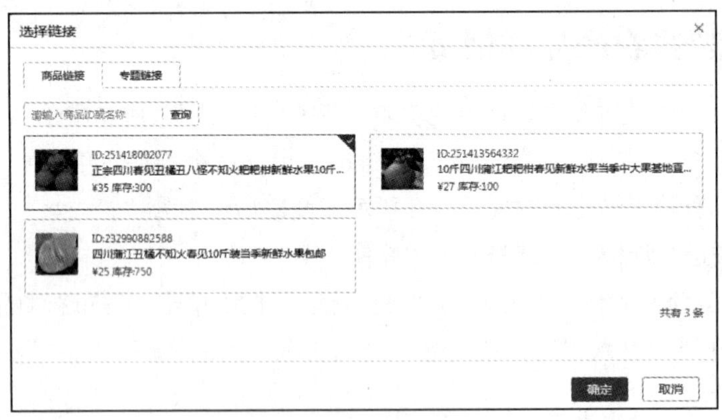

图4-32 选择链接

⑤ 继续添加“图文类”栏下的“文本”组件，在右侧组件编辑区的“文本内容”文本框中输入需要添加的文本内容，然后分别设置文本的字体、颜色、大小、对齐方式、背景颜色等，如图4-33所示。

⑥ 添加“高级组件”栏下方的“产品细节”组件，在右侧组件编辑区中更换图片、添加品牌介绍文本，并设置文本格式，效果如图4-34所示。

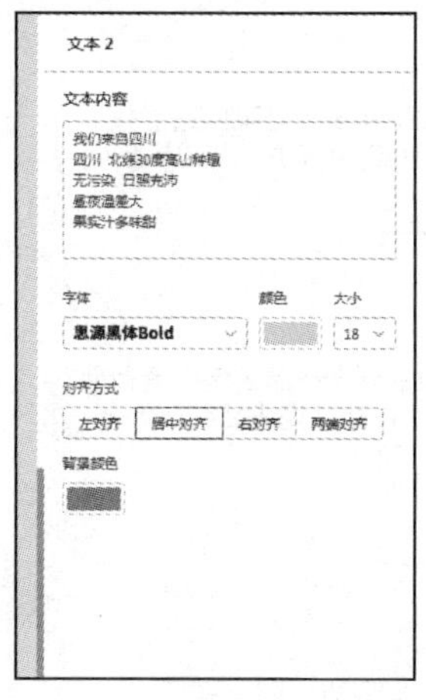

图4-33 添加并设置文本

图4-34 设置后的效果

⑦ 按照相同的方法添加其他组件，完成后单击页面下方的“保存”按钮，在打开的对话框中单击“确认提交”按钮即可。返回“发布新商品”页面，可以在“商品详情”板块的“页面预览”区域中看到刚刚装修好的详情页。

知识补充

如果操作后不满意装修效果，需要重新装修，可以单击页面下方的“清空”按钮，在打开的对话框中单击“确认”按钮，就可以清空所有当前已经编辑的详情装修内容。

高清大图:

详情页装修效果

4.4 拼多多平台付费推广

在竞争日益激烈的拼多多平台中，商家要想长期生存并发展壮大，需要想方设法地使用各种推广手段引进流量、促进成交量。有时为了获得更直接、快速、明显的推广效果，商家会支付一定的费用进行推广。例如，商家可以利用多多场景快速为店铺或农产品引入较多的流量，从而带来可观的成交量，帮助店铺建立竞争优势。

4.4.1 多多进宝

多多进宝是拼多多推出的一款推广工具，与淘宝的淘宝客类似。多多进宝是一款零门槛的推广工具，对店铺的销量没有要求，尤其适合销量较低的商家用来快速积累销量。

1. 多多进宝概述

商家开通多多进宝，可以为自家产品设定佣金比率和优惠券，吸引推手（其职责是帮助商家推广产品或店铺）帮助商家销售产品，以获得站外流量。推手在多多进宝官网中寻找到自己想要推广的产品或店铺后可以参与推广，将产品链接分享给消费者。消费者通过产品链接领取优惠券并购买产品后，商家需要支付推手一定的佣金提成，图4-35所示为多多进宝的运作模式。

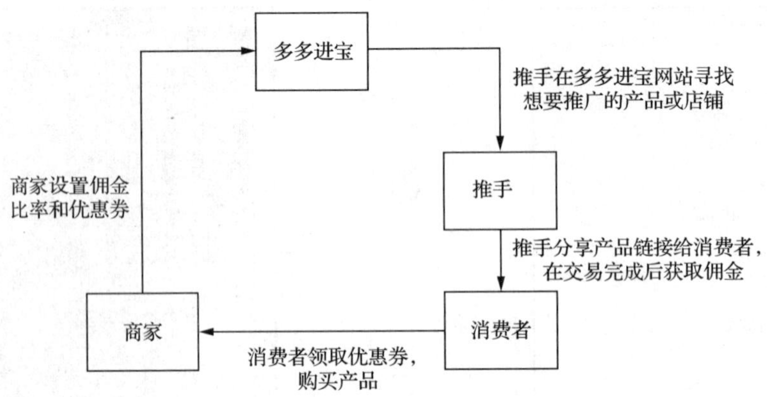

图4-35　多多进宝的运作模式

多多进宝可以针对整个店铺进行统一设置，也可以针对某个产品进行单独设置，因此多多进宝可以分为全店推广和单品推广两种。

（1）全店推广

全店推广是针对店铺设置的推广计划，参与推广的店铺将展示在多多进宝官网以供推手选择推广。设置全店推广，有助于提高商家的推广效率，使商家更容易与推手达成长期的合作。

（2）单品推广

单品推广是针对产品设置的推广计划，设置了单品推广的产品将在多多进宝官网中进行展示，如图4-36所示。单品推广包括通用推广、招商推广、专属推广3种。

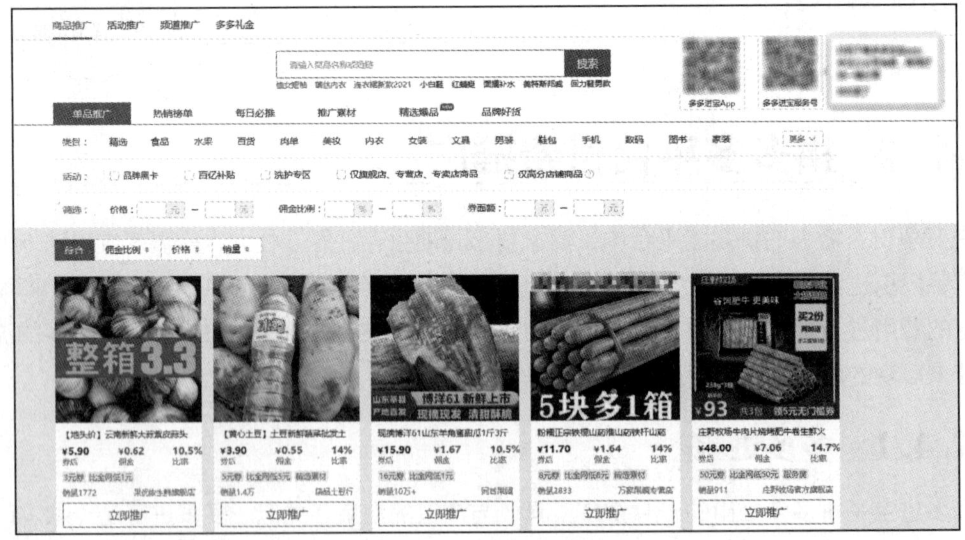

图4-36　单品推广

- **通用推广**。通用推广即将推广中的产品信息（佣金和优惠券信息）向所有推手公开，所有推手都可以选择参与。商家设置通用推广后，推手可以分享产品链接给消费者，消费者点击链接，使用优惠券购买产品后，推手可以获取佣金。

- **招商推广**。招商推广是商家选择招商团长，以一对一的形式制定的短时间爆单推广。商家可以在“推广助力—招商活动广场”页面中寻找合适的招商团长，如图4-37所示，与其沟通好合适的产品价格、优惠券、佣金比率等，然后招商团长再将产品分发给推手进行推广。

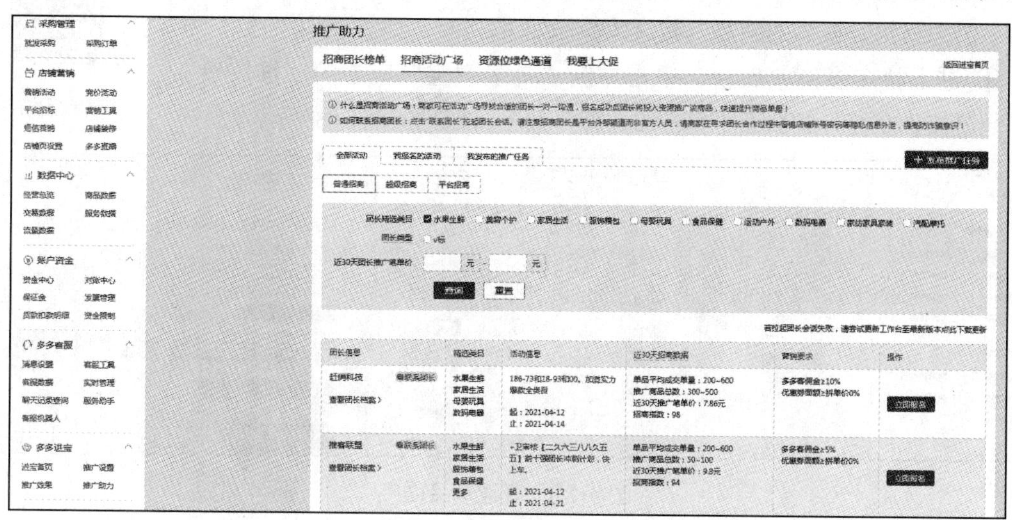

图4-37　寻找招商团长

**知识补充**

> **招商团长是商家与推手之间的桥梁，可帮助商家选择优质产品，召集大量推手资源帮助商家进行推广。对于推手而言，这省去了自行选品推广的时间。**

- **专属推广**。专属推广只对指定的推手开放，商家可与指定推手协商之后创建。在特定情况下，商家需要把控推广节奏和产品销量，避免推广成本过高造成损失，因而需要设定特定的推广目标，或者以独家推广为噱头，与优质推手建立合作关系，达到预想效果。

2. 创建推广计划

在了解了多多进宝的基本知识后，要真正通过多多进宝进行推广，商家还需要掌握创建推广计划的方法。

（1）创建全店推广

创建全店推广的方法很简单，进入拼多多商家后台，单击左侧“多多进宝”栏下的“进宝首页”超链接，在打开页面的文本框中设置全店推广佣金比率（拼多多平台另外收取推广佣金10%的软件服务费），选中“我已阅读并同意《多多进宝协议》”复选框，单击“立即无门槛开通全店推广”按钮即可，如图4-38所示。

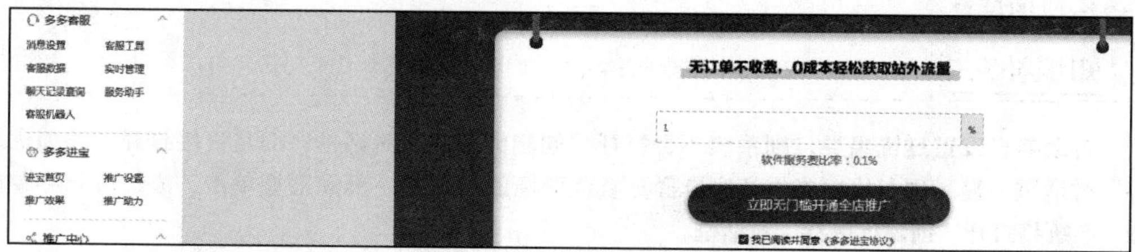

图4-38　开通全店推广

（2）创建单品推广

在创建单品推广时，首先需要创建通用推广，然后继续创建招商推广和专属推广。“春成水果店”想为店铺中的丑橘创建单品推广，就需要借助推手的力量提升丑橘的销量，其具体操作如下。

① 进入拼多多商家后台，单击左侧“多多进宝”栏下的“推广设置”超链接，在打开的页面中单击“立即开通”按钮，如图4-39所示。

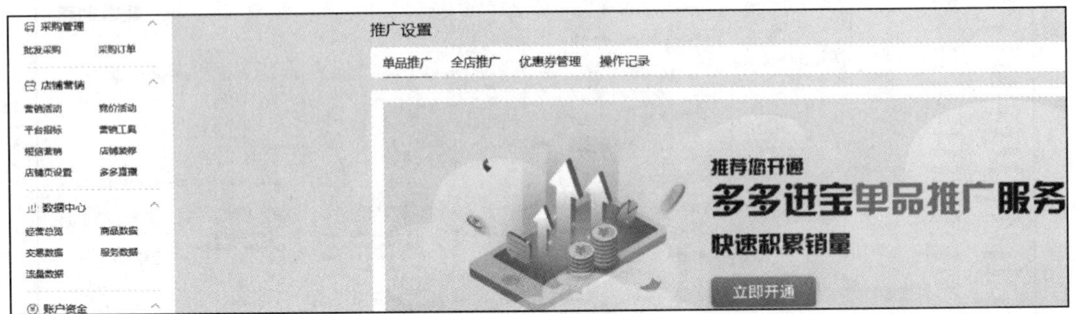

图4-39 开通单品推广

② 在打开的“新建商品推广”页面中选择需要推广的产品，单击“下一步”按钮，如图4-40所示。

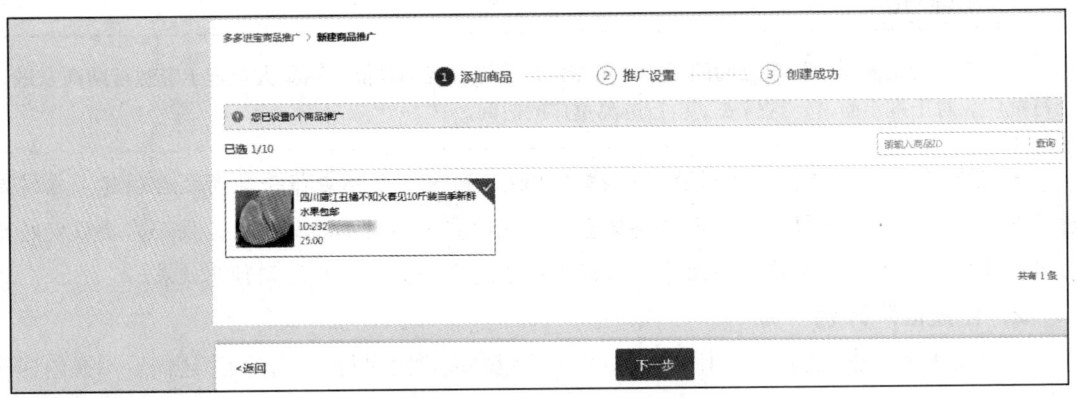

图4-40 选择需要推广的产品

③ 在打开的页面中单击“编辑优惠券”超链接，打开“创建优惠券”对话框，系统已默认设置优惠券相关信息，这里将“面额”修改为“5”元，单击“发布”按钮，如图4-41所示。

④ 在打开的“添加优惠券”对话框中选择创建的优惠券，如图4-42所示，单击“确认”按钮关闭对话框。

知识补充

若之前已设置过优惠券，则系统不会打开“创建优惠券”对话框，而是直接打开“添加优惠券”对话框，显示现有优惠券供商家选择。要创建新的优惠券，商家需要单击“添加优惠券”按钮，系统将打开“创建优惠券”对话框。

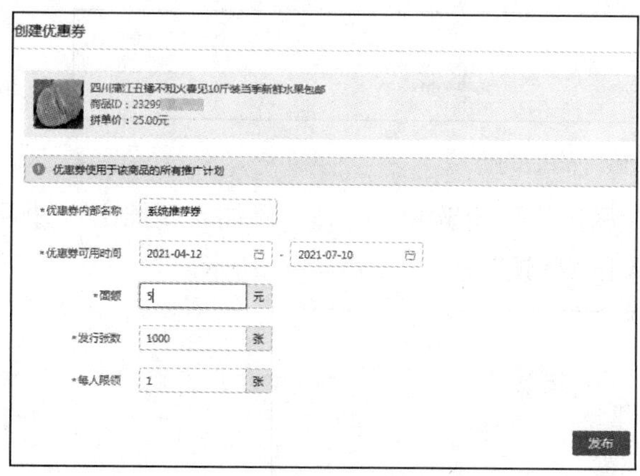

图4-41　创建优惠券

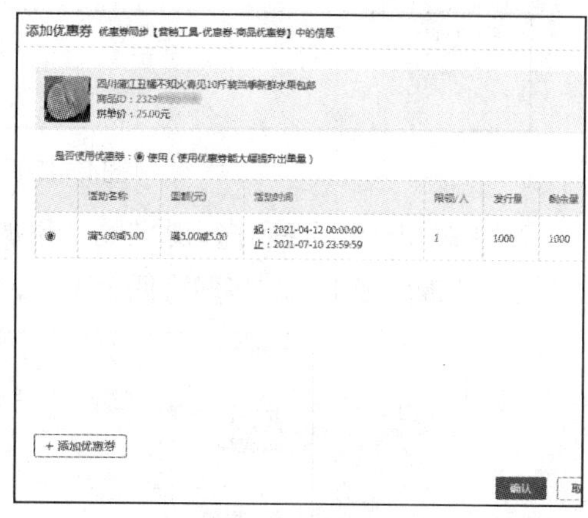

图4-42　选择优惠券

⑤ 返回“新建商品推广”页面，系统已默认设置基础佣金比率，商家可以自行修改，然后单击“确认”按钮。在打开的页面中将显示“创建成功”字样，表明单品推广创建成功。单击页面左侧“多多进宝”栏下的“推广设置”超链接，在打开的页面中可以看到之前设置了单品推广的产品，单击产品所在行对应的“添加招商推广”超链接，如图4-43所示。

图4-43　单击“添加招商推广”超链接

知识补充

单击“编辑佣金比率”超链接，在打开的“编辑基础佣金”对话框中可以修改佣金比率。单击“暂停推广”或“删除推广”超链接，在打开的对话框中单击“确认”按钮，可以设置暂停或删除推广（当日12点前操作，次日零点生效；当日12点后操作，第3天零点生效）。

⑥ 在打开的“添加招商推广”对话框中设置“招商团长ID”（已联系好的招商团长ID）、“团长佣金率”“多多客佣金率”“生效时间”等，如图4-44所示，单击“确认”按钮关闭对话框。返回“推广设置”页面，可看到设置好的招商推广，如图4-45所示。

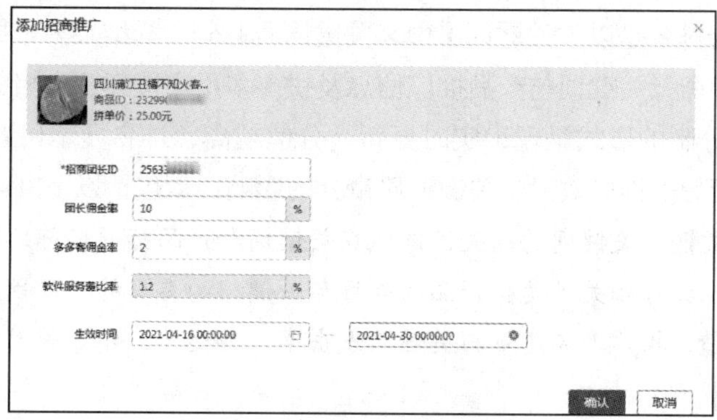

图4-44　添加招商推广

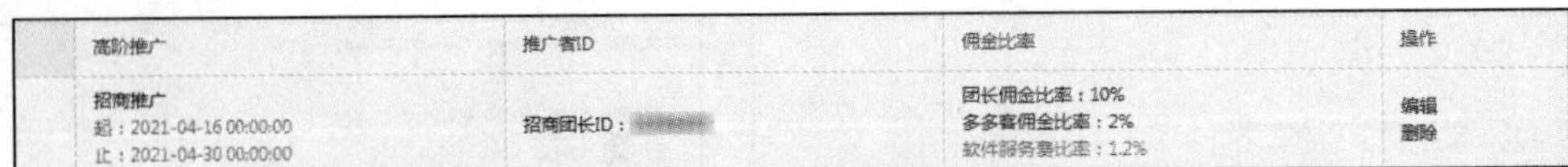

高阶推广	推广者ID	佣金比率	操作
招商推广 起：2021-04-16 00:00:00 止：2021-04-30 00:00:00	招商团长ID：	团长佣金比率：10% 多多客佣金比率：2% 软件服务费比率：1.2%	编辑 删除

图4-45 设置好的招商推广

⑦ 继续单击产品所在行对应的“添加专属推广”超链接，打开“添加专属推广”对话框，设置“推广者ID”“多多客佣金率”，单击“确认”按钮，如图4-46所示。

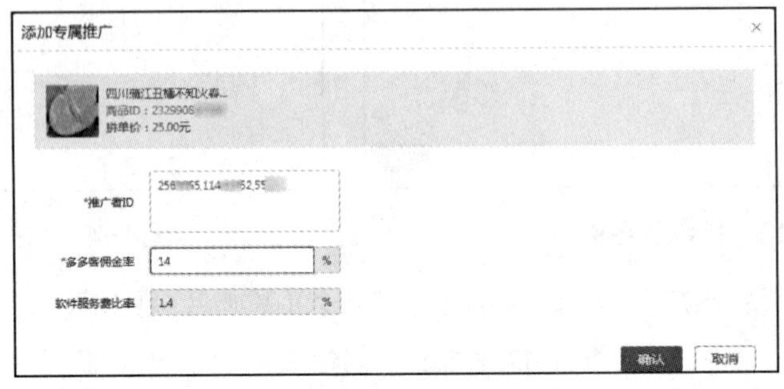

图4-46 添加专属推广

4.4.2 多多搜索

很多消费者习惯在拼多多中通过搜索关键词寻找自己想要的产品，因此搜索结果排序是十分关键的。拼多多在搜索结果页面中安排了付费推广展位，商家要想获得这些展位，就需要使用多多搜索。

1. 多多搜索概述

多多搜索是专门服务于拼多多商家的推广工具，通过关键词竞价获得排名，按点击扣费。商家可以通过多多搜索让产品在搜索结果中的排名靠前，获得更多在消费者面前展示的机会，从而为产品和店铺引流，提升店铺销量及交易额。

高清大图：

多多搜索展位

（1）展示渠道和展示位置

多多搜索的展示渠道包括拼多多的手机客户端、微信小程序、H5商城。展示位置为搜索结果页面的第1,7,13,19,…,（$1+6n$）个位置，即每隔6个产品有一个广告位。参与多多搜索的产品右下角会有“广告”字样。

（2）排名规则

多多搜索的综合排名是以“关键词出价×关键词质量分”的结果为依据的。其中，关键词质量分是多多搜索中衡量关键词与产品推广信息及拼多多用户搜索意向相关性的综合性指标。关键词质量分以10分制的形式呈现，实时更新，分值越高，排名展示位置越靠前，从而获得更可观的流量和更理想的推广效果。关键词质量分的影响因素包括以下3项。

- **关键词的相关性**。关键词的相关性体现在关键词和产品标题相符的程度上。
- **类目相关性**。类目相关性是指产品的类目与关键词的类目的一致性。
- **推广产品质量**。推广产品质量与关键词点击率、转化率、销量等因素有关。

（3）计费规则

多多搜索按单次点击计费（虚假点击将被系统反作弊体系过滤，不扣费）。单次点击扣费=下一名出价×下一名的质量分/自己的质量分+0.01。根据排名规则，商家如果想让排名靠前，可以提升关键词出价或关键词质量分。关键词质量分越高，商家所支付的费用越低，推广产品的展示排名也会随着关键词质量分的提高而提升。

（4）多多搜索的优势

作为拼多多的主要推广工具之一，多多搜索具有以下4个优势。

- **高效精准**。多多搜索支持不同时间自动调整出价，让流量高峰期、低谷期出价更精准。
- **低成本**。多多搜索按点击收费，没有点击量不收费。
- **高转化**。多多搜索支持不同类型的人群定向，帮助商家获取更加精准的流量。
- **智能分析**。多多搜索的产品诊断功能可以提供智能分析，帮助商家优化相关数据。

2. 创建推广计划

商家可以创建多多搜索推广计划为产品引流，创建计划时需要选择推广方案、设置分时折扣（以实现高峰时段高出价，低谷时段低出价）、添加产品、设置关键词出价（以提升排名）与人群出价（确保覆盖精准人群，实现精准引流）、添加智能创意，其具体操作如下。

微课视频：

创建推广计划

① 进入拼多多商家后台，单击左侧“推广中心”栏下的“推广概况”超链接，打开“拼多多营销平台”页面，商家未缴纳保证金的，需要缴纳保证金才可以开通推广。单击“缴纳保证金”按钮，在打开的页面中确认充值金额后，单击“确认”按钮，如图4-47所示，然后按照系统提示选择支付方式缴纳保证金即可。

图4-47 确认充值金额

② 在打开的页面中单击“开启推广”按钮，如图4-48所示，即可完成推广开户。

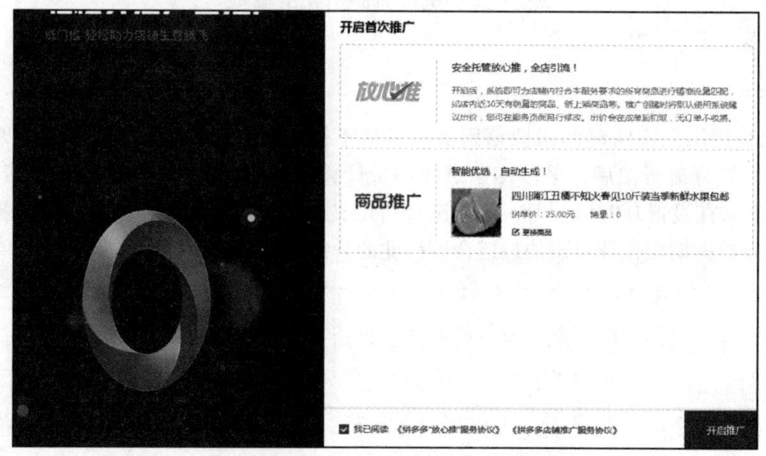

图4-48 单击“开启推广”按钮

③ 在打开的页面中单击“新建推广计划”按钮，在打开的下拉列表中选择“搜索推广”选项，如图4-49所示。

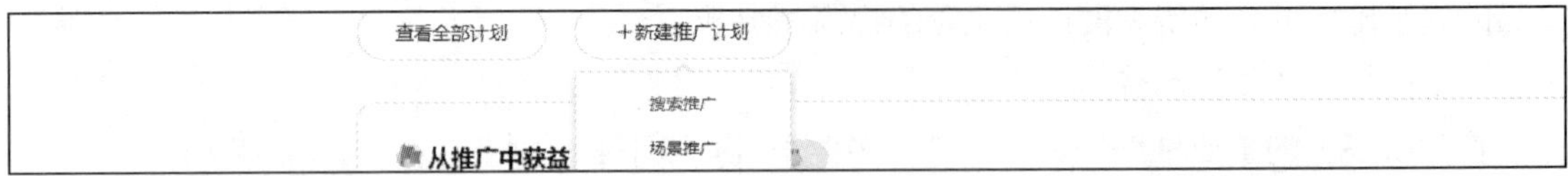

图4-49　新建推广计划

④ 打开的页面中默认选择“自定义推广”推广方案，单击“分时折扣”栏下的“修改”按钮，在打开窗格的左侧列表中选择分时投放策略，这里选择“水产肉类/新鲜蔬果/熟食”选项，单击“应用”按钮，在打开的对话框中单击“确定”按钮，如图4-50所示。

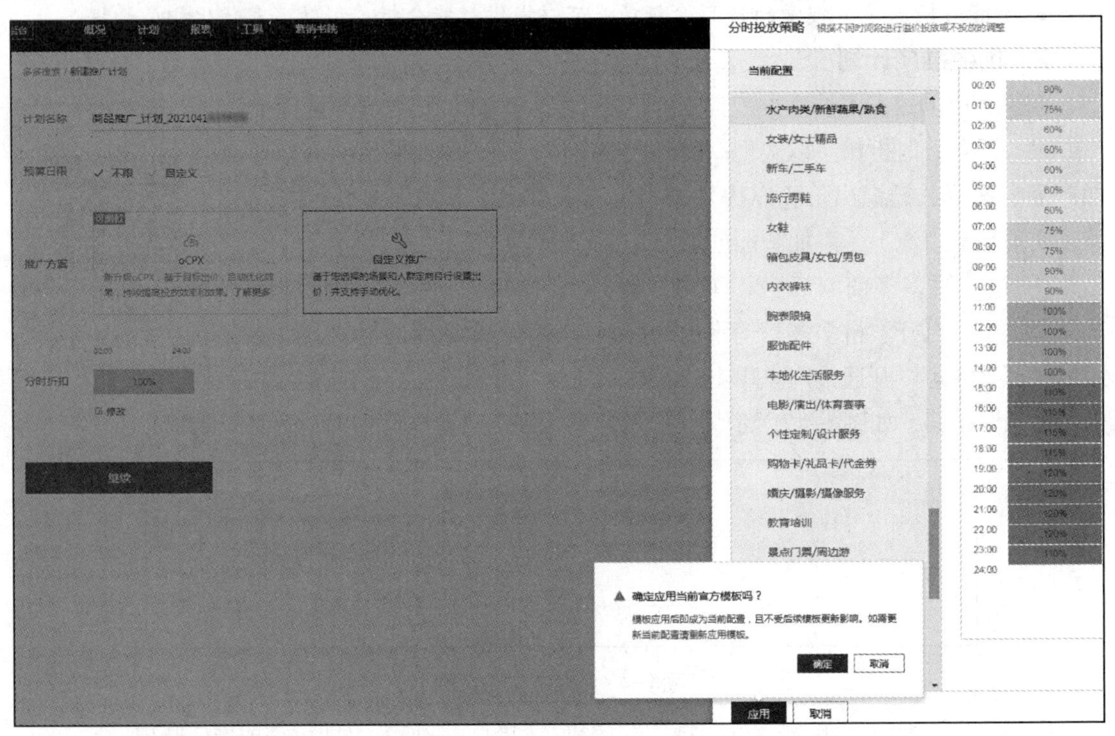

图4-50　选择分时折扣的模板

知识补充

分时折扣是指根据不同时间段调整出价，包括不投放、100%出价、高于100%出价、低于100%出价。设置分时折扣后，多多搜索最终出价计算公式为“关键词出价×分时折扣（50%~300%）”。商家在设置分时折扣时，可以选择自定义模板和官方模板。其中，官方模板是根据不同行业的流量及数据情况，计算出的最适合该行业的分时投放设置。

⑤ 返回新建推广计划的页面，可看到“分时折扣”栏中已经显示了不同时段的折扣，单击“继续”按钮，在打开页面中的“推广单元”栏下单击“推广商品”旁的“添加”按钮，在打开的窗格中选择需要推广的产品，如图4-51所示，单击“确认”按钮关闭窗格。

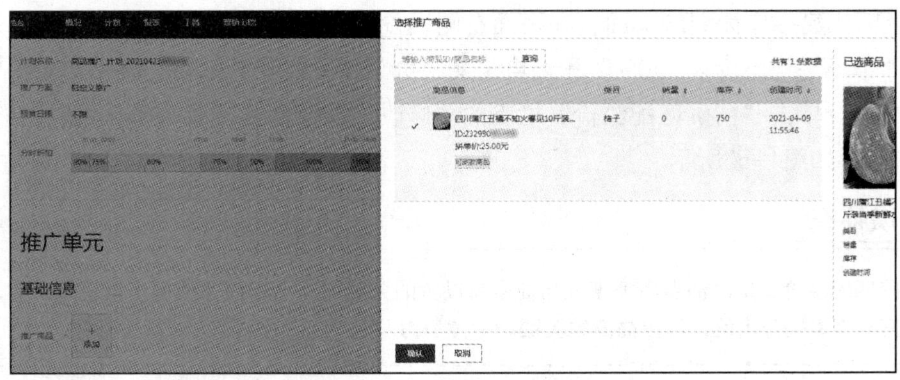

图4-51　选择需要推广的产品

知识补充

商家最好不要任意选择一款产品作为推广产品，应当多选择几款较受欢迎的产品，分别为其创建推广计划，观察各产品的数据表现，选择数据较好的产品进行正式推广。

⑥ 返回新建推广计划的页面，在“关键词及人群”栏中设置关键词出价，这里保持系统默认选中的“智能词包”和“流量拓展包”单选项及其出价，同时“自定义关键词”栏中会显示系统已经添加的关键词，单击“添加关键词”按钮，在打开的窗格中根据相关性、搜索热度、竞争强度、点击率等选择关键词，完成后单击“确认”按钮，如图4-52所示。

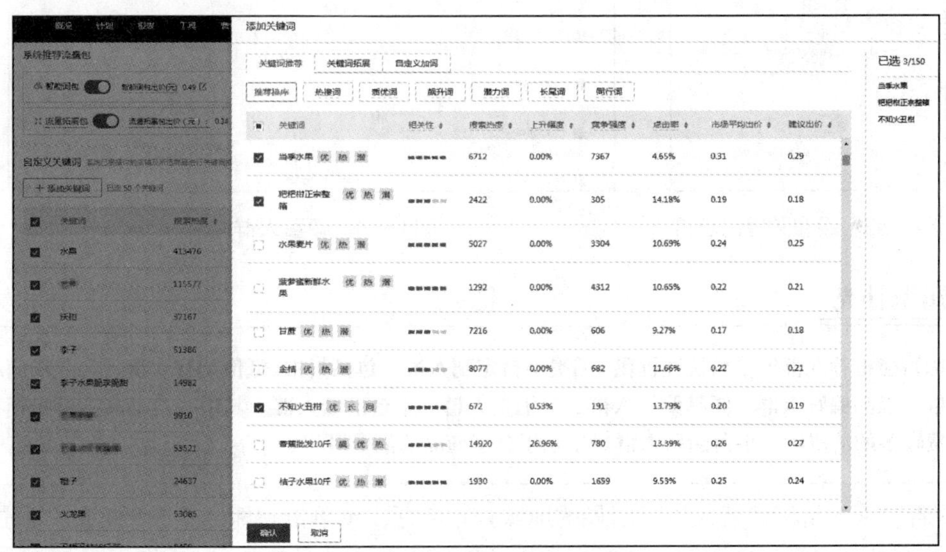

图4-52　选择关键词

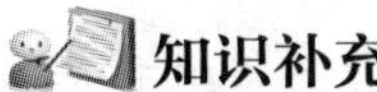

知识补充

很多商家会自选关键词进行推广，但获得的曝光较少，点击转化率也较低，为了帮助商家解决这一问题，多多搜索推出智能词包功能。该功能可凭借平台上的海量数据自动匹配拓展优质关键词，同时可根据流量实时预估转化率，自动优化出价，帮助商家获取更多优质流量。系统还会根据相关数据的表现更新智能词包中的关键词。

⑦ 返回新建推广计划的页面，在页面右侧设置关键词出价，系统提供了“建议出价×100%”“市场平均出价×100%”和“自定义出价”3种出价方式，这里默认选择“建议出价×100%”。单击“精确匹配溢价”栏下的“修改”按钮，设置溢价比例，这里设置为“10.00%”，如图4-53所示。

知识补充

精确匹配溢价，是当消费者搜索词与商家所设置的关键词完全相同（或属于同义词）时，针对此部分搜索流量提升出价，以提高商家关键词的竞争力。

⑧ 接着设置人群溢价。系统会结合商家的店铺产品特性，挑选不同类型的智能推荐人群，包括商品潜力人群、相似商品定向、访客重定向、相似店铺定向、叶子类目定向，商家可针对不同人群分别设置溢价比例，如图4-54所示。其中，商品潜力人群是指浏览、收藏或购买过商家商品的消费者；相似商品定向是指浏览、收藏或购买过相似商品的消费者；访客重定向是指浏览或购买过商家店内商品的消费者；相似店铺定向是指近期对商家店铺的相似店铺感兴趣的消费者；叶子类目定向是指近期有推广商品所属叶子类目行为的消费者。

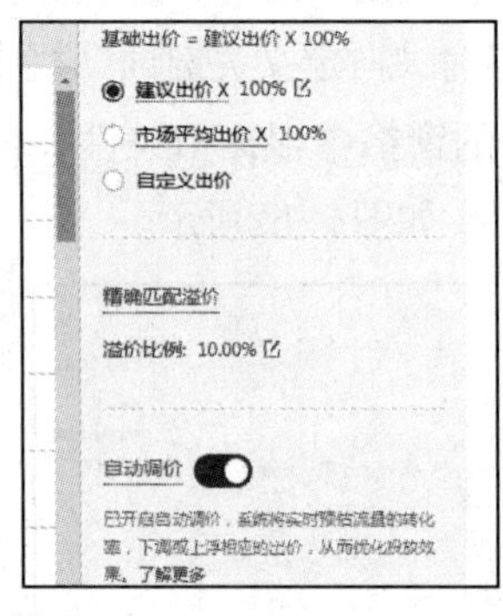

图4-53　设置关键词出价

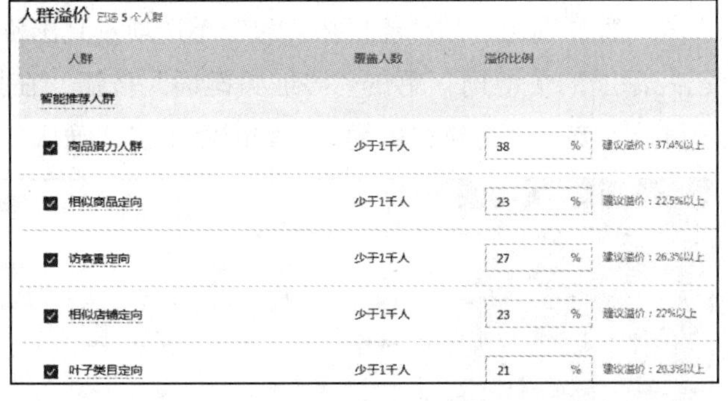

图4-54　设置人群溢价

知识补充

除智能推荐人群外，系统还提供了6类平台定制人群，包括折扣/低价偏好人群、高品质商品偏好人群、爆品偏好人群、新品偏好人群、高消费人群、平台活跃人群。其中，高消费人群是指在平台花费较多的消费者，平台活跃人群是指乐于分享商品的消费者。

⑨ 若商家的目标消费人群有明显的地域分布特征，可单击“地域定向”旁的“添加”按钮，在打开的“添加地域定向人群”窗格中选择相应的地域，单击“确认”按钮，如图4-55所示。

⑩ 接下来设置智能创意。将鼠标指针移动到“智能创意图库”栏中的图片上，单击出现的“编辑创意图库”按钮，打开“修改智能创意”窗格，单击“自定义图片”栏中的“从本地上传”按钮，如图4-56所示，在打开的对话框中单击“下一步”按钮，在打开的“打开”对话框中选择需要上传的图片，单击“打开”按钮，单击“下一步”按钮，在打开的“本地上传图片裁剪”对话框中单击“确认”按钮，如图4-57所示。

图4-55　设置地域定向人群

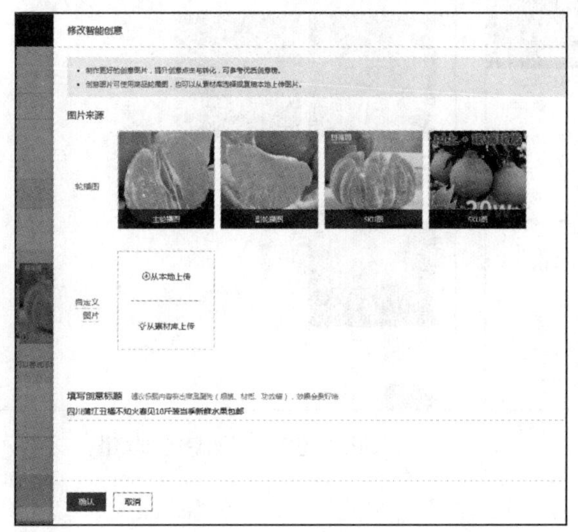

本地上传图片裁剪

确认　取消

图4-56　单击“从本地上传”按钮　　　　图4-57　裁剪图片

⑪ 修改创意标题。这里将创意标题修改为“四川蒲江丑橘不知火春见10千克装当季现摘新鲜超甜多汁特大水果包邮”，然后单击“确认”按钮，如图4-58所示。需要注意的是，创意标题中使用的关键词应与所推广的农产品相匹配，并突出农产品的属性（如口感、新鲜度、尺寸等）。

填写创意标题　建议标题内容突出商品属性（规格、材质、功效等），效果会更好哦

四川蒲江丑橘不知火春见10千克装当季现摘新鲜超甜多汁特大水果包邮　60 / 60

确认　取消

图4-58　修改创意标题

知识补充

智能创意即系统会根据不同消费者的购物偏好，挑选消费者喜爱的图片作为创意，从而提升产品的点击率和转化率。智能创意需要经历一个累计阶段后才会达到较好的效果，因此不建议商家在短期内进行编辑、暂停或删除操作。

⑫ 商家也可以设置静态创意。在“静态创意”栏中，系统已经默认选择静态创意图，商家若不满意，可将鼠标指针移到该图片上，单击右上角出现的“删除”按钮，如图4-59所示，然后单击“静态创意”栏中的“添加图片”按钮，在打开的“添加静态创意”窗格中选中需要的创意图对应的单选按钮，单击“确认”按钮，如图4-60所示。

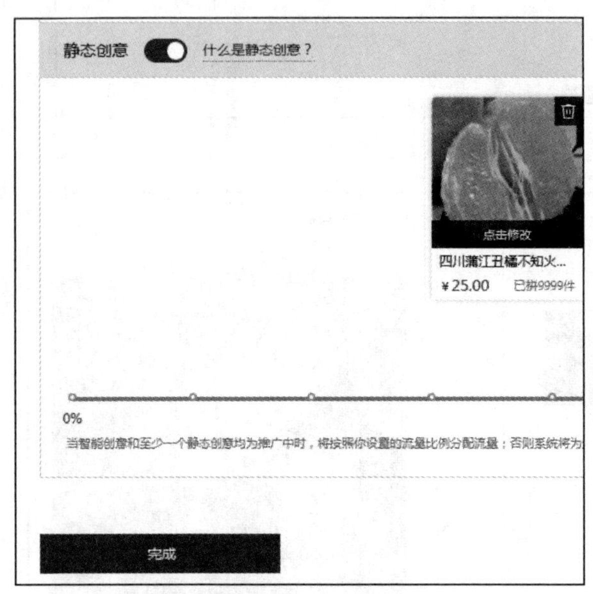

图4-59　删除创意图

图4-60　添加静态创意图

知识补充

静态创意图不会根据消费者的购物偏好发生变化，但当商家设置了多个静态创意图（最多4个）时，这些创意图将随机地展示给消费者。

⑬ 在静态创意图下方的数值轴中设置智能创意和静态创意的流量分配比例，这里将流量分配比例确定为智能创意流量占比70%，静态创意流量占比30%。最后单击“完成”按钮，如图4-61所示。

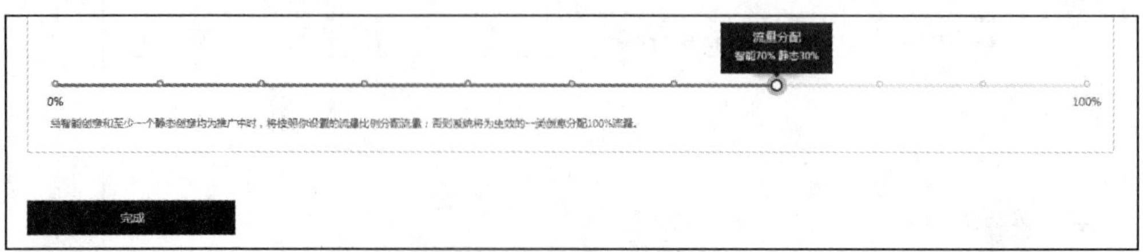

图4-61　设置流量分配比例

⑭ 系统将打开提示对话框，显示“新建完成”字样，单击“查看推广单元”按钮，可查看该推广计划详情，如图4-62所示。

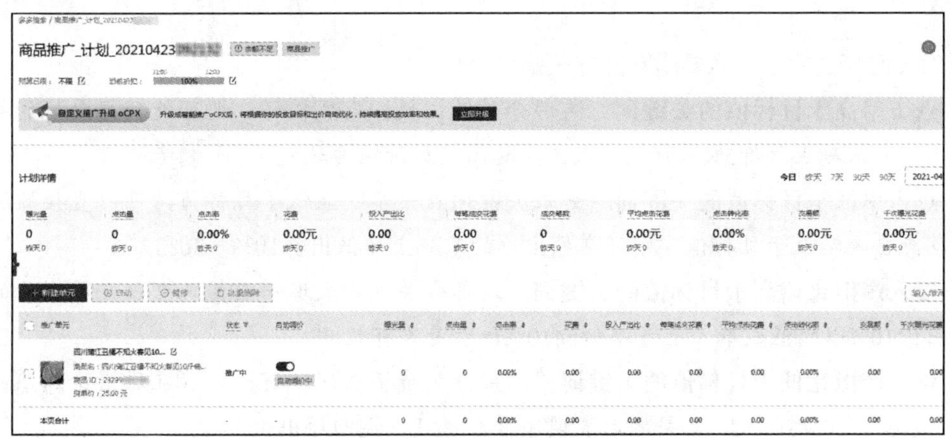

图4-62 查看该推广计划详情

知识补充

除了自定义推广，商家还可以创建智能推广。智能推广基于商家所选择的推广产品，通过前期积累的投放数据自动优化创意，并匹配高品质的精准流量，帮助商家简化操作步骤，提升投放效果。

3. 多多搜索优化

多多搜索的排名主要由关键词出价和质量分决定，因此其优化主要分为两部分，即关键词优化和质量分优化。

（1）关键词优化

商家可以在拼多多商家后台左侧列表中选择“推广中心/推广报表”选项，打开“多多搜索推广报表”页面，如图4-63所示，在“分级详情”板块中单击“需要查看的推广计划的超链接，在打开页面中的“分级详情”板块中单击“关键词”选项卡，即可在打开的页面中查看该推广计划中各关键词的数据情况，包括曝光量、点击量、点击率、花费、投入产出比、每笔成交花费等数据。其中，投入产出比是反映推广效果的核心指标，是投入成本与带来的收益之比，该指标的值越低，说明推广效果越好。

多多搜索推广报表

多多搜索概况

曝光量	点击量	点击率	花费	投入产出比	每笔成交花费	每笔成交金额	成交笔数	平均点击花费	点击转化率
3364	1	0.03%	0.00	0.72	0.00	0.00	0	0.00	0.00 %

趋势对比

按统计项 按日期 请选择需要对比的数据（最多可选择2项）

曝光量 点击量 点击率 花费 投入产出比
每笔成交金额 成交笔数 平均点击花费 点击转化率 交易额
店铺关注量 商品收藏量 询单量

图4-63 多多搜索推广报表

根据各关键词的数据表现，删除曝光量高、点击量低的关键词。对于有一定曝光量和点击量（排除偶然情况）但投入产出比值较高的关键词，可以先观察两天，如果没有好转，则直接将其删除。

删除关键词之后，还需要调整部分关键词出价。

- **点击率高于目标值的关键词**。这部分关键词数据表现较好，还可能获得更好的排名，可在原出价的基础上加价5%～10%，点击率越高，加价幅度越大。
- **点击率低于目标值的关键词**。如果关键词点击率明显低于目标值，可以直接删除；如果关键词点击率略低于目标值，则可在原出价的基础上降低出价10%～30%。
- **投入产出比略高于目标值的关键词**。这部分关键词表现一般，既可以在原出价的基础上降低出价10%以降低成本，也可以加价10%，看是否有效。
- **投入产出比低于目标值的关键词**。这部分关键词表现良好，可以在原出价的基础上加价5%～10%，再观察两天，如果之后表现不佳，也可以调回原出价。

知识补充

目标值是由商家自行设定的，一般可以按照近3天所有关键词的平均值来确定。商家可以在关键词数据报表板块右上角单击“导出报表”按钮，如图4-64所示，将关键词数据导出为Excel文件，利用Excel的求平均值函数计算即可。

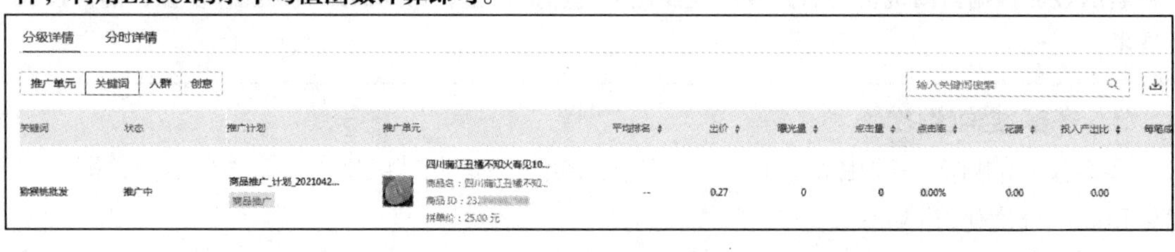

图4-64　导出报表

（2）质量分优化

质量分的影响因素包括关键词的相关性、类目相关性、推广产品质量，因此商家要想提高质量分，可以采取以下措施。

- 提升关键词的相关性，如将关键词加入产品标题。
- 提升类目相关性，如选择推广产品所属三级类目的热搜词作为关键词。
- 提升推广产品质量，如选择有吸引力的创意图（可大量测图后进行选择）以提高点击率，提升产品本身的质量，改善产品口碑，提升产品转化率等。

案　例

刘丽的多多搜索运营心得

作为一个才开店一年的土特产商家，刘丽深知流量对店铺的重要性，因此，她下决心在多多搜索上进行投入，希望通过多多搜索为自家的土特产引流。

刘丽刚开始使用多多搜索时，随意选择了一款蜂蜜产品进行推广，结果发现曝光率很低。总结后，她发现要进行多多搜索推广，首先要测款，也就是多为几款产品创建推广计划，先观察多款产品的数据，再选择最终的推广产品。

于是，刘丽选择了一款很有潜力的土鸡蛋作为推广产品，刚开始推广效果很好，不仅点击量高，销售量也大幅提升，于是她就不再关注这个推广计划了。没想到，这款土鸡蛋后来流量越来越少，转化率也很低。在向别人请教后，刘丽恍然大悟，多多搜索推广并不是简单地将产品添加到推广计划就行了，要想产品有更好的推广效果，要随时关注推广数据并及时优化。之后，刘丽对推广计划进行了优化，及时删除了点击量、转化率很低的关键词，并调高了转化率较高的关键词的出价，很快所推广的土鸡蛋的销量又再上新的台阶。

思考：（1）多多搜索对于刘丽而言有何作用？

（2）多多搜索的优化有何意义？

4.4.3 多多场景

多多场景是除了多多搜索外的另一款付费推广工具，主要通过图片创意吸引消费者点击，从而获取巨大流量。多多场景与多多搜索的不同之处主要在于流量来源，多多搜索的流量是消费者搜索并点击浏览关键词而来的，属于“人找货”；而多多场景则根据消费者的喜好进行产品的精准展现，属于“货找人”。

1. 多多场景概述

多多场景凭借优质资源位，以产品/店铺展示为基础、以精准定向为核心，面向全网的精准流量进行实时竞价。多多场景支持按点击付费（展现不扣费），可以为商家提供精准定向、效果监测等服务，帮助商家实现产品/店铺定向推广。

（1）展示渠道和展示位置

多多场景的展示渠道包括拼多多移动客户端、拼多多H5商城。多多场景的展示位置包括以下4类场景。

- 类目页的第1,7,13,…,（1+6*n*）位，根据消费者消费数据显示个性化结果，如图4-65所示。
- 详情页的第3,9,15,21,27位，根据消费者消费数据显示个性化结果，如图4-66所示。
- 各种营销活动页和优选活动页，不同活动页的具体展示位置不同，根据消费者消费数据显示个性化结果，如图4-67所示。
- 订单评价后跳转页。

（2）排名规则

产品展示排序的影响因素包括广告出价、产品权重等，提高广告出价、产品权重将会使产品展示排名更靠前。而产品权重又与产品的点击率、转化率、销量等因素息息相关。

店铺展示排序的影响因素包括广告出价、店铺权重等，提高广告出价和店铺权重将会使店铺的广告展示排名更靠前。而店铺权重又与店铺DSR评分、销量等因素息息相关。

（3）扣费规则

多多场景的扣费规则为按单次点击扣费（虚假点击将被系统反作弊体系过滤，不计扣费）。计算公式如下。

实际扣费=下一名的出价×下一名产品素材点击率/自己的产品素材点击率+0.01元

图4-65　类目页

图4-66　详情页

图4-67　营销活动页

2. 创建推广计划

商家可以根据店铺的实际情况和推广需求，在拼多多中创建推广计划。首先选择推广类型、设置预算日限（以控制推广成本）、设置分时折扣，然后添加产品、设置资源位（为看好的资源位设置更高的出价以争取好的排名）及人群出价、设置自动调价，最后设置智能创意与静态创意。其具体操作如下。

① 进入拼多多商家后台，单击左侧“推广中心”栏下的“推广概况”超链接，在打开的页面中单击“新建推广计划”按钮，在打开的下拉列表中选择“场景推广”选项。

② 打开新建推广计划的页面，在“推广类型”栏中选择“商品推广”选项，在“预算日限”栏中选择“自定义”选项，在打开的文本框中设置预算日限为100.00元，在“推广方案”栏中选择“自定义出价”选项，在“分时折扣”栏中单击“修改”按钮，如图4-68所示。

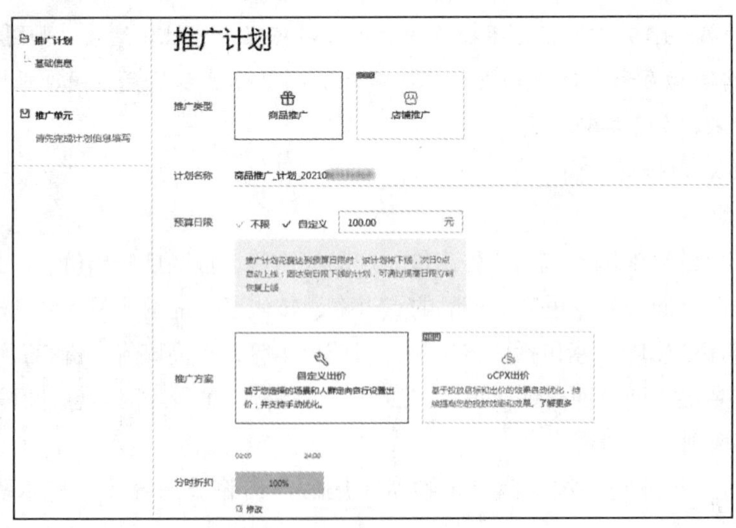

图4-68　单击“修改”按钮

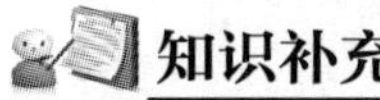

知识补充

商家也可选择“oCPX出价”推广方案。该方案基于商家设置的预期成交出价，系统自动根据平台及产品历史数据累积进行出价优化，精准触达高转化人群，从而在稳定投放效果的同时，提升曝光量及订单量。oCPX出价方案的操作较简单，适合新手商家。

③ 打开“分时投放策略”窗格，在右侧的列表中选择“00:00—08:00”时段，在打开的对话框中的“自定义”文本框中将该时段对应的折扣设置为“80%”，使用相同的方法设置其他时段的折扣，单击“保存为自定义模板”按钮，单击“应用”按钮，如图4-69所示。

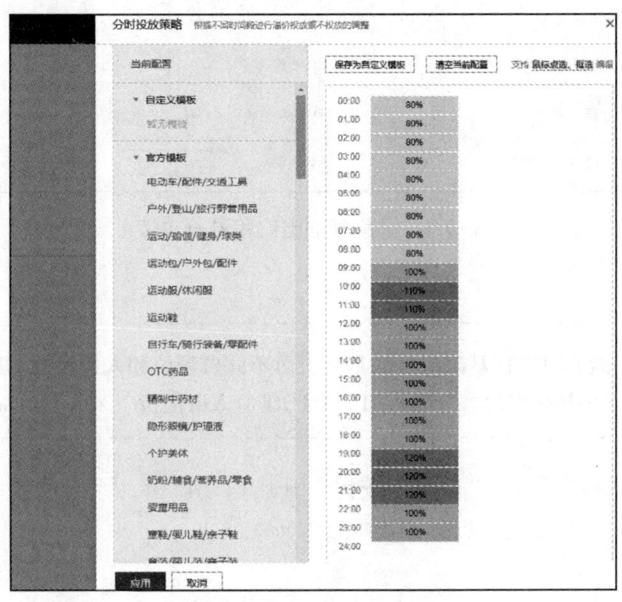

图4-69 设置分时折扣

④ 单击“继续”按钮，在打开页面的“推广单元”栏下单击“推广商品”旁的“添加”按钮，在打开的窗格中选择需要推广的产品，单击“确认”按钮关闭窗格。

⑤ 返回“新建推广计划”页面，在“资源位及人群”板块中可以看到系统已默认设置基础出价为市场平均出价，资源位溢价、人群溢价稍高于市场平均溢价，商家可自行修改，修改后的效果如图4-70所示。

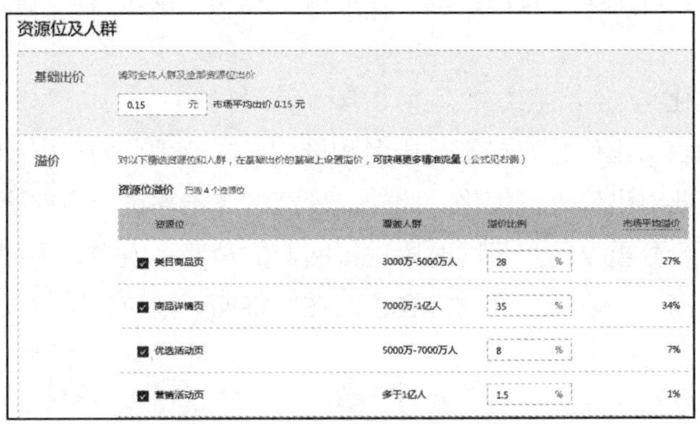

图4-70 设置基础出价和溢价

图4-70　设置基础出价和溢价（续）

知识补充

在多多场景中，商家可以在基础出价的基础上对不同资源位和人群设置对应的溢价，以获得更多精准流量。最终出价=基础出价×分时折扣×（100%+人群溢价）×（100%+资源位溢价）。

⑥ 单击“自动调价”旁的“开启”按钮，开启自动调价，系统将根据流量预估转化率，实时下调或上浮出价，节约推广成本，提升推广效率。

知识补充

自动调价分为两个阶段，即数据累计期、自动调价期，其原理如下：在数据累计期，跟踪交易数据，分析转化概率更高的消费者特征；在自动调价期，系统对高转化概率的流量提高出价（不超出现有价格的1.5倍），对低转化概率的流量降低出价，达到优化推广效率的目的。

⑦ 设置智能创意和静态创意，以及二者间的流量分配比例。此部分操作与多多搜索中新建推广计划基本一致，这里不再赘述。最后，单击“完成”按钮，系统将打开提示对话框，显示“新建完成”字样。

3. 多多场景优化

对于多多场景而言，出价会直接影响排名和推广成本，因此为了以相对更低的成本获取更好的推广效果，有必要对出价进行优化。此外，创意的点击率也会直接影响多多场景的推广效果，因此其优化也是十分重要的。不同时段进行网购的消费者人数是不同的，高峰期应该加大投放力度（即出价更高），争取更好的排名；而在低谷期，则应该减少投放，以节约成本。因此，商家还有必要优化分时折扣。

（1）资源位出价优化

商家可以进入“多多搜索推广报表”页面，单击页面上方的“场景推广”选项卡，打开

“多多场景推广报表”页面，在“分级详情”板块中单击需要查看推广计划的超链接，在打开的页面中单击右上角的“7天”按钮，查看近7天的数据，然后在“分级详情”板块中单击“资源位”选项卡，查看各资源位的数据表现情况。按花费进行倒序排序，按花费由多到少的顺序依次优化。对于点击率和投入产出比高的资源位，调高出价溢价。对于点击率和投入产出比低的资源位，调低出价溢价。

（2）创意优化

创意是多多场景在广告位上的展现形式。创意优化包括创意图优化和创意标题优化两个部分。

- **创意图优化**。创意图应清晰地展现产品主体，尽量减少水印。前期，商家可以多准备几张创意图，分别使用不同的创意图进行测试（测试时将智能创意的流量分配比例设置为0，静态创意的流量分配比例设置为100%），观察其数据表现情况，然后选择点击率高的创意图作为正式的创意图。
- **创意标题优化**。创意标题应尽量突出农产品的属性，如规格、材质、功效等，同时可以添加一些热门词。具体优化思路可以参考4.6.2小节中优化产品标题的相关内容。

（3）分时折扣优化

刚开始时，商家可以将全部时段的分时折扣都设置为100%，然后观察每日的成交曲线，针对交易量大的时间段，应调增折扣比例；针对交易量低或没有交易量的时段，则调减折扣比例，或者干脆不投放。例如，进行多多场景推广后，21:00—22:30时段属于高峰时段，可以调高折扣比例，如150%；12:00—14:00时段交易量较少，可以调低折扣比例，如95%；0:00—8:00时段没有交易量，直接不投放。

4.5 拼多多平台活动推广

除了多多搜索、多多场景等付费工具，拼多多还提供了很多活动，这些活动对店铺营销有着非常大的意义。不同活动具有的特点不同，商家可以选择合适且满足报名条件的活动进行报名。

4.5.1 了解平台活动

广义的拼多多活动包括平台活动和店铺活动。其中，平台活动包括营销活动、社交活动（如多多果园等）、类目活动（如家装节活动等），店铺活动是指利用营销工具（如设置优惠券等）在店铺内开展的活动。本节主要介绍平台活动中的营销活动，如“9块9特卖”活动和“领券中心”活动。

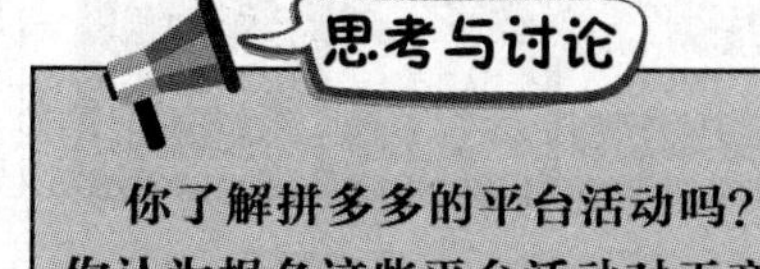

你了解拼多多的平台活动吗？你认为报名这些平台活动对于商家有何意义？

1. “9块9特卖”活动

“9块9特卖”频道位于拼多多App首页，很容易被消费者看到，拥有很高的转化率。“9块9特卖”活动中有4类资源位，分别是5折抢翻天、产地直销、临期清仓和大商品池。

（1）5折抢翻天

5折抢翻天占据了“9块9特卖”频道首屏位置，如图4-71所示。相比其他资源位，5折抢翻天对店铺和产品历史销量没有要求，非常适合新品快速冲量。该资源位每日有17个场次，每场安排8～10个产品，根据产品的实时订单转化率排序，报名需要缴纳5000元活动保证金。

（2）产地直销

产地直销位于“9块9特卖”频道第二屏位置，如图4-72所示，定位为精选产地优质好货，其中的产品会被打上“××产地直销”的标签，以强调产品品质、价格方面的优势，因此该资源位尤其适合农产品。产地直销资源位要求报名店铺或产品符合优质源头好货的营销卖点，能提供与“产地直销”主题相关推广素材及助农、农园直采等趣味性的营销内容。

（3）临期清仓

临期清仓是拼多多上唯一的食品清仓资源位，该资源位属于长期资源位（直到不符合资源位要求被淘汰），位于食品品类下，如图4-73所示，针对剩余保质期小于1/3的临期食品，类目范围包括零食/坚果/特产、咖啡/麦片/冲饮、茶、粮油米面/南北干货/调味品等，报名活动价为正常市场价的3～5折。

（4）大商品池

除了5折抢翻天、产地直销外，“9块9特卖”频道中其他资源位统称为大商品池。该资源位属于长期资源位（直到不符合资源位要求被淘汰），主推0～29.9元的产品，一般而言，价格在9.9元左右的产品更容易获得好的排名。

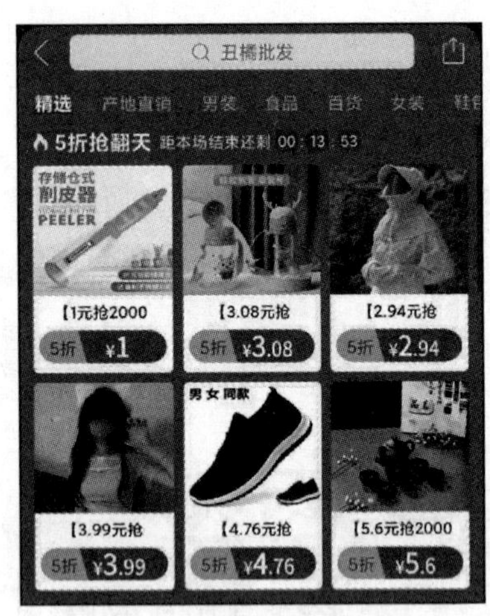

图4-71　5折抢翻天

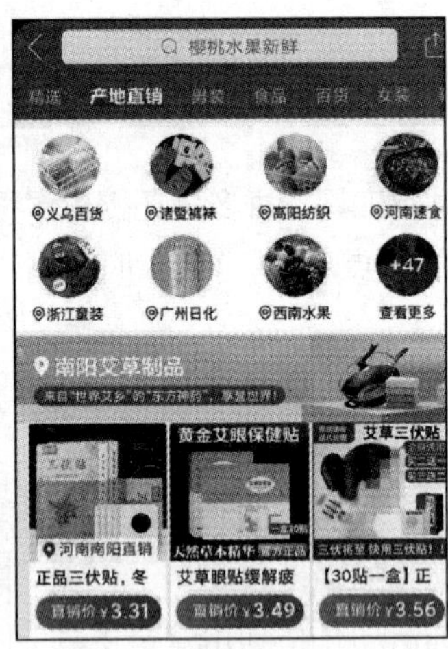

图4-72　产地直销

图4-73　临期清仓

2. “领券中心”活动

“领券中心”是商家集中为消费者发送专属券的频道。参加“领券中心”活动的产品将会获得多个资源位展示，例如，个人中心/优惠券/领券中心，个人中心/优惠券/推荐好券，大促主会场领券中心特色会场入口。“领券中心”活动主要具有以下优势。

- **获取精准流量**。报名“领券中心”活动的产品在相应资源位的展现是个性化的，即平台会根据消费者的喜好和历史购物行为数据推送其感兴趣的产品，从而使得产品获得较为精准的流量。

- **保留利润空间**。报名“领券中心”活动时可以选择设置“暗券”（即只能通过相应资源位领取的优惠券），相当于把优惠券发放范围限定为对价格敏感度较高的人群，而不是“一刀切”式地对所有消费者降价，从而为商家保留一定的利润空间。
- **无须等待排期**。拼多多中的很多活动在审核通过后需要等待排期，对于急需拓宽市场的商家而言，这可能就意味着失去抢占先机的机会。而“领券中心”活动通过审核后无须等待排期便可直接登上资源位获得流量，只要产品评分高，及时补充优惠券，就可以一直占据资源位，无须下线。
- **门槛低**。“领券中心”活动报名门槛低，不限产品类目、价格段及商家店铺类型。“领券中心”活动特设专门的新品/零销量报名链接，对新品及零销量产品十分友好。
- **提高销售额和转化率**。优惠券常给消费者一种实惠感，可以刺激其购物欲，减少其购买决策的时长，因此报名参加“领券中心”活动，会提高店铺销售额及产品转化率。
- **投资回报率（Return on Investment，ROI）稳定**。“领券中心”活动的ROI（指获得收益和投入成本的比值）较为稳定、可控制，这是因为“领券中心”活动发出去的优惠券在消费者使用后才会产生推广成本（即优惠券面值），相当于付出了推广成本就一定会产生收益。因此，“领券中心”活动适合预算相对紧张或没有推广经验的商家。

4.5.2 做好活动前的准备工作

很多商家报名平台活动后，发现即便处于同一个资源位，销售情况也大大落后于竞争对手，或者在活动期间，咨询人数暴增，客服人员不足，导致店铺的回复率下降。之所以出现这样的情况，是因为商家没有做好活动前的准备工作。这些商家往往认为只要报名审核通过就可以直接参加平台活动，或者认为直接以超低价销售就能吸引消费者，忽视了活动前的准备工作。其实，平台活动只能为店铺引流，引入的流量能否产生实际的收益，还要取决于产品本身及店铺的综合能力。

1. 做好活动总体规划

商家在参与平台活动前，应先确定目标，再进行规划，预先设想好活动中的每一个节点的工作内容、人员安排，针对活动中可能会出现的问题，预备相应的解决方案，这样才能有序地控制活动的节奏和进程。

2. 优化活动产品

一般来说，平台活动对报名的产品有一定的要求，例如，销量要达到一定的数值，图片要清晰、无水印，产品属性要完整等，只有满足这些要求的产品才能成功报名，因此，商家在报名前就需要按照平台活动报名要求对产品进行有针对性的优化。

此外，商家参加平台活动的目的是销售产品，而产品本身的实力是影响销量和转化率的重要因素，因此在活动前还需要优化产品标题、产品主图、详情页图片等。这部分内容将在4.6.2节中进行详细介绍。

3. 安排与培训客服人员

活动期间咨询量、订单量激增，在短时间要接待大量消费者、发出大量产品，不可避免地会出现一些售后问题，因此商家应当做好客服人员安排，做好分工，并尽量保证人手充足，能及时回复消费者的咨询、发货及处理售后交易纠纷，否则将影响消费者的消费体验，进而影响转化率和店铺的售后评分等。商家可以先根据日常高峰时段的数据预估活动期间的咨询量，再根据活动期间实际情况实时调整，做出合理的人员安排。

另外，活动期间客服人员的工作量较大，遇到的各种棘手问题相对较多，这对于客服人员的专业技能是一个很大的考验。因此在活动开始前，商家有必要对不同岗位的客服人员进行有针对性的培训，培训的内容包括以下3项。

- **活动的详情**。不论是售前还是售后环节的客服人员，都必须对此次活动的详情了如指掌，具体包括活动产品的相关信息（如卖点、食用方法、功效等）、活动优惠政策、活动持续时间等。
- **促成订单的技巧**。对于负责接待消费者的客服人员，商家要特别进行促成订单能力的培训，让他们在面对消费者的各种疑问时，既能快速解答，又能突出产品的优点，打消消费者的疑虑，增强消费者的购买欲。
- **解决售后交易纠纷的技巧**。活动期间会产生大量订单，难免会忙中出错，而农产品本身也非常容易出现售后问题，因此商家有必须提前对负责处理售后交易纠纷的客服人员展开专门培训，提升其处理相关问题的能力，并规范一些常见问题的处理方法。

4. 做好仓储管理

活动期间，订单量激增，对商家的发货能力构成很大的考验。如果物流环节出现问题，不仅会影响消费者的购物体验，还会影响本次活动产品的转化率和流量，使活动效果大打折扣。因此，商家需要根据农产品在资源位上的时间及其他产品在资源位上每天的销量预估活动期间的每日订单量，做好备货工作。

此外，商家还可以采用一些小技巧提升活动期间的物流工作效率。

- 检查仓库的摆放情况，将活动产品集中摆放于出货口，便于快速发货。
- 提前与快递公司进行协商，尽量错峰发货或优先发货。
- 在活动开始前进行库房盘点，确保实际库存和账面库存一致，避免发生按照账面库存销售但发货时却发现实际库存不足的情况。

5. 活动预热

活动预热的目的是烘托活动气氛，为活动聚集流量，为店铺创造更多的收益。商家可以从以下方面进行活动预热。

- **营造活动氛围**。活动氛围主要体现在店铺页面的装修上，商家可以更换店铺首页轮播图、详情页等，以营造热闹的活动氛围，同时传递活动信息，吸引消费者持续关注。
- **利用社交平台发布活动信息**。很多商家会在微博、抖音等平台中进行营销推广。在活动开始前期，商家可以在这些社交平台上发布活动信息，包括活动规则、活动产品的卖点等，并积极与消费者互动，还可以设置有奖转发活动，提升消费者主动参与转发的积极性，扩大活动信息的传播范围。

4.6 拼多多平台运营数据分析

电商运营需要以数据为支撑，店铺流量、销量、消费者行为等都可以通过数据清晰地体现出来，店铺经营情况的好坏也可以通过经营数据反映出来。通过相关数据，商家可以及时发现运营过程中的问题和商机，并快速做出正确决策，因此分析店铺运营数据是商家必须掌握的技能。

4.6.1 分析店铺运营数据

拼多多为商家提供了专业且全面的数据分析功能，商家可以在拼多多商家后台的“数据中心”查看店铺的实时概况、流量数据、交易数据、商品数据。

1. 查看店铺实时概况

进入拼多多商家后台，在左侧列表中选择“数据中心”栏下的“经营总览”选项，在打开的页面中即可查看店铺实时概况，如图4-74所示，具体包括预警数据、交易数据、商品数据、服务数据和客服数据。

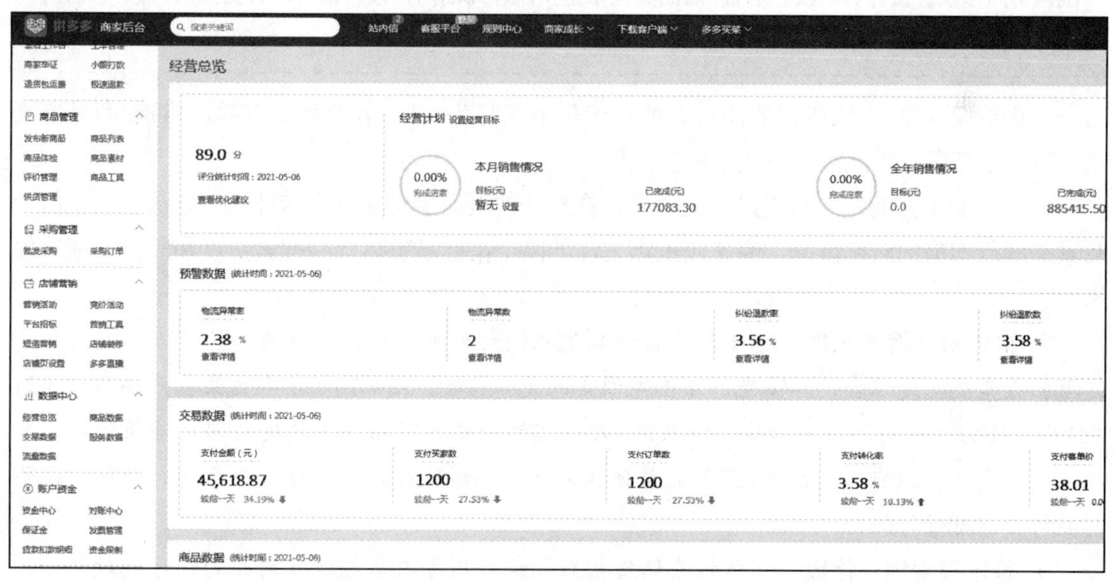

图4-74 查看店铺实时概况

可以看出，该店铺的经营状况正常，各方面的预警数据均正常，在交易数据中，支付金额、支付买家数、支付订单数较前一日有明显的下滑，说明店铺今日的销售情况并不理想，需要进一步查明原因并改进。

2. 查看店铺流量数据

进入拼多多商家后台，在左侧列表中选择“数据中心”栏下的“流量数据”选项，在打开的页面中即可查看店铺的流量数据，如图4-75所示，包括流量实时数据、统计时间内的流量数据（昨天、近7天、近30天或指定日期）。

图4-75　查看店铺的流量数据

知识补充

店铺/商品访客数是指统计周期内，该店铺内所有页面/详情页被访问的去重人数，一人统计范围内访问多次，仅计算一次。店铺/商品浏览量是指统计周期内，该店铺内所有页面/详情页被访问的累计人次，一人在统计范围内访问多次，则计算多次。

从图4-75可知，该店铺的流量较前一天呈下降趋势，店铺/商品访客数、店铺/商品浏览量均有明显下跌，因此需要对流量进行优化。

单击页面上方的“搜索流量”选项卡，在打开的页面中可以看到店铺的搜索流量相关指标及其与同行均值的对比情况，商家应重点关注的两个指标是整体商品搜索热度和整体搜索销售指数。

- **整体商品搜索热度**。整体商品搜索热度指统计周期内店铺所有商品的搜索热度总和，这里的搜索热度是综合计算曝光、点击等因素的复合指标。图4-76所示即为某农产品店铺2021年4月27日的整体商品搜索热度，以及近7天该店铺的整体商品搜索热度与同行均值的对比情况。可以看出，该农产品店铺近7天的整体商品搜索热度较稳定，但始终低于同行均值，说明需要对该指标进行优化。
- **整体搜索销售指数**。整体搜索销售指数指统计周期内店铺所有商品的销售指数总和，这里的销售指数是综合计算非刷单销量、好评率等因素的复合指标。从图4-76可以看出，该店铺的整体搜索销售指数较前一天下降了1.23%，虽然幅度不大，但商家需要引起重视，继续关注其是否有进一步下降的趋势。

3. 查看店铺交易数据

进入拼多多商家后台，在左侧列表中选择“数据中心”栏下的“交易数据”选项，在打开的页面中即可查看店铺的交易数据，如图4-77所示，包括支付金额、支付买家数、支付客单价、支付转化率、店铺关注用户数（统计周期可以为昨天、近7天、近30天或指定日期）。

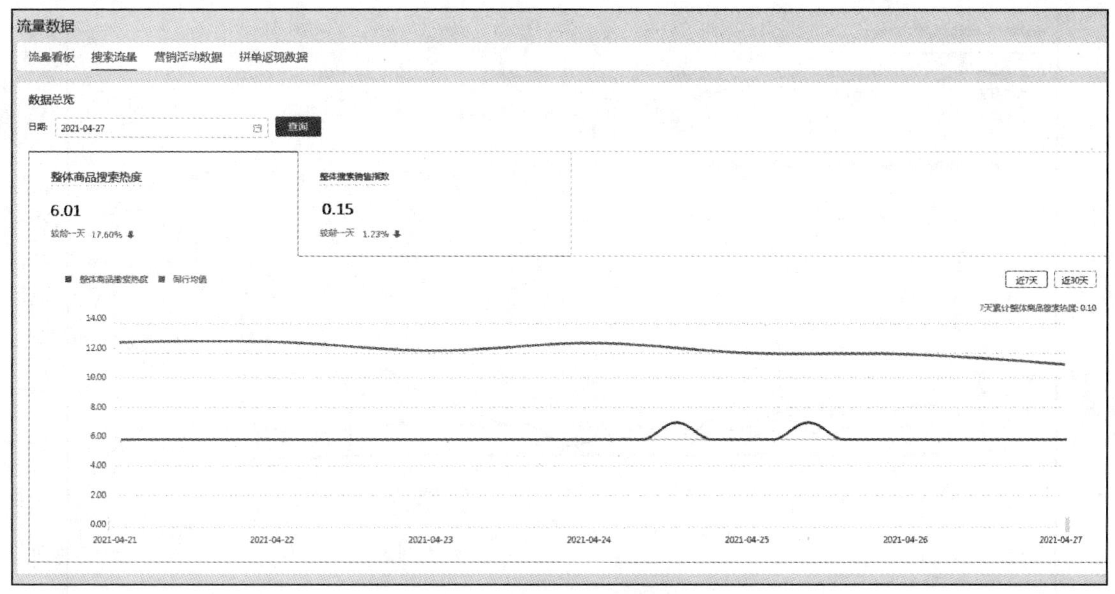

图4-76　整体商品搜索热度

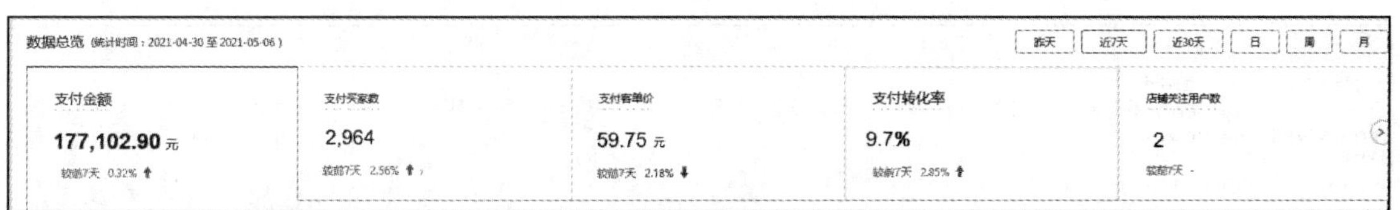

图4-77　查看店铺的交易数据

其中，支付客单价是指统计周期内，店铺支付总金额与支付买家数（去重）之比，即每个支付买家的平均支付金额。支付转化率是指统计周期内支付买家数与商品访客数之比，即访客转化为支付买家的比例。

可以看出，该店铺近7天的支付金额、支付买家数、支付转化率较前7天有小幅上升，说明店铺总体的经营状况稳中有升，但支付客单价有小幅下降，还需进一步优化。

4. 查看店铺商品数据

进入拼多多商家后台，在左侧列表中选择“数据中心”栏下的“商品数据”选项，在打开的页面中即可查看店铺的商品数据，如图4-78所示，包括商品访客数、商品浏览量、支付买家数、支付订单数、支付转化率等。其中，支付买家数是指统计周期内，完成订单支付的去重买家数，即同一买家支付多笔订单，只记一人；支付订单数是指统计周期内，该店铺下所有已支付订单的总数量。

可以看出，店铺前一天的商品访客数、商品浏览量、支付买家数、支付订单数均有大幅上升，支付转化率却有不小的跌幅，说明店铺流量较前一天有较大提升，但流量的精准度不高。商家应进一步分析流量数据，并提升引流的精准度。

此外，在“商品数据”页面中单击“商品明细”选项卡，在打开的页面中可以查看各农产品的具体数据，包括商品访客数、商品浏览量、支付件数、支付买家数、支付订单数等，如图4-79所示。

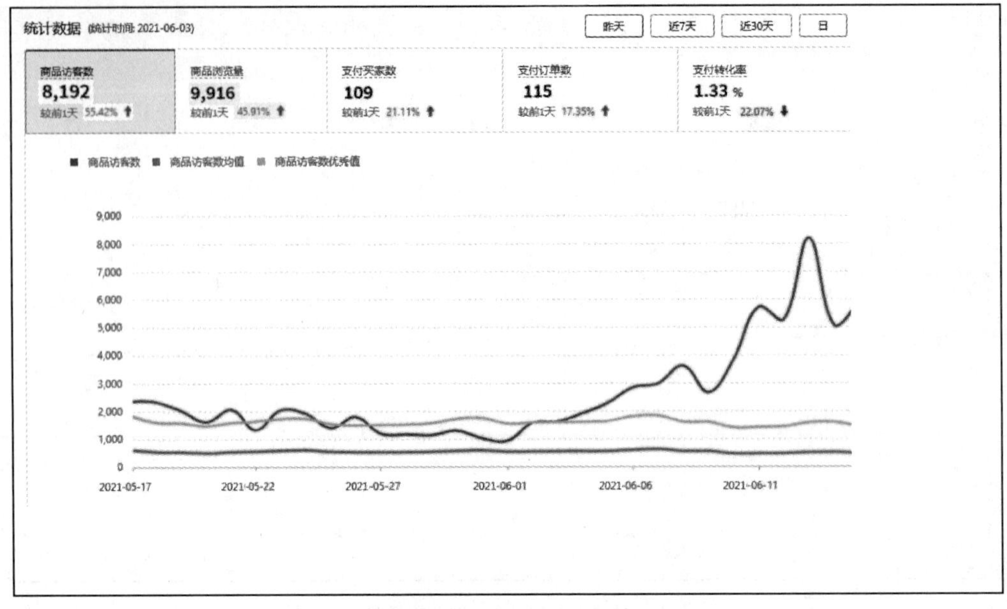

图4-78 查看店铺的商品数据

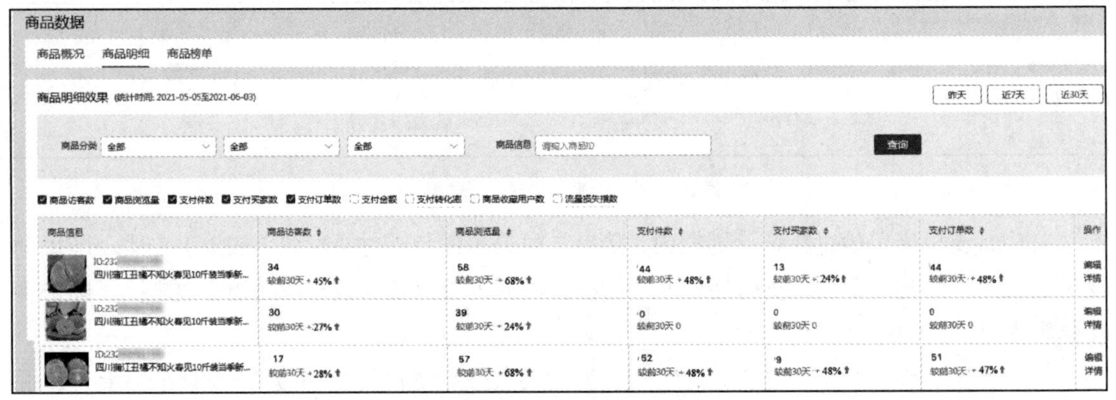

商品数据

商品概况 商品明细 商品榜单

商品明细效果 (统计时间: 2021-05-05至2021-06-03) 昨天 近7天 近30天

商品分类 全部 全部 全部 商品信息 请输入商品ID 查询

☑商品访客数 ☑商品浏览量 ☑支付件数 ☑支付买家数 ☑支付订单数 ☐支付金额 ☐支付转化率 ☐商品收藏用户数 ☐流量损失指数

商品信息	商品访客数	商品浏览量	支付件数	支付买家数	支付订单数	操作
ID:232 四川蒲江丑橘不知火春见10斤装当季新…	34 较前30天 +45% ↑	58 较前30天 +68% ↑	44 较前30天 +48% ↑	13 较前30天 +24% ↑	44 较前30天 +48% ↑	编辑 详情
ID:232 四川蒲江丑橘不知火春见10斤装当季新…	30 较前30天 +27% ↑	39 较前30天 +24% ↑	0 较前30天 0	0 较前30天 0	0 较前30天 0	编辑 详情
ID:232 四川蒲江丑橘不知火春见10斤装当季新…	17 较前30天 +28% ↑	57 较前30天 +68% ↑	52 较前30天 +48% ↑	9 较前30天 +48% ↑	51 较前30天 +47% ↑	编辑 详情

图4-79 查看农产品的具体数据

整体上看，该店铺近30天的3款农产品的数据较前30天有明显上升，说明店铺近期的经营状况不错。其中，第2款农产品有相对不错的流量，却没有任何转化，说明该农产品的详情页缺乏吸引力，需要进一步优化。

4.6.2 优化店铺运营数据

分析店铺运营数据后，就需要通过数据分析的结果对店铺各方面的内容进行优化了，这样可以保证店铺拥有良好的流量、点击率、转化率，保证店铺可持续地发展下去。优化店铺运营数据涉及的内容较多，这里主要介绍店铺流量和产品转化率的优化。

1. 优化店铺流量

一般来说，消费者进入店铺的途径有4种，即自然搜索、付费引流、站内其他途径和站外途径。理论上来说，店铺健康的流量结构应该是自然搜索流量占据较大比例，通过付费工具引来的流量占据较小比例，其他渠道流量占据一定的比例即可，这样才能表明店铺产品拥有正常的引流能力，不过于依赖付费推广。而拼多多商家为了使产品排名在搜索结果中尽可能靠前，必须进行搜索引擎优化（Search Engine Optimization，SEO）。SEO是一种利用搜索引擎的规则提高产品在搜索引擎内自然排名的优化方法。拼多多商家通过SEO可以让更多的消费者搜索到店铺产品，为产品带来更多的流量。

在拼多多中，影响SEO的因素有很多，包括产品标题与关键词的相关性、店铺评分、产品点击率等。其中，产品标题与关键词的相关性、产品点击率是日常优化的重点，而产品点击率与产品主图有直接关系。

（1）优化产品标题

产品标题是对产品信息的简要描述，有字数限制。如何准确描述产品信息，使其与消费者的搜索习惯相匹配，是产品标题优化的关键。一般来说，产品标题可以拆分为多个关键词的组合，通过查找关键词，将有价值的关键词组合起来并对关键词的有效性进行分析，就是优化产品标题的方法。

① 查找关键词

优化产品标题的第一步是找到产品相关的热门关键词。拼多多为商家提供了关键词分析工具，在商家后台左侧列表中选择“推广中心”栏下的“推广工具”选项，在打开的页面中选择“搜索词分析”选项，打开“市场分析”页面，即可查看产品相关的关键词，包括热搜词和热门长尾词，如图4-80所示。热搜词的热度高，但竞争激烈，通常非常笼统，难以带来精准的流量；长尾词的热度相对较低，但竞争较小，叙述更准确，引流更精准，因此商家可以多选择热门长尾词。

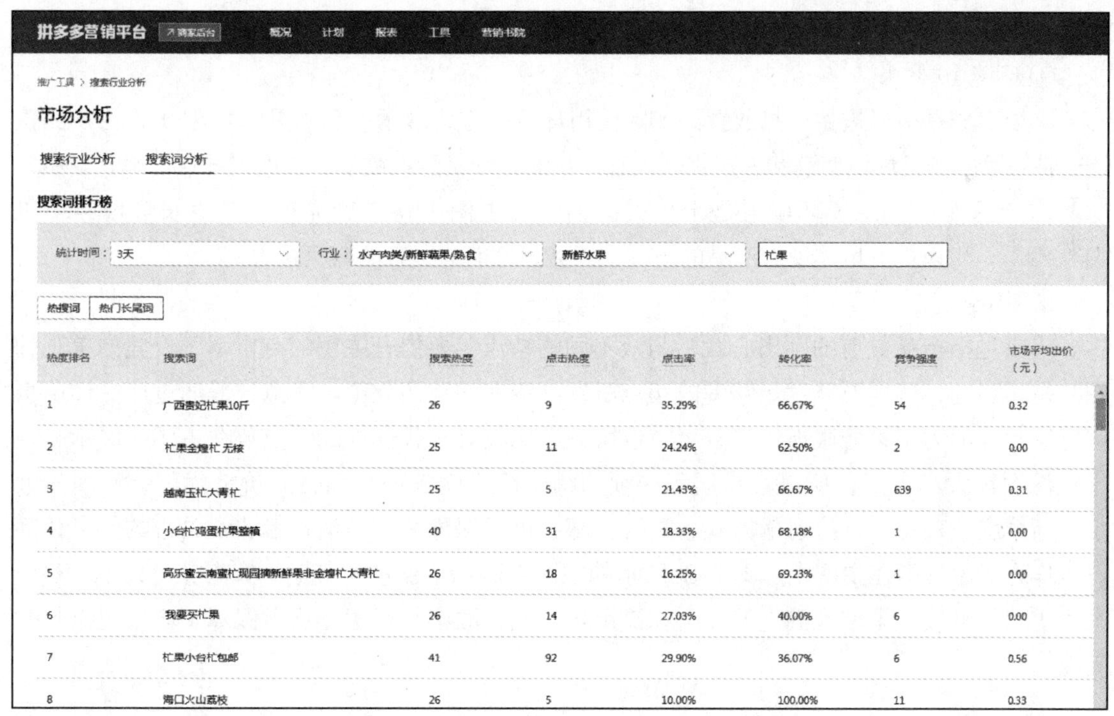

热度排名	搜索词	搜索热度	点击热度	点击率	转化率	竞争强度	市场平均出价（元）
1	广西贵妃杧果10斤	26	9	35.29%	66.67%	54	0.32
2	杧果金煌杧 无核	25	11	24.24%	62.50%	2	0.00
3	越南玉杧大青杧	25	5	21.43%	66.67%	639	0.31
4	小台杧鸡蛋杧果整箱	40	31	18.33%	68.18%	1	0.00
5	高乐蜜云南蜜杧现园摘新鲜果非金煌杧大青杧	26	18	16.25%	69.23%	1	0.00
6	我要买杧果	26	14	27.03%	40.00%	6	0.00
7	杧果小台杧包邮	41	92	29.90%	36.07%	6	0.56
8	海口火山荔枝	26	5	10.00%	100.00%	11	0.33

图4-80　查看关键词

知识补充

根据相关规定，产品标题中不能出现极限用语，包括与“最”有关、与“一”有关、与“级/极”有关、与“首/家/国”有关、与品牌有关等的词语，如“最低价”“第一品牌”“首个”“国家级”“全网首发”“世界领先”“销量冠军”“领袖品牌”。此外，普通农产品标题中也不能使用“养肝护胃”“提升免疫力”“化痰止咳”等功能性用语。

② 组合关键词

选择好关键词后，就可以根据产品标题的构成组合关键词。产品标题一般由多种关键词组合而成，如核心关键词、属性词、品牌词、权益词、功能词等。

- **核心关键词**。核心关键词是对产品本质的描述，如“丑橘”“荔枝”等。
- **属性词**。属性词是描述产品的生产日期、产地、种植/加工方法、品种、重量、形状、口味、大小、颜色等方面属性的词语，例如，某杧果的属性词为当季、海南、新鲜、10斤、青杧、超甜、大果、青皮等。
- **品牌词**。品牌词即产品的品牌，如金龙鱼、鲁花等。
- **权益词**。权益词表述消费者购买产品能获得的权益，如坏果包赔、包邮等。
- **功能词**。功能词是描述产品功能的词语，如低升糖、代餐等。

（2）优化产品主图

拼多多在展示产品时，通常采取“产品主图+产品标题”的形式。商家通过SEO获得展示机会后，能否将展示量转变为点击率，很大程度取决于产品主图的质量。为了优化产品主图，吸引消费者点击，可以采用一些优化技巧，让展示的效果更具有吸引力。

① 环境引导

环境引导是指通过将产品放置到实际使用环境的方式展示产品（见图4-81），为产品营造一种熟悉的场景环境使消费者产生代入感，从而提升其购物欲望，进而提升点击率。当然，对于农产品而言，生长环境也是十分关键的，在主图中将农产品置于其生长环境中（见图4-82），可以更好地体现农产品的新鲜、天然，打消消费者的购买顾虑。

② 突出卖点

卖点是指产品具有的别出心裁、与众不同的特点。要提升主图的点击率，仅凭借美观的图片是不够的，还需要展示足够多的卖点激发消费者的购买欲望。卖点一般通过产品详情页进行展示，但为了第一眼抓住消费者，也可挑选比较具有代表性的卖点放在主图中展示。由于主图图片大小有限，所以卖点展示必须简练明确。就农产品而言，价格优惠、产地、大小、新鲜度、口感、物流运输方式、是否包邮、售后保障等都是消费者非常关心的信息，都可以作为卖点展示在主图中。图4-83所示的主图就展示了荔枝的产地（海南）、大小（鸡蛋大小）、新鲜度（果园现摘现发）、物流运输方式（顺丰空运）、售后保障（坏果包赔）等卖点。

图4-81 使用环境

图4-82 生长环境

图4-83 展示卖点

**知识补充**

一般而言，产品主图中都会添加文案，文案的排版方式有左右排版、上下排版、中心围绕等。具体采用哪种方式可以根据图片的实际效果来确定，但一定不能在主图中安排过多文案，如果将主图塞满，就会给消费者一种拥挤、杂乱的视觉感受。

2. 优化产品转化率

产品转化率是店铺运营的核心指标之一。同样的流量，产品的转化率越高，其实际销量就越高。产品详情页对于产品的转化率起着至关重要的作用。当消费者通过各种渠道进入店铺查看产品时，主要通过详情页来了解产品的基本信息，详情页的好坏直接影响消费者的购买行为和产品的销量。因此，有必要对详情页进行优化。

（1）布局优化

详情页的布局效果好坏直接决定了消费者对产品的视觉感受，好的详情页布局可以引导消费者深入查看详情页信息并做出购物行为。进行详情页优化要从详情页的整体布局、图片布局和文案布局等方面进行优化。

- **整体布局**。产品详情页的整体布局应该遵循统一整洁的原则，即颜色统一、风格统一，版面整洁规范。同时，在内容安排上应该具备一定的逻辑性，如在挖掘产品痛点时，应该先列出消费者关注的痛点，再提出解决方案，引导消费者阅读。
- **图片布局**。详情页一般以图片为主，因此需要突出图片的表达效果。在布置图片时，尽量统一同等级的图片大小，颜色应当和谐。
- **文案布局**。虽然图片是详情页的主体，但文案也是必不可少的元素。将文案中的设计元素与目标人群的喜好、产品详情页风格等相结合，不仅可以使文案起到描述说明产品的作用，还可以使图片中的内容更加生动充实，为产品增色。详情页的文案内容一般较少，为了保持图片美观，文案不能覆盖产品图。为了让文案排版更好看，还需对文字大小、字体搭配、颜色搭配进行优化和处理。

（2）详情页加载速度优化

详情页的加载速度是消费者网购体验中很重要的一个因素，如果详情页图片过多、容量过大，或者详情页内容的屏数过多，会增加消费者加载网页的时间，加载时间过长，就会非常容易增加消费者的跳失率。一般来说，农产品的详情页屏数都较多，建议在制作好详情页图片后，将其裁剪为合适的大小后再上传。保证在加载每一张图片时，不需要花费太长的时间，图片能够依次陆续加载，不影响消费者查看。

（3）关联营销优化

详情页中的关联营销实际上是一种店内促销手段，常见形式包括产品搭配套餐、产品搭配推荐等。在详情页中添加适当的关联营销，不仅可以激发消费者的潜在需求，提高客单价，还可以起到引导消费者查看相关产品的作用。如果消费者在看完详情页的所有内容后，依然没有产生购物行为，则表示产品无法满足消费者的需求，但产品或店铺本身对消费者具有吸引力，因此可以通过关联营销的形式为消费者推荐其他相似产品。关联营销一般可以放在详情页开头，也可以放在产品信息之后、售后信息之前。在设置关联营销时，注意设置产品的跳转链接，方便消费者在查看关联产品的同时快速了解产品的属性、特点、价格等。

案　例

王月的店铺优化之道

王月在拼多多上开粮油店已经两年了，她从电商新手发展成如今的热门电商达人，用店铺的实际成绩展现自己的能力。她经常会根据店铺数据分析结果优化、解决店铺存在的问题，从而提高店铺流量和转化率。

经过总结，王月发现，店铺优化中十分重要的工作是标题优化、主图优化和详情页优化。王月先花了一个月的时间研究拼多多搜索引擎，彻底明白了搜索引擎的搜索机制，选择热门长尾词作为关键词，并将多个关键词组合成为产品标题，成功地提高了产品在消费者眼前展示的概率。同时，王月还对产品的主图进行了优化，不仅采用了醒目、清晰、美观的图片，还在主图中突出了自家菜籽油的卖点——低胆固醇、物理压榨，有效地提升了该产品的点击率。此外，王月还对该菜籽油产品的详情页进行了优化，使其布局更合理、加载速度更快，并设置了菜籽油与大米的组合套餐，取得了不错的营销效果。

思考：（1）王月为什么要选择热门长尾词来作为标题的关键词？

（2）王月采用了哪些手段优化详情页？

4.7 本章实训——店铺装修

王兵在拼多多开设了一家店铺，出售自家制作的香肠腊肉。其中一款腊肉已经报名了活动，流量很大，但店铺首页不够美观，影响转化率，因此需要对店铺的首页进行装修，要求风格统一，与所售农产品相契合，美观大方。

1. 实训要求

① 掌握店铺视觉风格的定位。

② 能够装修店铺首页。

2. 实训准备

在进行店铺装修前，需要了解美观的店铺首页应具备的装修模块。

- **店招**。店招即店铺招牌，位于首页顶端，常用于展示店铺名称、最新活动、优惠促销等信息。店招中应该体现店铺品牌Logo、店铺名称、品牌口号等重要信息。
- **导航**。导航可以为消费者提供浏览跳转服务，引导消费者查看产品分类，帮助消费者快速找到想要的产品。
- **全屏海报/轮播海报**。精致美观的海报可以带给消费者强烈的视觉刺激，吸引消费者进一步浏览首页，还能展示最新活动、上新产品等重要信息。
- **促销活动专区**。该模块主要展示参与促销活动的产品，为其引流。
- **产品（热卖）推荐**。该模块主要展示店铺主推产品，是店铺营销的重要模块。
- **客服中心**。该模块主要展示客服信息，方便消费者随时联系。

3. 实训步骤

① 为店铺定位视觉风格

王兵的店铺主要出售香肠腊肉，属于农家土特产，因此可以根据农产品的特点进行定位。香肠腊肉属于带有农家气息的食物，很多消费者习惯在家庭团圆、过节时食用，因此可将店铺定位为朴实且略带喜庆的视觉风格，同时主色调选择香肠腊肉的颜色——棕红色。

② 选择装修模板

在拼多多模板市场中选择与王兵店铺视觉风格相匹配的装修模板，可以根据类目、主题、风格和色系进行筛选。选择合适的模板后，单击对应的“立即订购”按钮，在打开的页面中完成支付。

高清大图:

王兵店铺首页装修效果

③ 编辑装修模板

模板中已有店招、导航、全屏海报、产品（热卖）推荐等模块，还需要添加组件来作为促销活动专区模块，然后删除多余的组件，设置各组件中需要展示的农产品，完成后单击“提交发布”按钮。完成后的店铺首页装修参考效果如图4-84所示。

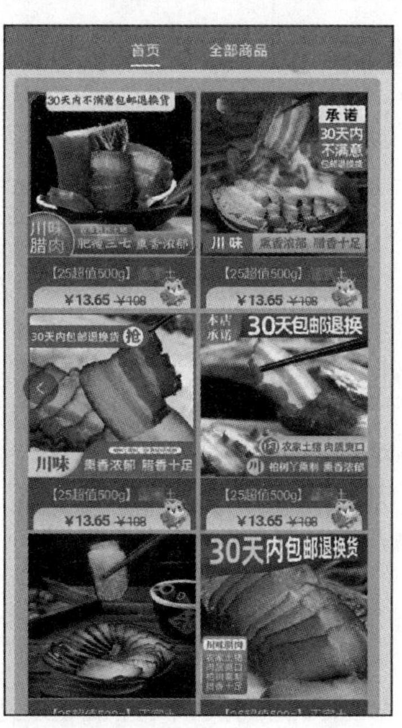

图4-84 店铺首页装修参考效果

4.8 本章小结

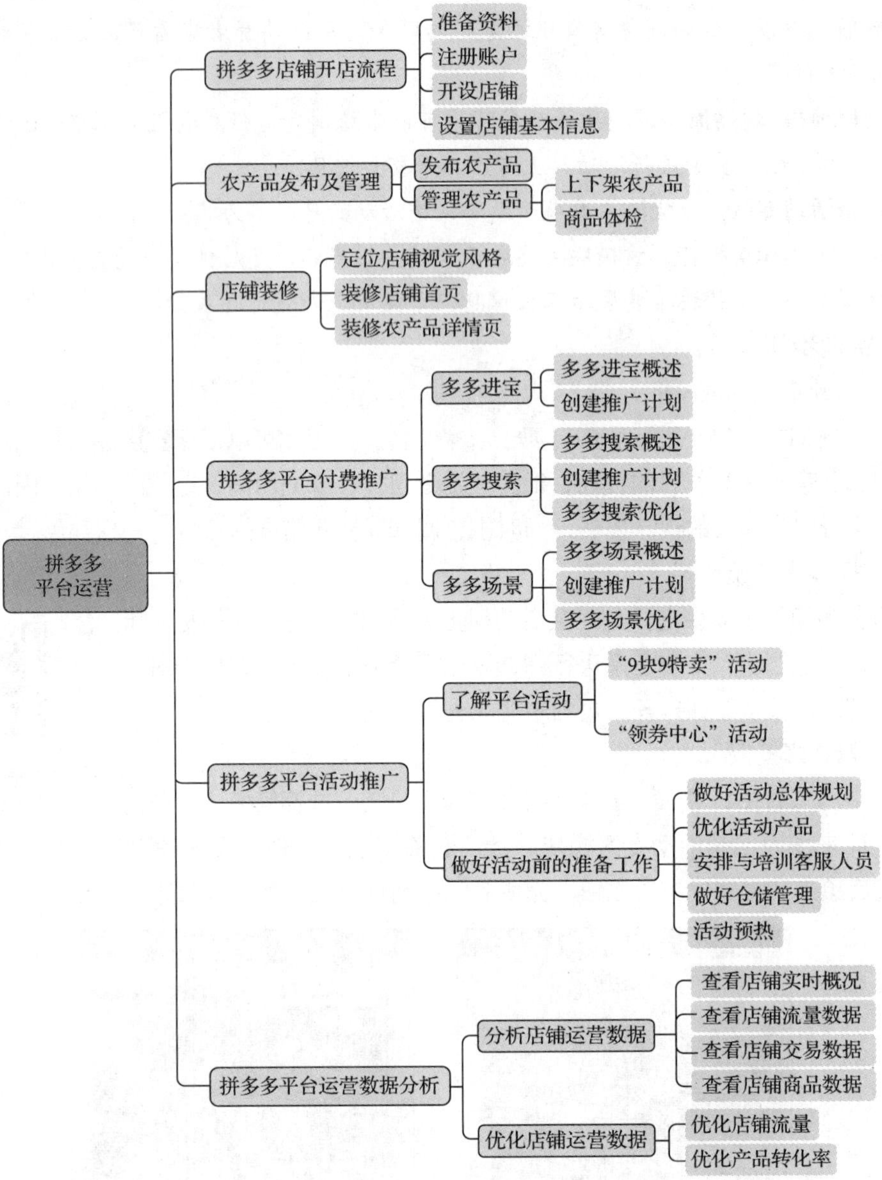

- 拼多多平台运营
  - 拼多多店铺开店流程
    - 准备资料
    - 注册账户
    - 开设店铺
    - 设置店铺基本信息
  - 农产品发布及管理
    - 发布农产品
    - 管理农产品
      - 上下架农产品
      - 商品体检
  - 店铺装修
    - 定位店铺视觉风格
    - 装修店铺首页
    - 装修农产品详情页
  - 拼多多平台付费推广
    - 多多进宝
      - 多多进宝概述
      - 创建推广计划
    - 多多搜索
      - 多多搜索概述
      - 创建推广计划
      - 多多搜索优化
    - 多多场景
      - 多多场景概述
      - 创建推广计划
      - 多多场景优化
  - 拼多多平台活动推广
    - 了解平台活动
      - “9块9特卖”活动
      - “领券中心”活动
    - 做好活动前的准备工作
      - 做好活动总体规划
      - 优化活动产品
      - 安排与培训客服人员
      - 做好仓储管理
      - 活动预热
  - 拼多多平台运营数据分析
    - 分析店铺运营数据
      - 查看店铺实时概况
      - 查看店铺流量数据
      - 查看店铺交易数据
      - 查看店铺商品数据
    - 优化店铺运营数据
      - 优化店铺流量
      - 优化产品转化率

真实案例推荐阅读

1．3年时间，青海小伙靠拼多多打翻身仗
2．农民自述：我在拼多多卖百合
3．“90后”小伙拼多多开店卖水果，拼出致富新天地

拓展阅读：

真实案例推荐阅读

第5章 微店平台运营

学习目标

- ◆ 了解微店的特点和常见微店平台。
- ◆ 掌握有赞店铺的开店流程。
- ◆ 掌握农产品的发布及管理。
- ◆ 掌握有赞店铺装修。
- ◆ 掌握有赞平台流量运营。
- ◆ 掌握有赞店铺的会员管理。
- ◆ 掌握有赞店铺的数据分析与优化。

引导案例

生鲜连锁店与有赞的联合

对于拥有实体门店的生鲜连锁店而言，要想实现线上线下融合，线上渠道的搭建十分关键。以前很多商家会入驻京东到家等App，而有赞的兴起为这部分商家带来新的选择。

长沙知名水果连锁店绿叶水果已经深耕生鲜果蔬行业二十多年，实体门店覆盖全国各大城市，无论是供应链、营销网络还是商业模式都已经相当成熟。但在线上，绿叶水果还处于起步阶段。2017年，绿叶水果借助有赞提供的服务建立了自己的店铺，并上架各种水果产品，然后将微信公众号沉淀的消费者引导至店铺，为店铺引流。同时，绿叶水果还通过微信公众号推送文章（以下简称“公众号推文”）、服务通知等形式将营销信息传递给消费者，吸引消费者前往网店下单，提升店铺的销量。绿叶水果拥有足够多的线下实体门店，因此主要采用线上下单、门店自提的形式解决配送问题，这种模式也将线上流量导入线下，为门店带来源源不断的客流。据了解，绿叶水果门店每天有上万笔订单来自线上渠道，活动期间每天能带来5万~6万笔订单。同样的例子还有重庆知名水果连锁店果琳。果琳在有赞的帮助下开通了小程序店铺，以线上下单、线下自提为主要模式，借助微信群为小程序店铺引流，取得了不错的营销效果。

经过6年的发展，目前有赞已成为大批农产品商家布局移动电商、新零售的一大主要合作伙伴。有赞CEO白鸦表示，在有赞商家中，生鲜果蔬类小程序店铺数量占比达12%，排名第一。

5.1 微店概述

随着智能手机的普及和移动互联网时代的到来，微店逐渐普及，很多商家利用微店销售自家的农产品，并且很多消费者也在微店中购买农产品。可以说，微店的出现为农产品电商开辟了新的渠道。

5.1.1 微店的特点

2012年10月，U校网联合创始人郑荣翔在承办中国首届微店创业大赛后提出大学生微店这一概念，并与南京财经大学学生郭仁才一起将微店概念付诸实践，于是微店应运而生。微店是微信兴起后的产物，是开设在智能手机上的、基于移动互联网和社交平台的小型网店，是一个可以随时移动、随时打理、随时交易的小型网络商铺。微店因门槛低、成本低、社交属性强等特点受到商家的欢迎，近年来形成不错的发展态势。

- **门槛低**。任何人都可以通过手机号码开设微店，只需要注册一个微信账号便可以进行销售。
- **成本低**。在很多微店平台上开店不需要缴纳注册费用、开店费用，还支持代理代销模式，商家只需负责推销产品，不需担心进货问题。
- **社交属性强**。微店的根本形态是帮助商家在微信上开店，在某种意义上可以看作“微信里嵌套的网店”。依托微信强大的传播能力，商家可以通过转发自己的店铺或产品页面实现引流，同时还可以将店铺或页面转发至各大社交平台，流量来源渠道广泛。

5.1.2 常见的微店平台

微店自诞生以来，就受到了业内的广泛关注，微店平台纷纷出现，其中较为常见的包括有赞、微信小商店和口袋微店。

1. 有赞

有赞是一家主要从事零售科技服务的企业，帮助商家进行网上开店、社交营销、提高复购率等。不同于拼多多等类似于大集市的电商平台，有赞不是一个电商交易平台，而是为商家提供开店、营销等方面的服务。商家在有赞中开设店铺，并利用个性化的店铺模板进行装修，同时还可以利用多种营销工具进行各个场景的营销，获取更多的流量。有赞为商家提供了安全可靠的技术支持，以及完备的运营课程，帮助商家更好地进行店铺运营。

2. 微信小商店

微信小商店是腾讯为了进一步降低进入小程序生态经营的门槛，让所有中小微商家、个体创业者可以快速拥有一个小程序店铺，在微信内实现电商业务自主运营而专门打造的平台。

微信小商店为商家提供了快速建店功能，适合首次开店的商家。通过快速建店，商家无须开发就可以一键生成微信小商店，从而实现零成本开店。同时，为了全方位支持商家自主开店经营，微信小商店还为商家提供了一系列电商运营的基础功能，包括产品信息发布、产品交易、小程序直播等，以及直播带货、优惠券等营销功能。商家完成开店任务后即可发布产品，无须另外申请微信支付商户号。

微信小商店对企业、个体工商户和个人开放。个人凭身份证信息就可轻松开店，绑定银行卡后即可提现。企业、个体工商户上传营业执照照片、经营者信息、结算银行账户信息、完善小程序昵称/类目等基础信息配置后方可开店。

3. 口袋微店

口袋微店由北京口袋时尚科技有限公司开发，是一个基于社交关系的电商平台，于2014年1月1日上线，目前在消费者中已有一定的知名度。总体来说，口袋微店拥有以下优势。

- **轻松获取优质货源**。商家开店后可以使用口袋微店提供的优质货源，不仅货真价实，而且价格实惠，只需简单操作即可上架产品。消费者下单后由供货商负责发货，商家无须操心进货、发货问题。
- **轻松提现**。交易完成后自动结算收益，商家可以快速提现。
- **店铺装修个性化**。商家可以创建多种风格的店铺，打造专属的店铺视觉风格。
- **多渠道推广**。商家可以轻松地将店铺分享到多个主流平台，提升店铺流量。

总体来说，微信小商店门槛很低，没有营业执照的个人也可以开店，相对于有赞和口袋微店而言更为简单，适合没有电商运营经验和经营资质的小农户。口袋微店和有赞相对微信小商店门槛更高，二者的主要不同在于口袋微店类似于拼多多等电商平台，商家是在平台上开店，要与平台上其他店铺争夺消费者；而有赞只提供开店服务，因而有赞店铺是独立的，消费者进入有赞店铺后就成为店铺专属客户。就功能而言，口袋微店的功能没有有赞丰富，但开店是免费的，只有部分功能需付费使用，适合有一定运营要求但预算有限的商家；而有赞仅提供免费试用，试用期结束就需要付费，适合运营要求高、有一定实力的商家。

知识补充

有赞平台提供7天免费试用，商家按照所述操作开店后，有赞平台的工作人员会主动联系商家，了解商家的实际情况，并提供经营建议。若商家试用后认可该平台，可与其签约，签约后需要按照选择的版本缴纳软件服务费，如电商基础版的费用为6800元/年。

根据有赞CEO透露，在2020年前三季度，有赞服务商家的交易额已达723亿元，幸福西饼、韩都衣舍、良品铺子等知名品牌纷纷在有赞开店，而诸如果琳、老爹果园等知名农产品品牌开设的店铺也取得了不错的成绩。因此本章将以有赞为例，介绍微店平台运营的相关知识。

5.2 有赞店铺开店流程

有赞平台为商家提供了十分全面的运营功能，包括发布及管理农产品、店铺装修、会员管理、数据分析等。当然，要开展运营工作，第一步是开店，有赞的开店门槛较低，操作很简单，新手也可以轻松掌握。

5.2.1 创建店铺

在有赞平台上，店铺分为移动店铺（即H5店铺）、小程序店铺。消费者进店购物时，不需要下载App。其中，H5店铺的创建门槛较低，商家只需要在有赞平台根据系统提示进行简单操作即可创建店铺；而创建小程序店铺要以已开设H5店铺为前提。这里以开设H5店铺“林记水果店”为例，介绍在有赞平台创建店铺的方法，其具体操作如下。

知识补充

H5店铺由H5页面构成。H5页面是一个文字、图片、音乐、视频、链接等多种元素组合的链接页面。H5页面易于传播，可以通过微信公众号、朋友圈、微信群、微博等传播。而微信小程序是一种应用，运行的环境是微信。相对来说，微信小程序可实现更多的定制功能。

① 在创建H5店铺前首先需要注册账户，其操作十分简单，只需进入有赞微商城官网，单击右上角的“立即开店”按钮，在打开的页面中按照页面提示注册即可。

② 完成注册后将打开“创建店铺”页面，在该页面中单击“有赞微商城”选项对应的“立即开店”按钮，在打开的页面中单击“开单店”按钮。

③ 在打开页面的“请选择你的主营商品”下拉列表中选择“食品/生鲜果蔬”选项，然后选择“单门店经营”选项，单击“创建零售店铺”按钮，如图5-1所示。

④ 在打开的页面中设置商家名称、商家地址，选中“我已阅读并同意《有赞零售软件订购及服务协议》”复选框，单击“创建店铺”按钮即可创建店铺，如图5-2所示。

图5-1　选择经营模式

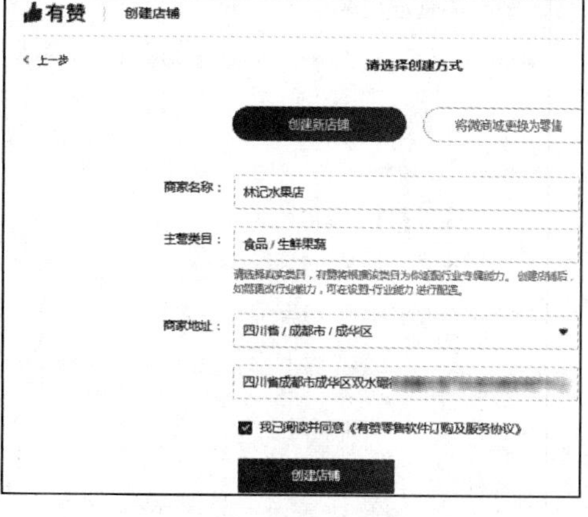

图5-2　创建店铺

5.2.2　认证店铺

微课视频：

认证店铺

认证店铺不是必需的操作，店铺未认证时，大部分功能仍可正常使用，如发布农产品、设置营销活动等。但店铺需要提现时，则必须通过主体认证。同时，认证后的店铺能增强消费者的信任感，从而促进店铺销售，因而商家有必要进行店铺认证。在认证过程中，需要提供与经营相关的资料。此外，对于经营农产品的商家，平台为了保证农产品的品质，还要求商家提供食品相关资质。这里以“林记水果店”为例介绍认证店铺的方法，其具体操作如下。

① 登录有赞账号，进入有赞后台，在左侧列表中选择“设置\店铺信息”选项，在打开的“设置中心”页面中单击“去认证”超链接。

知识补充

商家还可以在“设置中心”页面中单击“编辑”超链接，在打开的页面中设置店铺Logo、店铺名称、店铺简介等店铺基本信息，设置完成后单击“保存”按钮即可。

② 在打开的页面中设置主体类型、经营类目及办理人，其中经营类目设置为“食品/生鲜果蔬”，按照页面中显示的清单准备相关资料，包括统一社会信用代码证、法定代表人证件照正反面照片、法定代表人手持证件照、门店相关照片（无实体门店的商家可提供网店首页、管理后台的截图及产品照片）、食品相关资质（至少提供食品流通许可证、食品经营许可证、食品生产许可证、食品小作坊登记证中的一项），选中“我已同意协议并开通有赞支付账户《有赞支付开户及服务协议》《有赞支付隐私政策》”复选框，单击“材料准备就绪，开始认证”按钮，如图5-3所示。

③ 在打开的“认证修改验证”对话框中单击“获取验证码”按钮，输入手机收到的短信验证码后单击“确认”按钮。

④ 在打开的页面中填写企业名称或统一社会信用代码，系统将自动识别企业信息；若系统无法识别，也可以单击“手动录入”超链接，在打开的页面中设置企业主体信息，包括企业名称、注册地址、经营范围、统一社会信用代码、营业期限，并上传统一社会信用代码证，完成后单击“下一步”按钮，如图5-4所示。

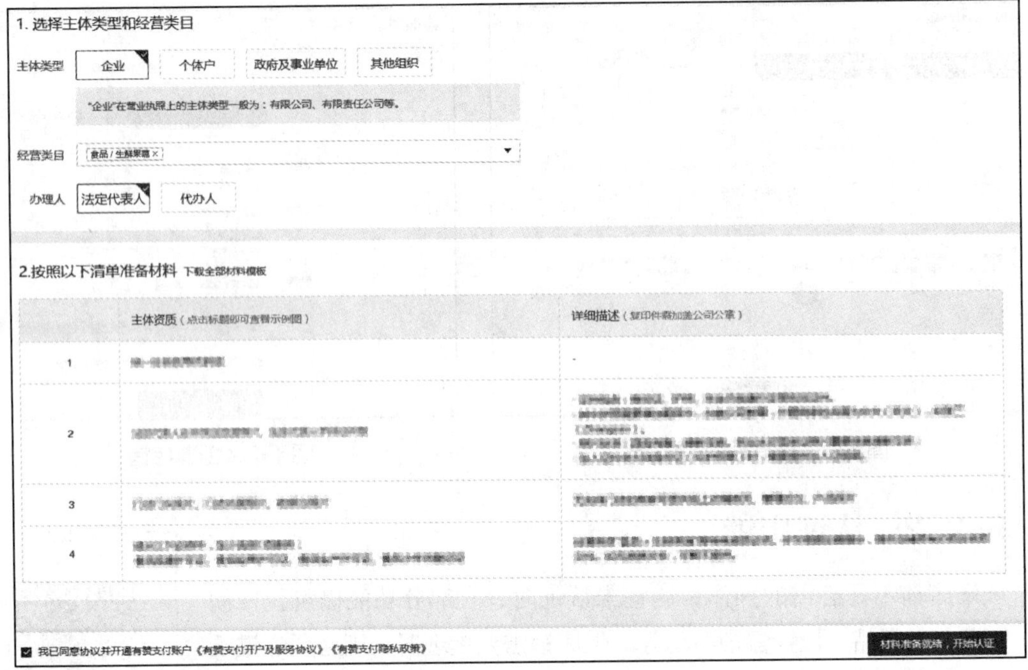

图5-3　选择主体类型

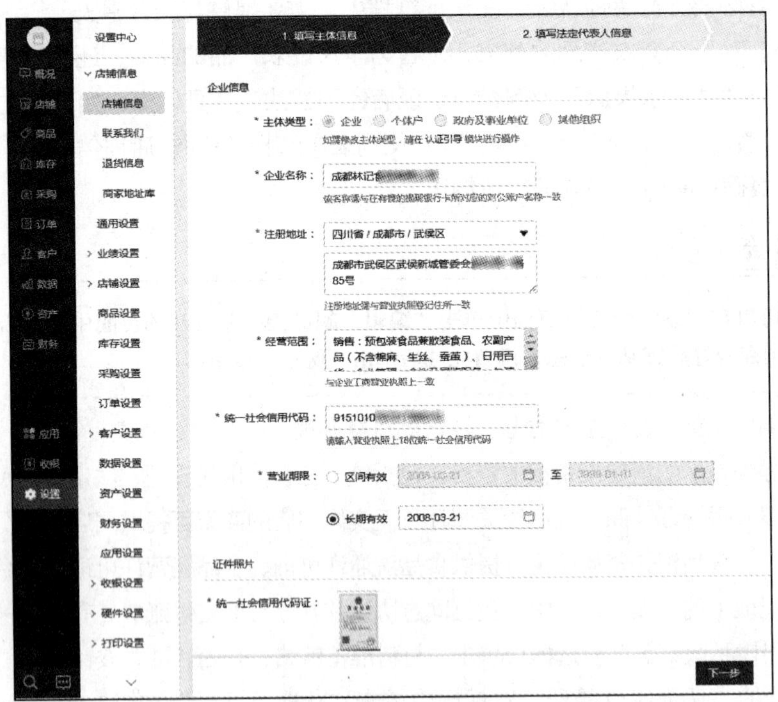

图5-4　填写主体信息

⑤ 在打开的页面中上传法定代表人的手持证件照、证件照正面、证件照反面，然后填写法定代表人的相关信息，完成后单击“下一步”按钮，如图5-5所示。

⑥ 在打开的页面中填写联系人信息、经营信息，并上传相关资质证明和门店照片，最后单击“提交”按钮即可提交认证申请，如图5-6所示。

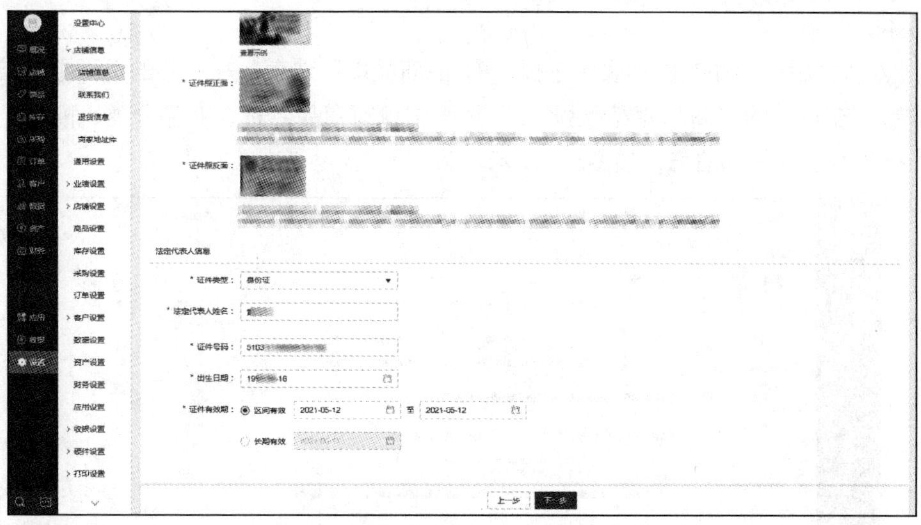

图5-5　填写法定代表人信息

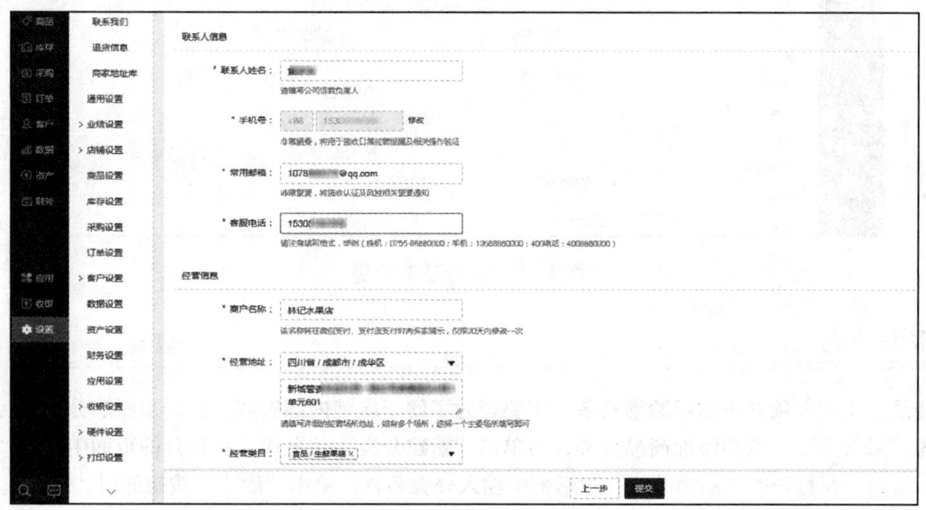

图5-6　填写联系人信息、经营信息

5.3　农产品发布及管理

商家开店是为了销售农产品，因此在有赞平台开店后，下一步就需要发布农产品了。有赞平台提供了丰富的商品管理功能，包括设置商品页模板和新建商品分组等，商家可以利用这些功能提升运营效率。

5.3.1　发布农产品

微课视频：

发布农产品

在有赞平台中，要发布农产品，首先需要在商品库中新建商品，然后设置销售渠道（包括网店、门店等），最后设置网店商品必需的一些信息。而农产品的发布与其他品类商品没有大的区别，只是商家有必要设置诸如保质期管理等非必填项。这里以发布丑橘为例，介绍发布农产品的方法，其具体操作如下。

① 进入有赞后台，在左侧列表中选择“商品\商品库”选项，在右侧的页面中单击“新建商品”按钮，在打开的“商品库/新建商品”页面中填写商品名称、商品分类、商品类目、商品参数、存货类别等基本信息，如图5-7所示。

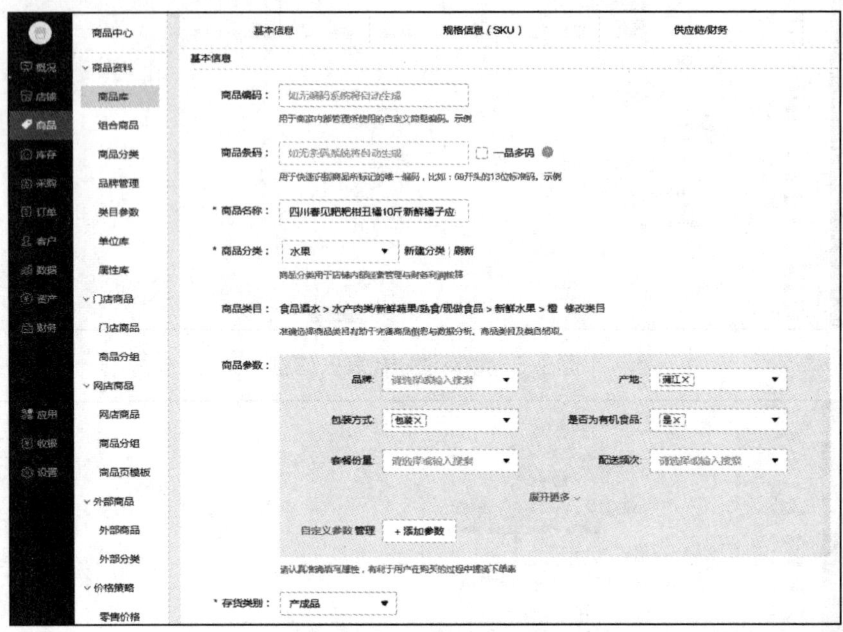

图5-7　填写基本信息

知识补充

商品分类这一项并不展示给消费者，主要是为了便于店铺内部管理。若尚未添加分类，可将其设置为“未分类”；若需添加商品分类，可单击“新建分类”超链接，在打开的页面中单击“新增分类”按钮，在打开的“新增分类”对话框中输入分类名称，单击“确定”按钮即可。

② 单击“商品图片”右侧的编辑框，在打开的对话框中单击“本地图片”右侧的编辑框，打开“打开”对话框，选择需要上传的图片后单击“打开”按钮，然后单击“确认”按钮，即可上传农产品的图片。

③ 在“规格信息（SKU）”板块中填写零售价、标准价、重量及商品库存，如图5-8所示。

④ 在“供应链/财务”板块中的“首选供应商”下拉列表中选择“自采供应商”选项，选中“保质期管理”栏中的“开启”单选项，设置保质期天数为“7”、预警天数为“3”，如图5-9所示。

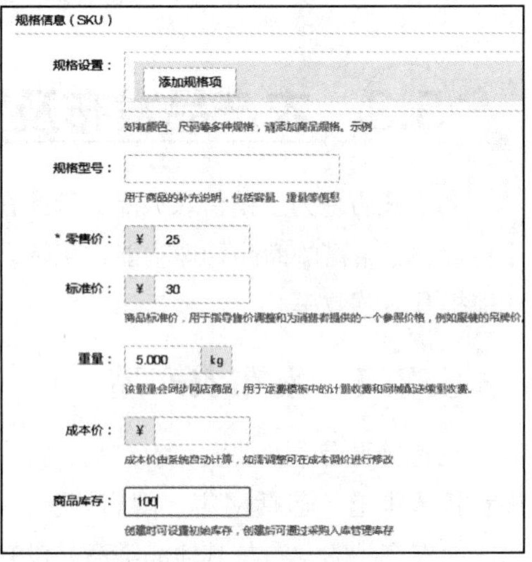

图5-8　填写规格信息

⑤ 单击“同步设置”栏中的“去设置”超链接，在打开页面的“商品同步设置”栏中选中需要设置同步的选项对应的复选框，这里设置将商品标题、商品图片和零售价信息同步至网店，然后单击“保存”按钮，如图5-10所示，返回“商品库/新建商品”页面，单击“保存”按钮。

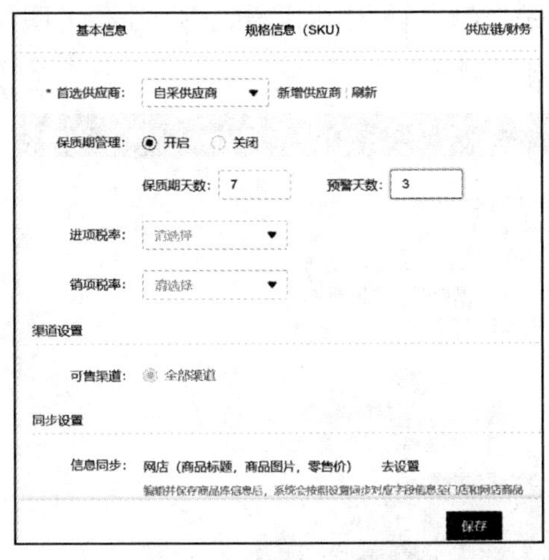

图5-9　设置保质期管理

图5-10　商品同步设置

⑥ 在打开的“商品发布成功”对话框中单击“回到列表”按钮。在打开的页面中可以看到刚发布的农产品，单击其对应的“发到网店”超链接，如图5-11所示。

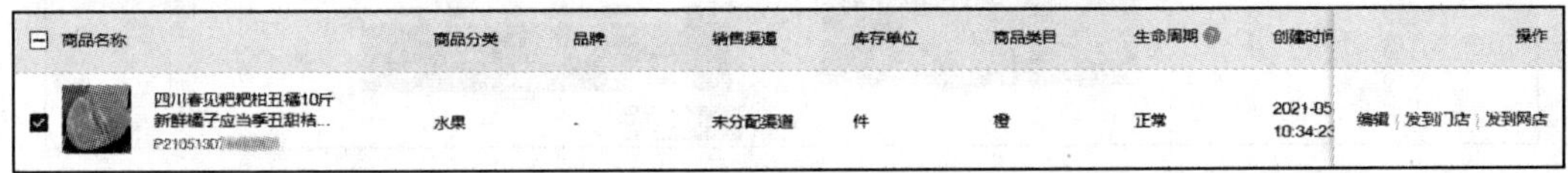

图5-11　单击“发到网店”超链接

⑦ 由于之前设置过将商品信息同步至网店，打开的页面中将显示之前填写的农产品信息，在“分享描述”文本框中输入相应的农产品分享文案，在“商品卖点”文本框中输入相应的农产品卖点信息，如图5-12所示。

⑧ 选中“售后服务”栏下的“7天无理由退货”复选框，在“限购”栏中选中“限制每人可购买数量”复选框，然后设置每天限购10件，单击“下一步”按钮，如图5-13所示。

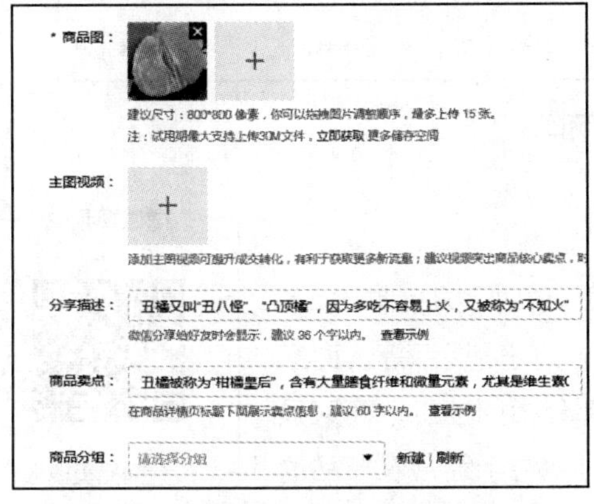

图5-12　设置分享描述和商品卖点

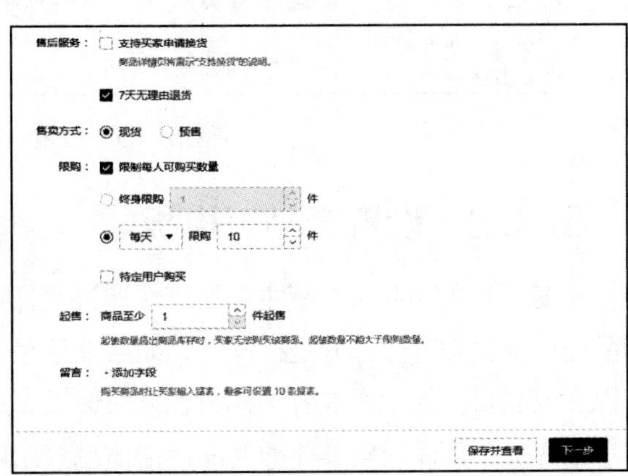

图5-13　单击“下一步”按钮

⑨ 打开的页面中将显示商品详情预览框（左）和商品详情编辑框（右）。单击商品详情编辑框上方的“图片”按钮，在打开的“我的图片”对话框中单击“上传图片”按钮，在打开的“上传图片”对话框中单击“本地图片”后的编辑框，在打开的“打开”对话框中选择需要上传的图片，这里上传已经预先制作好的详情页图片，单击“打开”按钮，返回“上传图片”对话框，单击“确定”按钮关闭对话框。此时在商品详情预览框中可以看到刚刚上传的图片，单击“保存并查看”按钮即可成功发布农产品，如图5-14所示。

图5-14　设置商品详情

⑩ 返回有赞后台，在左侧列表中选择“商品\网店商品\网店商品”选项，在打开的页面中将看到刚发布的农产品，如图5-15所示。选择该农产品，单击“下架”按钮还可将其下架。

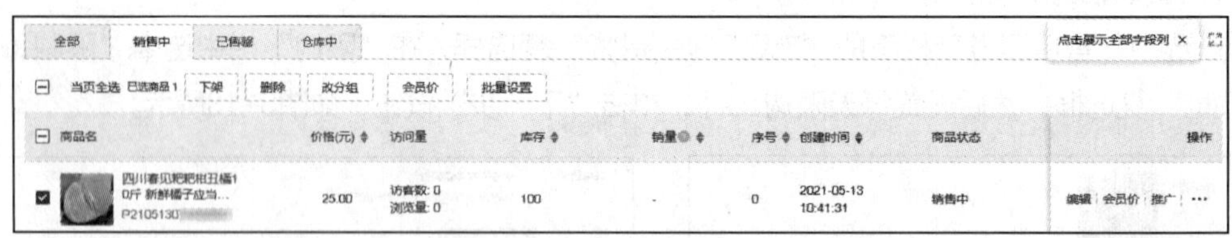

图5-15　查看刚发布的农产品

5.3.2　设置商品页模板

微课视频：

设置商品页模板

有赞平台的商品页模板主要用于快速设置详情页。在很多店铺中，各商品的详情页中有一部分是相同的，如店铺信息、线下门店展示等。商家可以在商品页模板中添加各种模块，以快速设置这部分相同信息，商家只需单独为每个商品设置具体的商品详情信息介绍即可。对于经营农产品的商家，优惠券常常用来刺激消费者的购物欲，直播则可以让消费者直观地感知农产品，因此这两个模块很有必要在详情页中进行展现。这里以设置一个带有优惠券和直播模块的商品页模板为例，介绍设置商品页模板的方法，其具体操作如下。

① 进入有赞后台，在左侧列表中选择“商品\网店商品\商品页模板”选项，在打开的页面中单击“新建商品页模板”按钮，在打开的对话框中选择“普通版”选项。

② 打开“商品页模板/新建模板”页面，在右侧的“模板名称”文本框中输入“展示直播的模板”字样。单击“营销组件”下的“优惠券”按钮，添加“优惠券”模块，选中“样式4”单选项，如图5-16所示。

③ 单击“营销组件”下的“知识直播”按钮，添加“知识直播”模块，将“标题名称”修改为“正在直播”，如图5-17所示。商家可以按照相同的方法添加其他模块，完成后单击“保存”按钮。

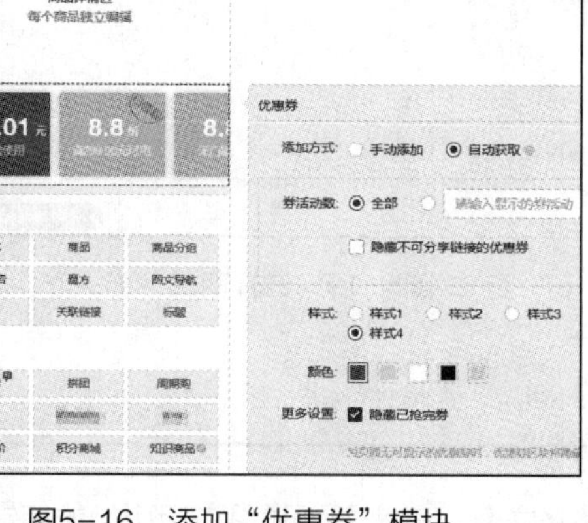

图5-16 添加“优惠券”模块

图5-17 添加“知识直播”模块

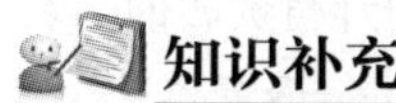

知识补充

设置好商品页模板后，商家可以在发布农产品或编辑农产品信息时，在图5-14所示的页面中的“商品页模板”下拉列表中选择应用该模板。

5.3.3 新建商品分组

微课视频：

新建商品分组

对于网店商品而言，商品分组主要用于划分网店日常经营的商品。商家可以将一个商品分组作为一个推广单元进行推广，也可以在装修店铺时为其设置导航入口。

新建商品分组的方法很简单，具体方法如下：进入有赞后台，在左侧列表中选择“商品\网店商品\商品分组”选项，单击“新建商品分组”按钮，在打开页面中的“分组名称”文本框中输入商品分组名称，这里输入“橘子”，其他保持系统默认设置，单击“保存”按钮，如图5-18所示。

新建商品分组后，若要添加新的农产品，可以在新建商品时直接设置商品分组，也可以添加之前发布的农产品，此时需要通过编辑农产品信息的方式进行，具体方法如下：进入有赞后台，在左侧列表中选择“商品\网店商品\网店商品”选项，在打开的页面中单击需要编辑的农产品对应的“编辑”超链接，打开“商品管理/编辑商品”页面，在“商品分组”下拉列表中选择对应的商品分组，单击“保存并查看”按钮即可，如图5-19所示。

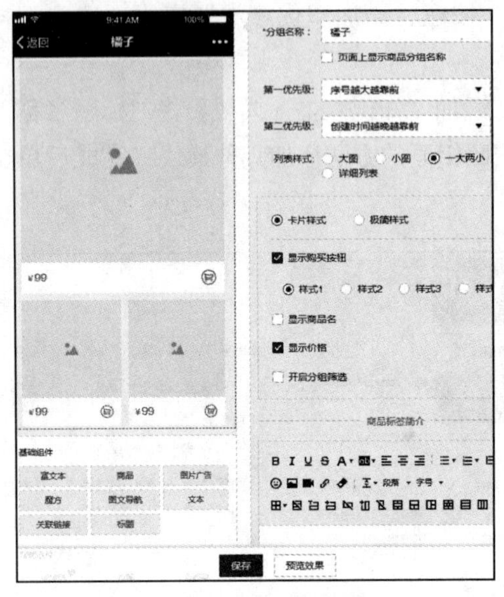

图5-18　设置商品分组名称

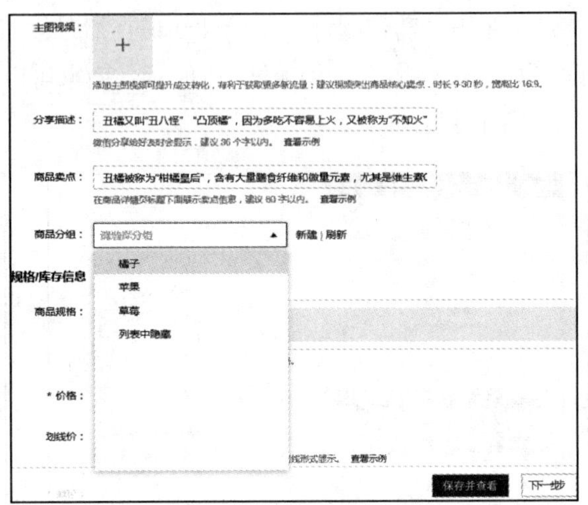

图5-19　选择商品分组

5.4 有赞店铺装修

电商市场竞争激烈，商家要想获得更多消费者的关注，就需要通过具备吸引力的店铺装修吸引消费者。店铺的视觉展示效果在很大程度上决定消费者对店铺的印象。为了提升有赞店铺的装修质量，有赞平台为商家提供了丰富的装修模板，商家可以直接在模板的基础上进行设置。

5.4.1 装修店铺首页

微课视频：

装修店铺首页

店铺首页是店铺门面，好的店铺首页可以激发消费者浏览的兴趣，让消费者快速找到自己想要买的农产品，给消费者带来良好的购物体验，提升转化率。店铺创建后，有赞平台会自动根据店铺经营类目为店铺配置相匹配的首页，商家可在此基础上修改，其具体操作如下。

① 进入有赞后台，在左侧列表中选择“店铺\内容创作\微页面”选项，在打开的页面中单击“店铺首页”下方的“编辑”超链接，如图5-20所示。

知识补充

有赞微页面是可以自定义编辑的页面，商家可以把它当作普通的页面使用，也可将任一微页面设为店铺首页。

② 在打开的页面中将看到系统自动设置好的店铺首页，其中已有两个组件，在页面中间的预览区依次选择这两个组件，单击其右上角的“删除”按钮将其删除。将鼠标指针移到左侧“基础组件”栏下的“公告”组件上，当鼠标指针呈✥形状时，拖动该组件到页面中间预览区的适当位置，这里将该组件放置到“商品搜索”组件下方，然后在右侧编辑区的“公告”文本框中输入店铺公告的内容，如图5-21所示。

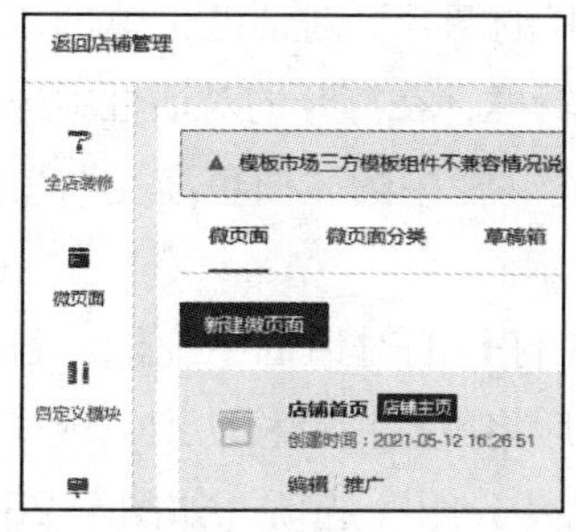

图5-20 单击“编辑”超链接

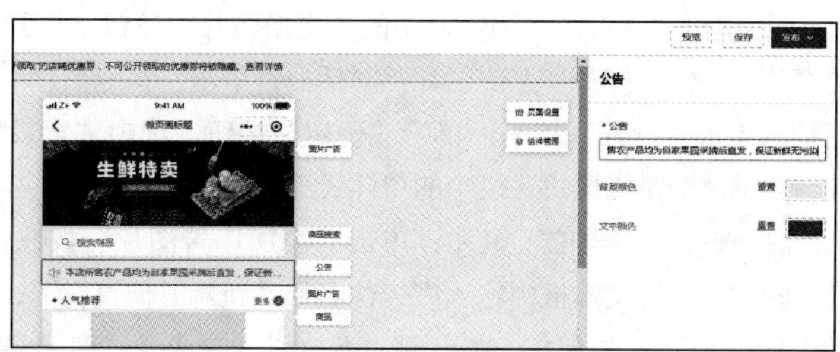

图5-21 添加“公告”组件

③ 选择“商品”组件，在右侧编辑区中单击“添加商品”编辑框，在打开的对话框中选择需要展示的农产品，单击“确定”按钮，如图5-22所示。返回装修页面，在右侧编辑区中选中“样式3”单选项，效果如图5-23所示。

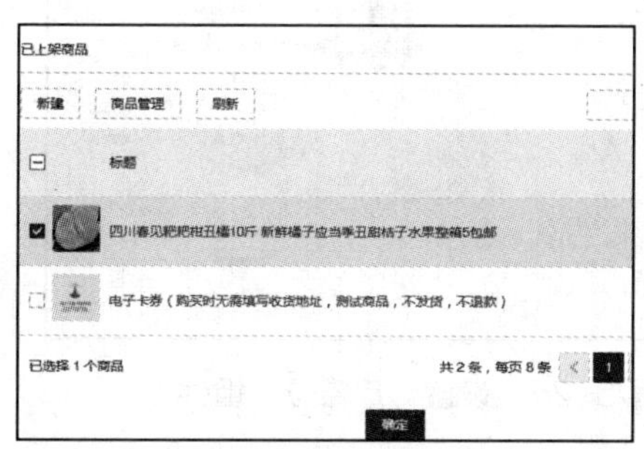

图5-22 选择农产品

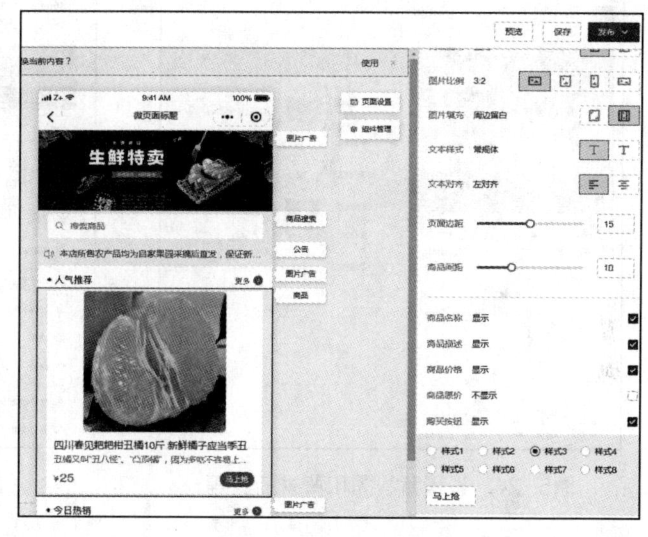

图5-23 添加后的效果

④ 按照相同的方法添加、编辑或删除组件，完成店铺首页的装修，最后单击右上角的“发布”按钮，在打开的下拉列表中选择“立即发布”选项，即可发布该首页。

5.4.2 装修个人中心页面

微课视频：

装修个人中心页面

个人中心页面是集合商家店铺服务、营销等重要服务功能入口的页面。消费者可以通过店铺首页底部的“个人中心”超链接进入个人中心页面，查看自己在该店铺的权益，如积分、优惠券、会员资格等。对于商家而言，个人中心的访问频率很高，有必要进行专门装修，为消费者带来良好的视觉体验，还可以在个人中心页面设置广告位，为店铺中的农产品引流。装修个人中心页面的方法很简单，其具体操作如下。

① 进入有赞后台，在左侧列表中选择“店铺\内容创作\微页面”选项，在打开页面的左侧列表中选择“全店装修\个人中心”选项，在打开页面的右侧将显示“个人中心”装修模板。

② 单击“背景图”编辑框中的“更换图片”按钮，打开“我的图片”对话框，单击“上传图片”按钮，打开“上传图片”对话框，单击“本地图片”编辑框，在打开的对话框中选择图片后单击“打开”按钮，单击“确定”按钮。选中“背景渐变”栏中的“白色渐变”单选项，选中“会员栏样式”栏中的“样式三”单选项，如图5-24所示。

③ 选择“广告位”组件，单击“添加广告图片”按钮，在打开的对话框中上传广告图片，在“标题”文本框中输入广告位名称“新鲜丑橘直发”，然后将鼠标指针移动到“选择跳转到的页面”文本上方，在出现的下拉列表中选择“商品\商品及分组”选项，如图5-25所示，在打开的对话框中选择相应农产品，单击“确定”按钮。

④ 选择“必备工具”组件，选中“图标风格”栏的“填色版”单选项，取消选中“分销员中心”单选项，完成后单击“保存”按钮。

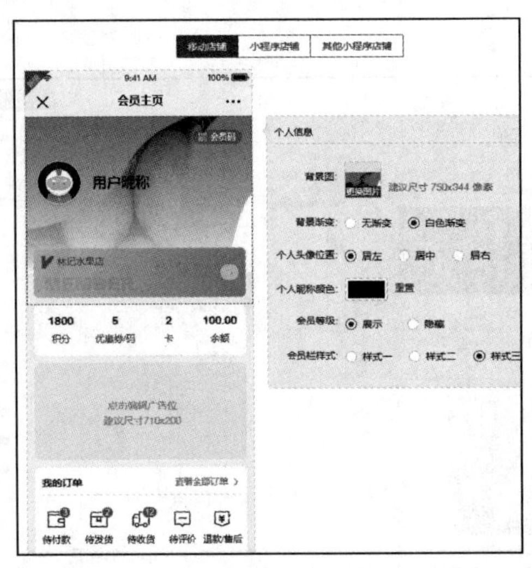

图5-24　设置背景图和背景渐变等

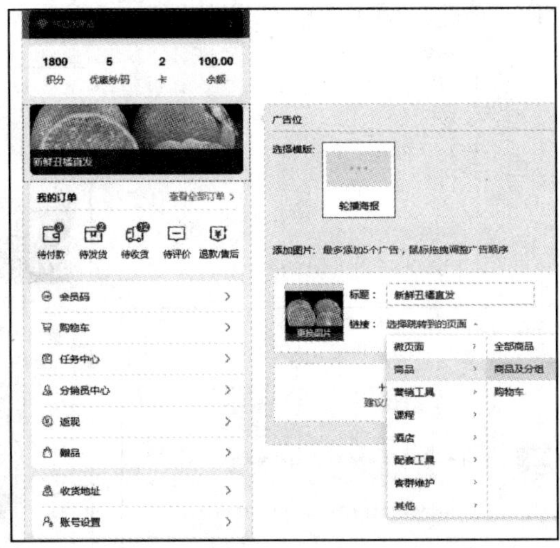

图5-25　设置“广告位”组件

知识补充

个人中心页面的装修风格应简约大方，不宜花哨或组件过多，否则会让消费者感到眼花缭乱、找不到需要查看的信息，影响其消费体验。

5.4.3　装修店铺导航

微课视频：

装修店铺导航

店铺导航能有效帮助消费者跳转到店铺的各个关键页面，是整个店铺的“指南针”。通过精心装修店铺导航，商家可引导消费者前往预先设置好的页面。这里以为“橘子”商品组设置二级导航为例，介绍装修店铺导航的方法，其具体操作如下。

① 进入有赞后台，在左侧列表中选择“店铺\店铺装修\店铺导航”选项，在打开的页面中单击“全部商品”对应的“新增二级导航”按钮，设置二级导航的菜单名称为“橘子”，将鼠标指针移动到“选择跳转到的网页”文本上方，在出现的下拉列表中选择“商品\商品及分组”选项，如图5-26所示，在打开的对话框中单击“商品分组”选项卡，选中“橘子”单选项，单击“确定”按钮，如图5-27所示。

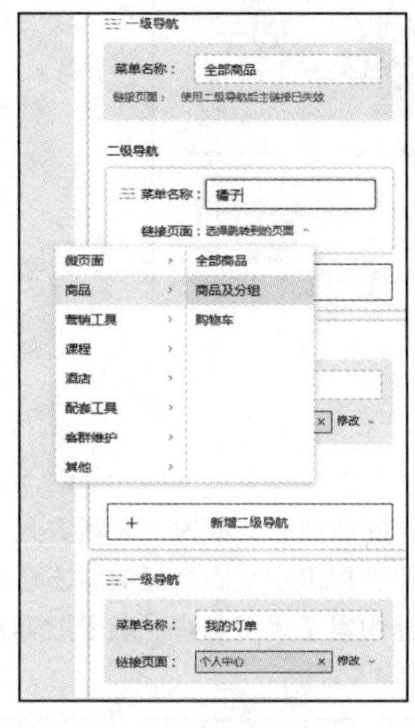

图5-26 设置跳转到的网页

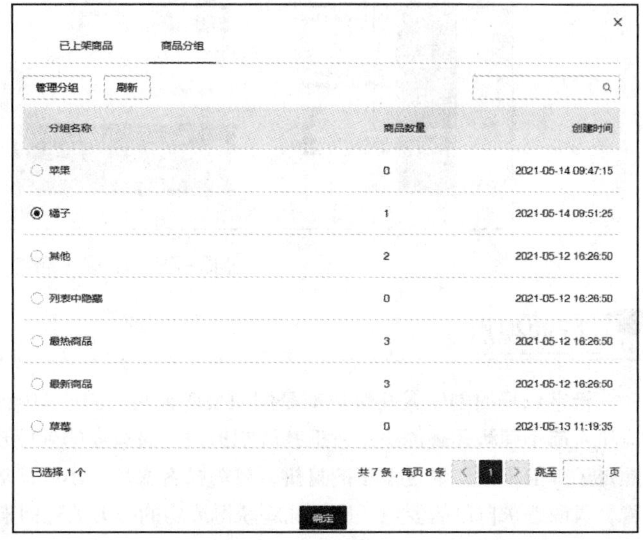

图5-27 选择商品分组

② 按照同样的方法为“全部商品”一级导航设置二级导航，也可以为其他一级导航新增二级导航，完成后单击“保存”按钮。

5.5 有赞平台流量运营

与淘宝等电商平台不同，大部分有赞平台的消费者并不下载App，而是在微信环境中（H5店铺、小程序店铺）直接下单，因此对于有赞商家而言，来自微信的流量是至关重要的。商家既可以为小程序店铺搭建入口，又可以利用自有微信公众号或与其他公众号合作为H5店铺引流，此外还可以报名有赞精选资源位获取优质流量。

5.5.1 小程序店铺引流

微信小程序定位为“体验比网站好，比下载App更便捷”，相比App，小程序更适合一些使用频率中等的应用服务场景。虽然小程序以应用程序的状态存在，但区别于一般的App，它拥有灵活的应用组织形态，有无须安装、触手可及（通过扫码等形式即可直接进入小程序）、用完即走（使用服务功能后无须卸载）等优点。微信小程序与有赞店铺的结合便是小程序店铺。商家只需在微信小程序中进行简单设置即可组建一个小程序店铺，让消费者通过访问微信小程序购买农产品。图5-28所示为经营农产品的小程序店铺——极客农场。

图5-28　小程序店铺

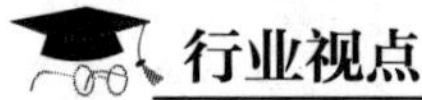

行业视点

极客农场的创始人孔辉以前是国家公职人员，2014年辞掉工作返乡创业，成为一名新农人。家里人都不理解孔辉的决定，但孔辉知道，他对家乡的热爱及为消费者提供安全农产品的意志已经超过了其他因素。经过多年的打拼，目前极客农场的小程序店铺已经积累了大量用户。敢于放弃安稳，勇敢追求自己的梦想，这是孔辉获得成功的一大关键因素。

1. 创建并发布小程序店铺

当前，小程序店铺已被大多数消费者所接受，有赞商家的很大一部分流量就来自小程序店铺。因此，商家有必要开设小程序店铺，并为其引流。

商家如果已经在微信公众平台申请过小程序，可以将小程序授权给有赞平台，有赞平台会帮助商家生成小程序店铺，并提交给微信审核，方便快捷。

对于没有小程序的商家，有赞平台支持在后台快捷创建试用小程序店铺（试用15天），试用小程序店铺支持上架农产品、装修店铺等，但暂不支持支付。商家如果要长期使用小程序店铺，需要完成小程序转正、设置支付方式、提交审核3个步骤的操作，其中小程序转正包括小程序主体认证（即注册小程序的商家的法定代表人的身份认证）、补充小程序基本信息操作，步骤如图5-29所示。

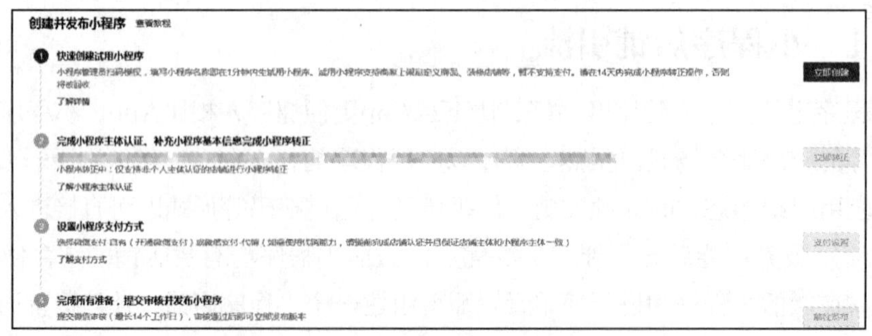

图5-29　创建并发布小程序店铺的步骤

2. 为小程序店铺搭建流量入口

小程序店铺开通后，一般是没有流量的，商家首先需要搭建多个流量入口，汇集各处的流量，尽可能多地为小程序店铺引流。

- **好友聊天分享或微信群分享**。商家可以将小程序店铺直接分享给微信好友或转发至微信群（见图5-30）。
- **通过微信公众号搭建入口**。商家可以在微信公众平台上将小程序店铺与微信公众号相关联，然后在微信公众号底部菜单配置小程序店铺快捷入口，如图5-31所示。同时，小程序店铺与微信公众号关联后，公众号可以选择向关注微信公众号的用户发送一条关联通知，点击即可进入小程序店铺。

图5-30 转发至微信群

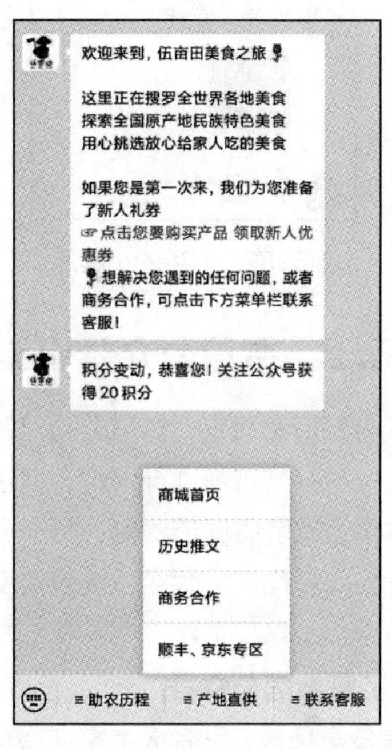

图5-31 配置小程序店铺快捷入口

- **服务通知**。有赞小程序店铺支持推送多种服务通知，涉及催单、付款、发货、签收等各种场景。消费者点击服务通知即可直接进入小程序店铺。因此，商家可以适当利用推送服务通知的方式实现引流。需要注意的是，服务通知的推送不可过于频繁。
- **开通"附近的小程序"功能**。用户可以在微信的"发现—小程序—附近的小程序"中查看附近的小程序，离得越近，排序越靠前，如图5-32所示。商家可以在微信公众平台中为小程序店铺添加地点，开通"附近的小程序"功能，利用此入口为小程序店铺引流。
- **在线下推广小程序店铺**。商家可以在线下通过张贴海报、在快递盒上打印小程序二维码、在快递包裹内放置小程序二维码卡片、发放传单等方式，引导消费者扫码访问小程序店铺。
- **在公众号推文中添加小程序卡片**。阅读公众号推文已经成为很多消费者日常生活的一部分，因此其可能会带来巨大的流量。商家可以在公众号推文中添加小程序卡片，如图5-33所示，首先通过图文内容增强消费者对农产品的购买欲望，然后借助小程序卡片引导消费者直接跳转到小程序店铺购买产品。

图5-32　附近的小程序

图5-33　小程序卡片

5.5.2　微信公众号引流

对于有赞商家而言，微信公众号是一个十分重要的流量渠道。一方面，商家可以将自己的微信公众号与有赞店铺进行绑定，通过设置跳转链接等方式为有赞店铺引流，将微信公众号自有粉丝转化为有赞店铺消费者；另一方面，商家可以与粉丝数较多的微信公众号展开合作，委托其发布公众号推文，并在公众号推文中植入农产品信息，借助这些微信公众号的影响力实现引流。

1. 了解微信公众号

微信公众号是开发者或商家在微信公众平台上申请的应用账号，可以实现和特定群体的文字、图片、语音、视频的全方位沟通、互动。目前，微信公众号已经成为主流的营销工具。

微信公众平台目前提供服务号、订阅号和企业微信3种类型的微信公众号，其中服务号和订阅号是较常用的类型。

- **服务号**。服务号具有用户管理和提供业务服务的能力，服务效率比较高，主要侧重于服务交互。商家若已有一定知名度，需要利用微信公众号完善服务体系，可优先考虑开通服务号。服务号认证后每个月可群发4条消息，还可开通微信支付功能。
- **订阅号**。订阅号具有信息发布和传播的能力，可以展示商家的个性、特色和理念，树立商家的品牌文化。订阅号主要侧重于为用户传达资讯（类似报纸、杂志），商家认证后每天可以群发一条消息，具有较大的传播空间。对于很多想单纯通过公众号推文引流的商家而言，订阅号无疑更适合。

2. 微信公众号绑定有赞店铺

已经有微信公众号且有一定流量基础的商家，可以将自己的微信公众号作为店铺的流量入口，为店铺及农产品引流。商家可以在后台左侧列表中选择“应用\销售渠道\微信公众号”选项，在打开的页面中单击“立即绑定”按钮，使用微信公众号管理员的个人微信扫描打开页面中的二维码，在手机上点击“授权”按钮即可。授权成功之后，计算机上的页面将提示授权成功。

对于有赞商家而言，一个店铺只能绑定一个微信公众号，一个微信公众号只能授权绑定一个店铺，未认证的订阅号不能绑定。绑定有赞店铺后，商家可以在后台为微信公众号设置自定义菜单，通过添加商品或商品组链接等进行引流，其方法如下：在后台左侧列表中选择“应用\销售渠道\微信公众号\自定义菜单”选项，在打开的页面中分别设置一级菜单的标题及其下二级菜单即可。

3. 通过“公众号流量推广”服务引流

商家若没有微信公众号或微信公众号粉丝较少，也可以选择与其他有实力的微信公众号合作。针对有这方面意愿的商家，有赞平台与云堆平台联手推出“公众号流量推广”服务。云堆平台是一个新媒体智能投放平台，已收录超过1000多万家微信公众号，主要提供精准营销推广服务。商家可在云堆平台上发布广告推广农产品，并自主定价，而云堆平台上的媒体会根据商家的出价决定是否接单。一旦接单，媒体将利用自己的微信公众号推送商家的广告，为其带来曝光。商家通过云堆平台发布的广告包括贴片广告和微信软文广告。

- **贴片广告**。贴片广告基于微信公众号体系，以包含图文内容的海报形式嵌入微信软文中。阅读微信软文的用户通过识别海报内二维码跳转到相应的农产品页面，实现有效引流。贴片广告按展示次数计费。

- **微信软文广告**。微信软文广告是基于微信公众号体系，以图文内容的展示形式推送给微信公众号粉丝。粉丝通过识别文内二维码、点击“阅读原文”超链接、小程序跳转等方式跳转到相应的农产品页面，并依托社交关系链加大传播范围。微信软文推广按展示次数计费。

这里以发布微信软文广告为例，介绍通过“公众号流量推广”服务进行引流的方法，其具体操作如下。

① 进入有赞后台，在左侧列表中选择“应用\我要推广”选项，在打开的页面中单击“公众号流量推广”按钮，在打开的“公众号广告推广”页面中单击“购买应用”按钮，如图5-34所示。

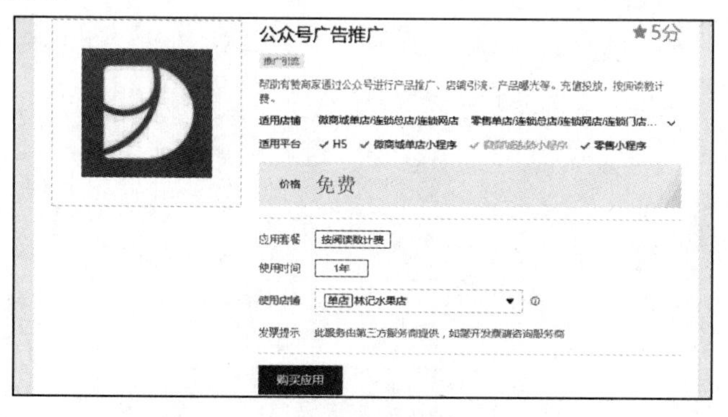

图5-34 单击“购买应用”按钮

② 在打开的页面中选中“已经阅读并同意协议《有赞云用户授权使用协议》《有赞云应用市场使用协议》且同意授权信息”复选框，单击“提交订单”按钮。在打开的页面中将提示

支付完成，单击“前往我的应用”按钮，在打开的页面中单击“去使用”按钮，如图5-35所示。在打开的对话框中输入相应的信息后单击“确定”按钮。

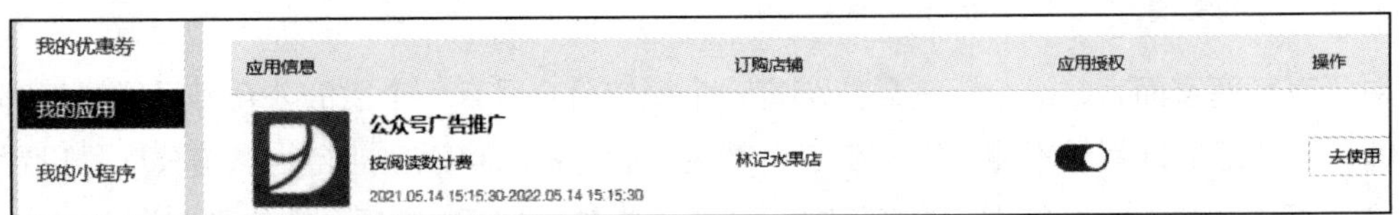

图5-35　单击“去使用”按钮

③ 在打开的云堆平台首页左侧列表中选择“微信智能推广\新建任务”选项，在打开的页面中设置推广名称、推广日期、推广模式、媒体标签、推广形式、文案修改、预算设置、推广预算、推广单价等信息，如图5-36所示，然后单击“下一步”按钮。

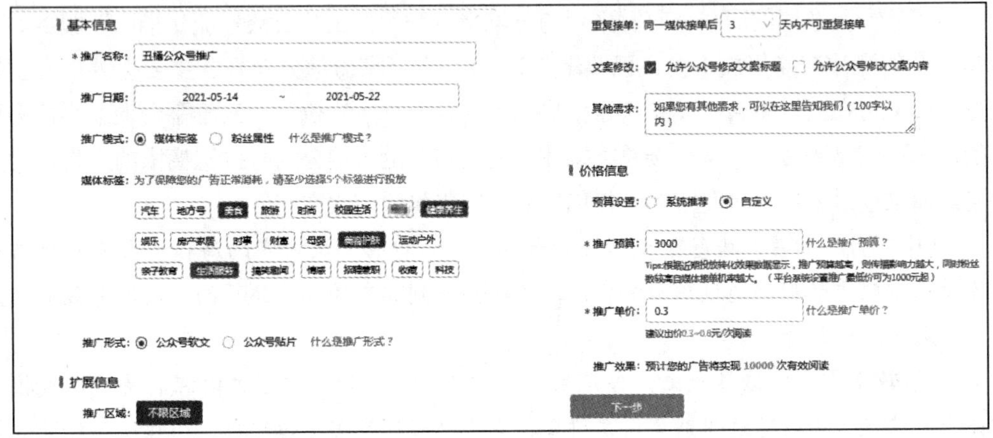

图5-36　设置信息

④ 在打开的页面中可以看到平台已经推荐了一些媒体，商家可以单击自己看好的媒体对应的“优先”按钮，设置该媒体优先推广，如图5-37所示，然后单击“下一步”按钮。

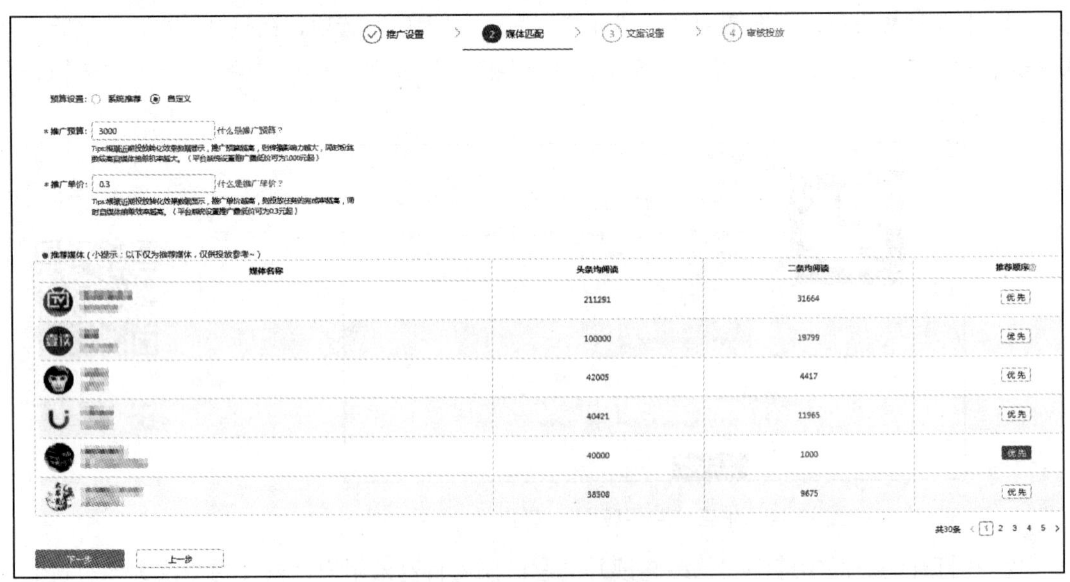

图5-37　设置优先推广的媒体

⑤ 在打开的页面中设置文案，包括文案标题、封面图和文案内容，如图5-38所示，最后单击“立即推广”按钮。云堆平台将对其进行审核，一般10分钟内即可完成审核。审核通过后，只要有媒体接单发文，就可以为商家引流。

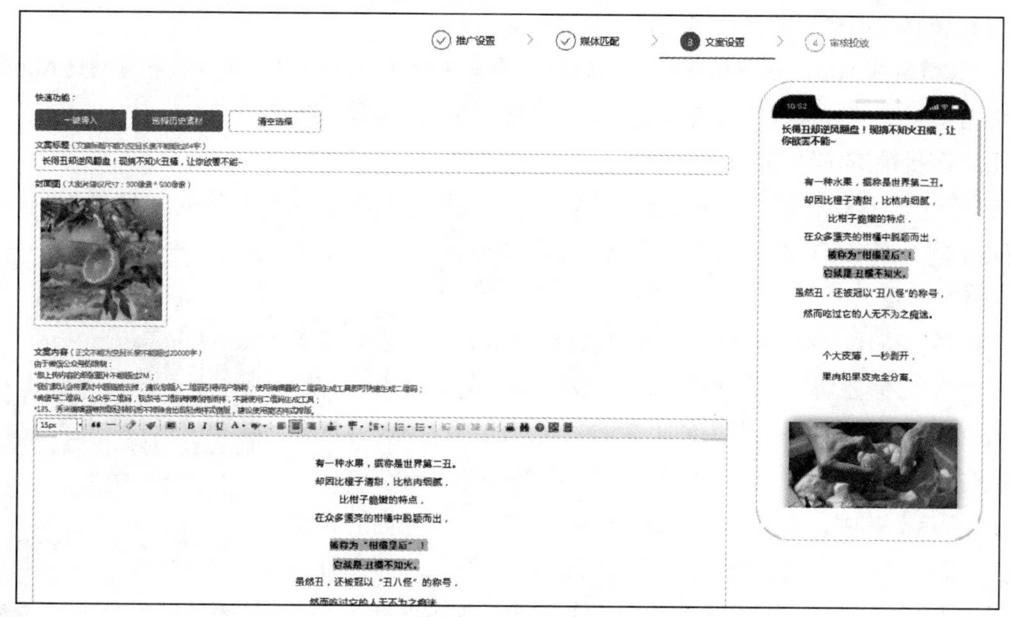

图5-38 设置文案

5.5.3 有赞精选引流

除了利用微信小程序、微信公众号为店铺和农产品引流，有赞平台旗下的有赞精选也拥有较大的流量，商家可以通过报名有赞精选资源位获取流量。

1. 了解有赞精选

有赞精选是有赞旗下覆盖5000万消费者的综合性电商平台。有赞精选以“社交+内容+电商”的形式，利用算法向消费者呈现有趣、有品质、精准的推荐内容，帮助商家快速有效地触达精准的消费者群体。有赞精选微信公众号、小程序的用户量大，在微信环境中，产品可以更轻松便捷地被消费者分享给好友或转发至朋友圈、微信群，传播范围更广。同时，有赞精选按照实际成交效果（交易额）收费，风险相对更低。有赞精选的流量渠道主要包括微信公众号、微信小程序及有赞精选App，不同的流量渠道具有不同的特点。

- **微信公众号**。有赞精选旗下拥有有赞精选、有赞生活、有赞值得买、有赞吃货等微信公众号。其中，有赞吃货尤其适合农产品商家。这些微信公众号能在短时间内为商家带来大量订单，转化率也相对较高，适合打造热门的或标杆性的农产品。

知识补充

有赞精选微信公众号引流与“公众号流量推广”服务是不同的。首先，有赞精选微信公众号是有赞旗下的，商家通过有赞平台报名，收费方式固定，而“公众号流量推广”服务借助的是各种不同媒体的公众号，商家在云堆平台上自行报价，由媒体自由接单。

- **微信小程序**。有赞精选旗下拥有有赞精选、有赞热卖等微信小程序，目前已积累大量消费者，其特点在于与消费者的互动性更强，触达消费者的路径短。微信小程序会在消费者下单后向其推送诸如付款提醒、发货通知等各类服务通知，消费者点击查看这类通知即会被进一步触发返回微信小程序，从而可能产生后续购买行为。
- **有赞精选App**。在微信小程序已经较为普及的情况下，仍旧愿意下载有赞精选App的消费者很可能对有赞精选的认可度较高，因而具有高黏性、高复购率的特点。

2. 有赞精选资源位

有赞精选为商家提供了3种类型的资源位，分别为单图文、贴片和货架。不同类型资源位的特点不同，商家可以根据自身实际情况进行选择。

（1）单图文

单图文资源位主要位于有赞精选及其他有赞旗下的公众号推文中，不同微信公众号的粉丝量和推文阅读量不同。其中，有赞精选中的单图文资源位分为头条（微信公众号的单次推送通常会有多条，其中第一条称为“头条”）、第2～3条和第4条，如图5-39所示。其中，头条的阅读量、转化率较高，一周内的阅读量为10万～50万，每月推送4次，每次推送一款产品，按5.5万元（固定费用）+15%×交易额（推送日后30天内参加本次推送产品的交易额+本次推广活动带来店铺内其他产品交易额）收费。第2～3条一周内的阅读量为2万～15万，每月推送4次，每次推送一款产品，按1.5万元（固定费用）+15%×交易额（推送日后30天内参加本次推送产品的交易额+本次推广活动带来店铺内其他产品交易额）收费。第4条专门针对通过有赞审核的商家，普通商家收费为4万元，付费商家可享受8折优惠（一年内可享受5次）。

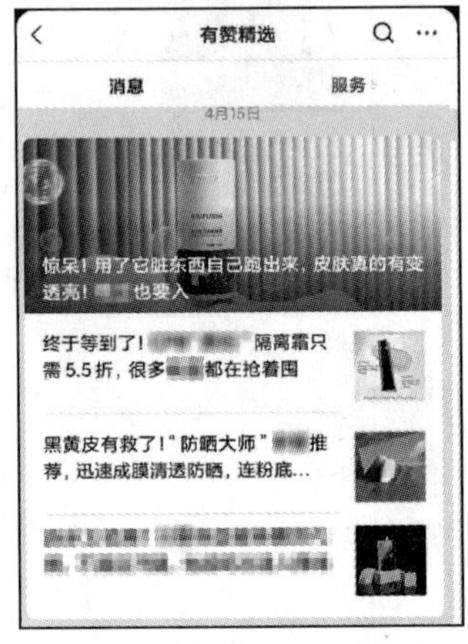

图5-39　单图文资源位

单图文资源位要求商家具有图文运营能力，即能够通过图文的形式阐述产品卖点、使用场景、使用方法、物流发货事项、购买方法等。该资源位接受包括农产品在内的所有类目报名，报名时需提交图文内容并寄送样品。

（2）贴片

贴片资源位主要位于有赞旗下公众号推文的末尾，以一张图片、简短文案和购买链接构成，如图5-40所示。贴片资源位按照20%×交易额（推送日后30天内参加本次推送产品的交易额+本次推广活动带来店铺内其他产品交易额）收费。

要想通过贴片资源位获得良好的引流效果，报名商家需要用简短的文案叙述清楚产品的卖点，并配上富有视觉冲击力的图片以吸引消费者关注，同时对应产品的价格应具有很大的优势，让消费者快速产生购买冲动。

（3）货架

货架资源位主要集中在微信小程序和有赞精选App，如图5-41所示。相比于微信公众号中的资源位，货架资源位主要吸引日常搜索或访问流量，不会集中产生大量订单，带给商家的备货压力相对较小，中小商家也可报名。报名商家无须开通小程序或开发App，但需具备一定的运营能力与经验，报名产品也需要具有极大的价格优势。

图5-40　贴片资源位

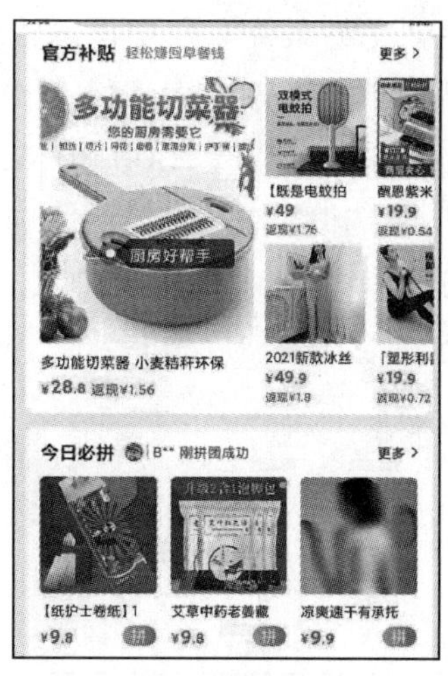

图5-41　货架资源位

5.6 有赞店铺会员管理

会员是与商家建立了长期合作关系的消费者，能够为商家带来长远的利益。会员管理可以为店铺培养更多的忠实消费者，为店铺建立一个长期稳定的消费战线，提高店铺的销售额和竞争力。同时，会员管理有助于更好地了解消费者需求，为后续的店铺运营提供依据。有赞平台为商家提供了很多会员管理相关的功能，包括管理客户标签、搭建会员体系以及设计会员活动等。

5.6.1 管理客户标签

微课视频：

管理客户标签

标签是十分重要的客户管理工具，可以帮助商家快速分类统计客户的类型，从而更高效地实现客户管理。例如，标签“养生”就简明扼要地表明拥有该标签的客户十分重视健康，商家在后续运营中就可以有针对性地向拥有该标签的客户推荐对健康有益或天然无污染的农产品。

商家可以在有赞后台新建客户标签。目前，有赞平台上的标签分为手动标签和自动标签。手动标签需要商家手动给消费者打标，自动标签在设置标签规则后便可由系统自动打标。在新建自动标签时，需要设置打标规则。在有赞后台为最近30天购买一款丑橘、客单价在100～300元的客户设置自动打标，其具体操作如下。

① 在有赞后台的左侧列表中选择“客户\标签管理”选项，在打开页面中的“标签名称”文本框中输入标签名称“高客单价新客户”，将“标签类型”设置为“自动标签”、“满足条件”设置为“必须满足所有被选中的条件”。

知识补充

在自动标签打标规则中，满足条件可以设置为满足任意一个被选中的条件或必须满足所有被选中的条件。

②在“交易条件”栏中可以设置具体的打标条件，这里选中“最后消费时间”复选框，在“最近”下拉列表中选择“30”选项，选中“客单价”复选框，在下方的两个数值框中分别输入“100.00”“300.00”，选中“历史任意时间购买过以下任意商品（勾选后选择商品）”复选框，单击下方的“选择商品”超链接，在打开的“选择商品”对话框中选择对应的农产品，单击“确定”按钮，如图5-42所示，返回新建标签页面，单击“保存”按钮，如图5-43所示。

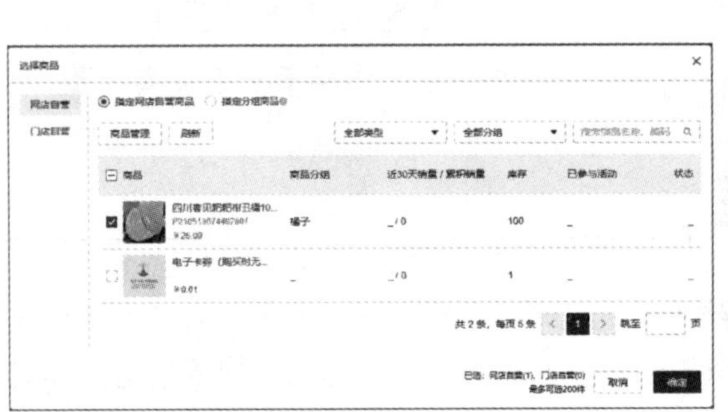

图5-42　选择农产品

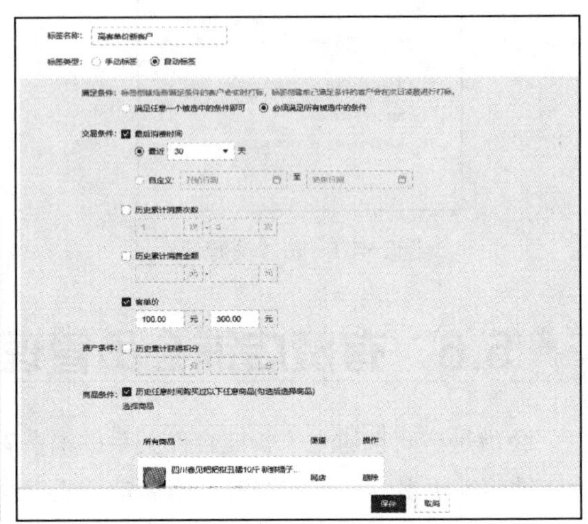

图5-43　单击“保存”按钮

知识补充

在有赞后台左侧列表中选择“客户\客户查询”选项，在打开页面中的“标签”下拉列表中选择需要的标签，单击“筛选”按钮即可按照标签筛选客户，如图5-44所示。

图5-44　通过标签筛选客户

案 例

王小明的客户标签管理

王小明是一个售卖水果的商家。他通过有赞平台开店，格外注重对细分消费人群的运营。他了解到有赞平台推出了自动打标功能，让商家可以通过设置打标条件自动标记不同的客户群体，于是便试着使用了该功能。

王小明的水果店拥有较多客户，但大部分客户的客单价不高，他想要筛选出一部分对价格不敏感的客户，有针对性地向这部分客户推荐价格较高、品质上乘的水果，因此他新建了“价格不敏感客户”标签，设置打标条件为“客单价在300～500元”，满足该条件的客户都将被打上“价格不敏感客户”的标签。王小明打算在之后开展车厘子促销活动时，向这部分客户定向推送活动信息，吸引其下单。

一段时间后，王小明又发现，店铺的老客户占比较小，尤其是最近未下单的客单价较高的老客户。他决定标记出此类客户，再进行有针对性的运营。于是，他新建了“重要老客户”标签，设置打标条件为“购买次数在3次以上，最近购买时间在30～60天，累计消费金额在500元以上”，此类客户消费能力较强，并且即将流失，因此王小明通过发放大额优惠券的方式挽留这类客户。

思考：（1）有赞平台的自动打标功能对于商家有何意义？

（2）王小明是怎么通过客户标签管理筛选客户并进行后续客户管理的？

5.6.2 搭建会员体系

利用客户标签来进行会员管理，操作简单，但缺乏系统性，对于运营要求较高的商家显然是不够的，这时商家可以搭建完整的会员体系来完善店铺客户的管理。

搭建会员体系是指对店铺积累的客户进行分等级的精细化运营，通过设置会员的门槛与权益，为店铺划分出忠实客户、普通客户、新客户，分别对其设置运营策略，进而提升客户的黏性和对店铺的忠实度。在搭建会员体系的过程中，首先需要确定会员等级框架，然后设置具体的会员等级及权益。

拓展阅读：

会员管理的意义

1. 确定会员等级框架

在有赞平台中，会员等级是一种会员成长体系的对外展示形式。会员等级由成长值（客户行为的量化指标）来划定，会员等级越高，所享受的会员权益越多。对于商家而言，会员等级在维护会员忠诚度方面有着重要意义。

在确定会员等级时，商家可以以客户价值的大小为依据，而衡量客户价值大小需要利用一个重要的模型——*RFM*模型。*RFM*模型是目前广泛应用的客户价值分析工具，主要由3个指标组成。

- ***R*（Recency）**。*R*代表最后一次消费，指客户最近一次购买的时间距离上一次消费的时间。理论上来说，最近一次消费时间越近的客户与店铺的关系越紧密，更容易触达；而最近一次消费距离当前越远的客户，越有流失的风险。假设当前是2021年7月5日，客户上次光顾的时间是2021年6月13日，那么客户最近消费时间就是23天前，可记为“*R*=23”，“*R*值”越大，客户价值越低；“*R*值”越小，客户价值越高。

- ***F***（**Frequency**）。*F*即消费频次，指客户在最近一段时间内购买产品的次数，购买频率越高的客户，对店铺的满意度越高，对于店铺发展也越有推动力。
- ***M***（**Monetary**）。*M*即消费金额，指客户在最近一段时间内购买产品所花费的金额，是客户贡献的直接体现。一般来说，消费金额越高的客户，越值得商家用心维护。

根据每个客户3个指标的不同数据，可以将客户分为8类，然后在此基础上进行VIP等级设定，如表5-1所示。

表5-1　基于*RFM*模型分类法的客户分级

序号	*R*值	*F*值	*M*值	客户类型	客户等级
1	高	高	高	重要价值客户	VIP4
2	高	低	高	重要发展客户	
3	低	高	高	重要保持客户	VIP3
4	低	低	高	重要挽留客户	
5	高	高	低	一般价值客户	VIP2
6	高	低	低	一般发展客户	
7	低	高	低	一般保持客户	VIP1
8	低	低	低	一般挽留客户	

2. 设置会员等级及权益

在有赞平台中，客户对于店铺的贡献可以用成长值体现，不同的成长值对应不同的会员等级。商家可以自行设置不同会员等级所需的成长值，以及对应的权益，通过不同等级间权益的差异刺激会员争取更高的等级。这里设置VIP1等级所需成长值为0，享受9.5折的会员权益；VIP2等级所需成长值为10，享受9折的会员权益，其具体操作如下。

微课视频：

设置会员等级及权益

① 在有赞后台左侧列表中选择“客户\忠诚度管理\等级管理”选项，在打开的页面中单击“VIP1”对应的“编辑”超链接，在打开的页面中可以看到系统默认设置的等级名称、等级背景、获得条件（需要的成长值）、注册信息，商家可以自行修改，这里保持默认设置。然后在“权益礼包”板块中选中“消费折扣”复选框，在后面的数值框中输入“9.5”，表示该等级的会员享受9.5折优惠，完成后单击“提交”按钮，如图5-45所示。

② 单击“VIP2”对应的“去配置”超链接，在打开页面中的“成长值”数值框中输入“10”，在“权益礼包”板块中设置“消费折扣”为“9.0”折，升级礼包为送200积分，单击“提交”按钮，如图5-46所示。需要注意的是，在设置每一等级所需成长值时，必须大于上一等级所需成长值。

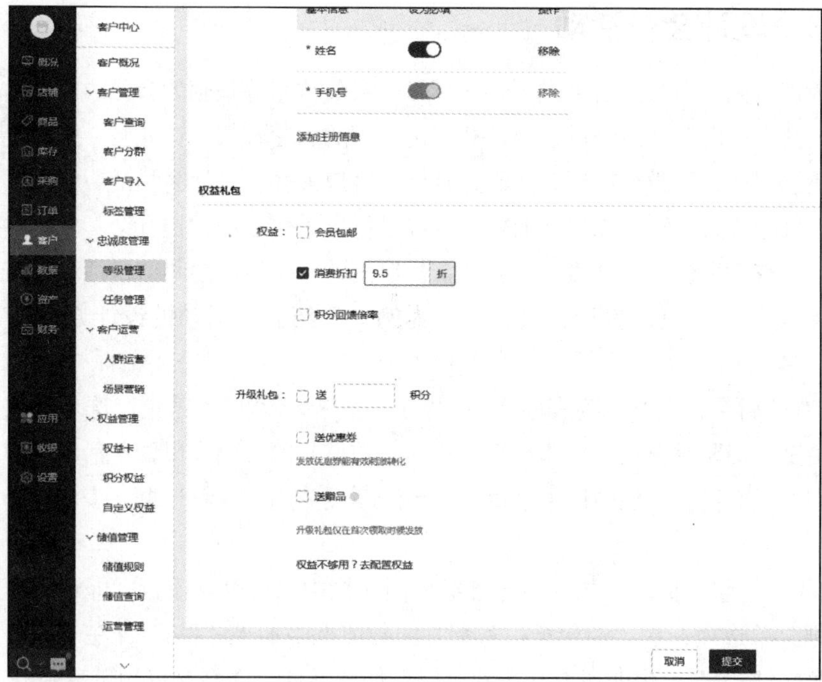

图5-45　设置VIP1等级

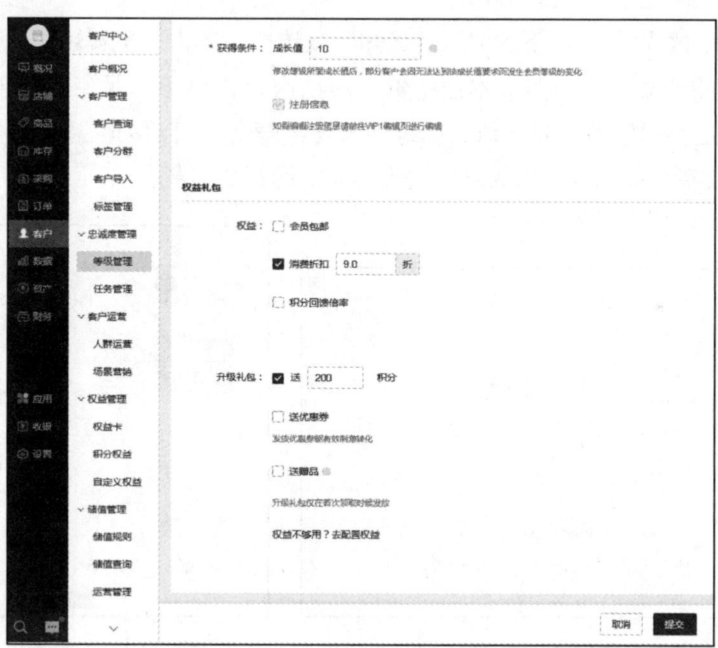

图5-46　设置VIP2等级

知识补充

在有赞平台中，常见的会员权益包括产品类权益，如新品免费试用等；服务类权益，如售后优先处理、退货免运费等；活动类权益，如会员价、线下会员活动等；礼券类权益，如折扣、优惠券、翻倍积分、好礼兑换等。

5.6.3 设计会员活动

在会员管理方面，有赞平台提供了客户标签、会员体系等基础的会员运营功能，让商家可以对客户进行分类，并制定不同的运营政策。在此基础上，商家还需要持续刺激客户到店回购并且提供客户关怀。设计会员活动就是一种很好的方式，它可以帮助商家与客户进行场景化互动，提升会员的忠诚度。在有赞平台中，会员活动包括会员日活动、生日活动和节日活动等。各种会员活动的设计方法类似，这里以设计会员日活动为例，介绍会员活动的设计方法，其具体操作如下。

① 进入有赞后台，在左侧列表中选择“客户\客户运营\场景营销”选项，在打开的页面中单击“会员日营销”对应的“立即新建”按钮，在打开的页面中设置“活动名称”为“会员日活动”，在“活动日期”栏中选中“每周”单选项及“周三”复选框，表明将会员日设置为每周三。

② 在“权益礼包”板块中的“会员等级规则”栏中保持默认设置，即选中“所有等级会员，同一规则”单选项，在“消费折扣”下方的数值框中输入“8.5”，在“积分回馈”下方的数值框中输入“2.0”，表明所有会员都可以参加此活动，在会员日均可享受8.5折优惠，并获得平时购物2倍的积分，如图5-47所示。

③ 选中“通知配置”板块下的“短信通知”复选框，单击“配置短信通知”编辑框，在打开的对话框中的“短信内容”文本框中输入短信内容，单击“保存”按钮，如图5-48所示。需要注意的是，短信内容要简洁、精练地表述清楚会员日活动信息，避免涉及教育、金融、酒类、引导加微信等内容，因为这些内容容易被运营商屏蔽。

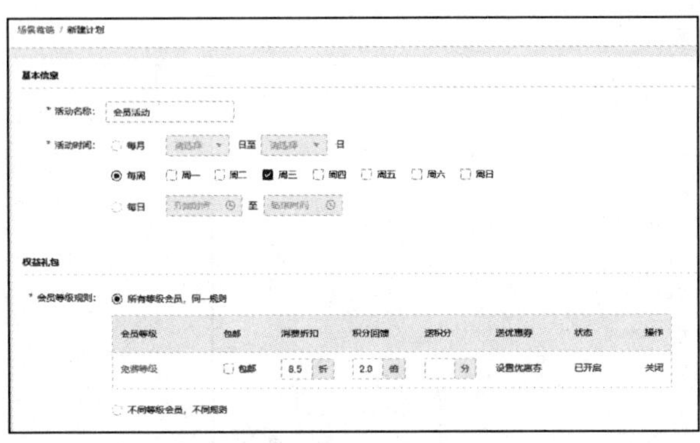

图5-47 设置会员日活动信息

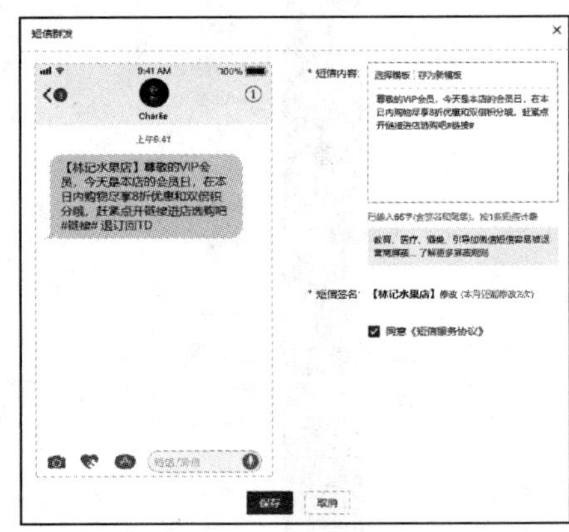

图5-48 设置短信群发内容

知识补充

有赞平台提供了微信公众号图文消息（只对有互动行为的公众号粉丝生效）、短信、微信模板信息（频繁发送营销类模板消息有被封禁的风险）、小程序订阅消息（需客户接受订阅后才能发送）等通知方式。商家需要至少选择一个（可选择多个）可用的通知方式向会员发送会员日活动信息。

④ 在“发放权益、通知时间”对应的第二个下拉列表中选择“14:00”选项，表明发放权益、通知时间为会员日前一天的14点，然后单击“新建活动”按钮，打开“生效时间提示”对话框，显示活动生效时间和会员权益发放时间，表示已成功设计会员日活动。

案　例

某鲜奶店铺的会员日活动

某经营鲜奶的商家刚刚搭建了专属的会员体系，通过一系列新会员福利吸引了一批客户注册成为会员。该商家发现，新会员虽然数量多，但复购率较低，说明会员的忠诚度不高。为了提升会员的复购率，该商家将每周二定为会员日，同时规定，会员在会员日当天购买指定款鲜奶可以享受8折优惠。通过设计会员日活动，该商家希望刺激会员的购物热情，缩短复购周期，使更多会员能在每周二进店消费。同时，该商家也希望此项活动能进一步引起更多非会员的兴趣，吸引他们办理会员参与活动，从而为店铺拉来更多的会员。

思考：会员日活动对该商家有何意义？

5.7 有赞店铺数据分析与优化

有赞平台为商家提供了全面的数据分析功能，商家可以分析店铺各方面的数据，找出店铺运营中存在的问题，然后进行有针对性的优化。

5.7.1 分析有赞店铺数据

与拼多多店铺类似，对于有赞店铺来说，重要的数据依然是实时概况、流量数据、商品数据、交易数据、客户数据等。

1. 分析实时概况

实时概况从核心数据实时变化的角度体现了店铺的总体数据情况。分析实时概况有助于商家掌握店铺的实时经营状况，及时找出问题并进行有针对性的解决。

商家进入有赞后台后，在左侧列表中选择“数据\数据概况”选项，在打开的“数据概况”页面中的“实时概况”板块中可直接查看今日支付金额、访客数、浏览量、支付订单数及支付人数的实时数据，还可以与昨日全天数据进行对比，如图5-49所示。

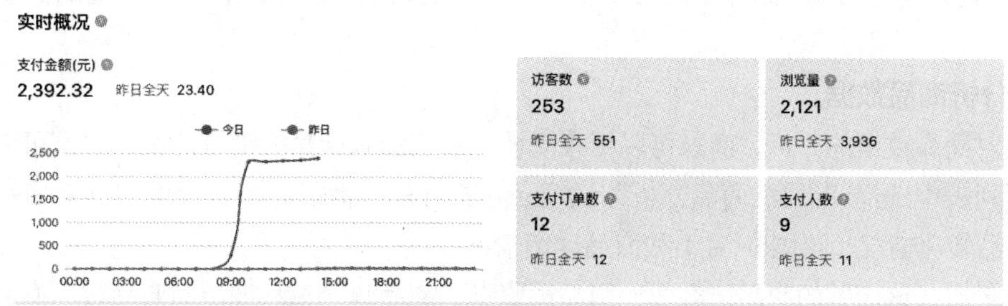

图5-49　实时概况

可以看出，截至15点，该店铺今日实时的支付金额已达到2392.32元，远远超过昨日的23.40元，在访客数、浏览量暂时低于昨日全天数据的情况下，支付订单数和支付人数已经相当接近昨日全天水平，说明店铺今日的转化率远高于昨日，今日店铺的经营状况相对于昨日有很大的改善。

2. 分析流量数据

流量是店铺的生命线，是店铺销售业绩的直接影响因素，因此关注店铺流量数据是所有商家每天必做的工作。商家可以在"数据概况"页面中的"网店流量看板"板块中查看店铺的基本流量数据，包括跳失率、人均浏览量、平均停留时长、商品访问转化率、访问-加购转化率、访问-支付转化率等指标，如图5-50所示。

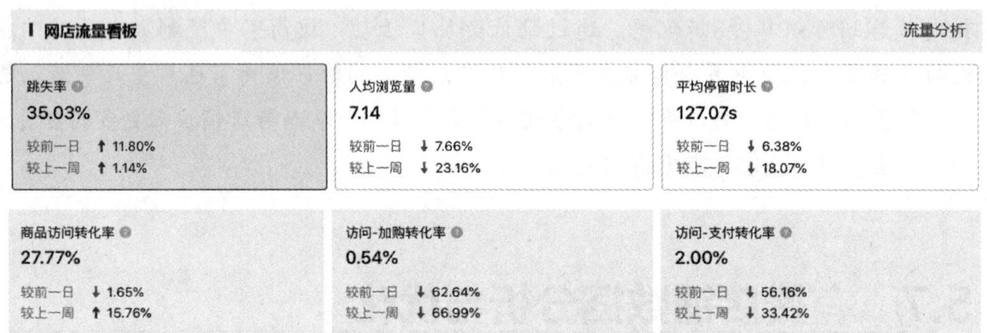

图5-50　网店流量看板

- **跳失率**。跳失率等于统计时间内访客只访问了一个店铺页面就离开店铺的人数与店铺访客数的百分比值，该值越低，表示流量的质量越好。
- **人均浏览量**。人均浏览量等于统计时间内浏览量与访客数的比值，该值越高，表示流量的质量越好。
- **平均停留时长**。平均停留时长等于统计时间内访问店铺的所有访客总的停留时长与访客数的比值，该值越高，表示流量的质量越好。
- **商品访问转化率**。商品访问转化率等于统计时间内商品访客数与店铺访客数的百分比值。
- **访问-加购转化率**。访问-加购转化率等于统计时间内加购人数与访客数的百分比值。
- **访问-支付转化率**。访问-支付转化率等于统计时间内支付人数与访客数的百分比值。

可以看出，该店铺的跳失率较前一日、上周同期有所上升，人均浏览量、平均停留时长、访问-加购转化率、访问-支付转化率较前一日、上周同期有所下跌，说明店铺的流量表现不佳，需要进一步优化。

3. 分析商品数据

通过对商品数据的分析，商家可以更直观地了解店铺农产品的销售情况。商家可以在有赞后台左侧列表中选择"数据\商品分析"选项，在打开的"商品分析"页面中查看店铺的商品概况、商品转化情况（见图5-51）和商品动销情况。

可以看出，该店铺的商品访客数、商品浏览量、商品曝光量、被访问商品数、商品加购数等值较前一日呈现大幅下降趋势，说明店铺流量下降严重。

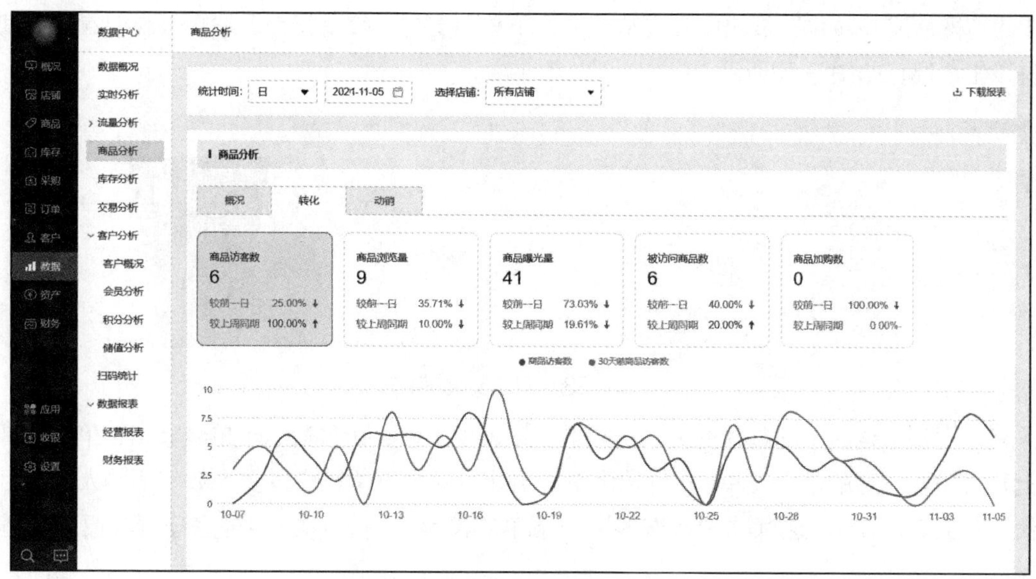

图5-51　商品转化情况

知识补充

商品动销反映店铺库存的积压情况，其核心指标是动销率。动销率=统计时间内销售出库数量/（期初库存+采购入库+退货入库+盘盈入库）×100%。动销率的大小需要根据商家的具体情况进行分析。一般而言，动销率过低，说明店铺的库存积压很多；动销率超过100%，则说明店铺可能需要补货。

此外，商家可以在“商品分析”页面中的“商品销售明细”板块中查看店铺商品的明细销售数据，包括支付件数、支付金额、访问-支付转化率等，如图5-52所示。单击商品对应的“趋势图分析”超链接，在打开的对话框中可以查看该商品的选定指标的变化趋势图。

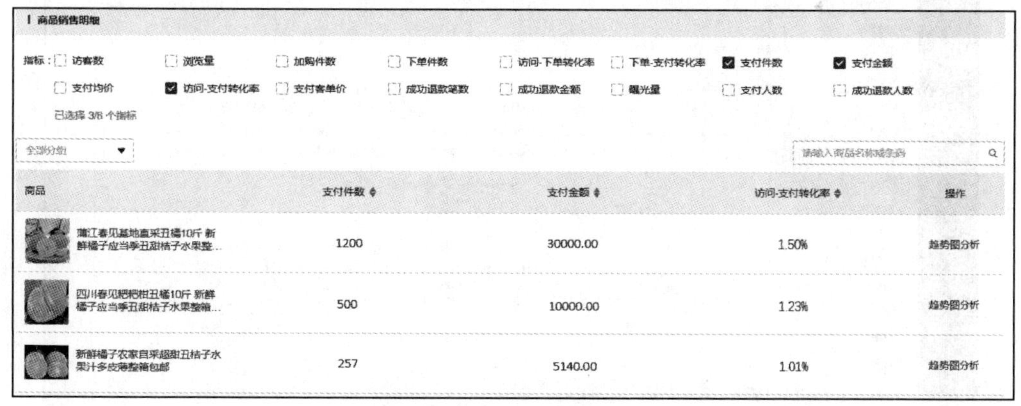

商品	支付件数	支付金额	访问-支付转化率	操作
蒲江春见基地直采丑橘10斤 新鲜橘子应当季丑甜桔子水果整...	1200	30000.00	1.50%	趋势图分析
四川春见耙耙柑丑橘10斤 新鲜橘子应当季丑甜桔子水果整箱...	500	10000.00	1.23%	趋势图分析
新鲜橘子农家自采超甜丑桔子水果汁多皮薄整箱包邮	257	5140.00	1.01%	趋势图分析

图5-52　商品销售明细

4．分析交易数据

交易分析是指对店铺经营过程中的交易数据，如下单人数、下单金额、支付人数、支付金额、客单价等进行分析，帮助商家掌握店铺的交易情况。

商家可以在有赞后台左侧列表中选择“数据\交易分析”选项，在打开的“交易分析”页面中的“网店交易转化”板块中查看从访客到下单到支付的交易漏斗，清晰直观地看到店铺的支付转化情况，如图5-53所示。

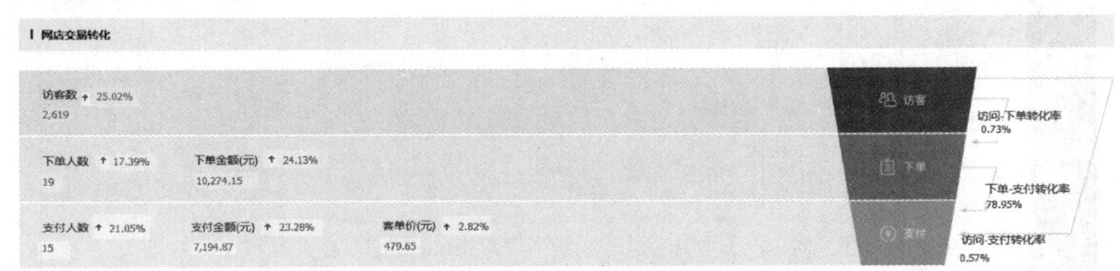

图5-53　网店交易转化

可以得知，该店铺的整体交易状况较前一日表现不错，访客数、下单金额和客单价等都有所上升。需要注意的是，下单-支付转化率（统计时间内下单且支付的人数与下单人数的百分比值）仅有78.95%，这意味着有许多客户下单后没有支付，商家应重点分析其原因并进行优化。

5. 分析客户数据

分析客户数据有助于商家了解店铺客户的变化情况，分析客户特征，评估客户价值，进而制定合理的营销策略。

（1）分析客户概况

商家可以在有赞后台左侧列表中选择“数据\客户概况”选项，在打开的“客户概况”页面中的“客户概况”板块中查看店铺客户的实时数据，包括新增客户数、新增会员数、累计客户数、累计会员数、累计会员占比等，如图5-54所示。

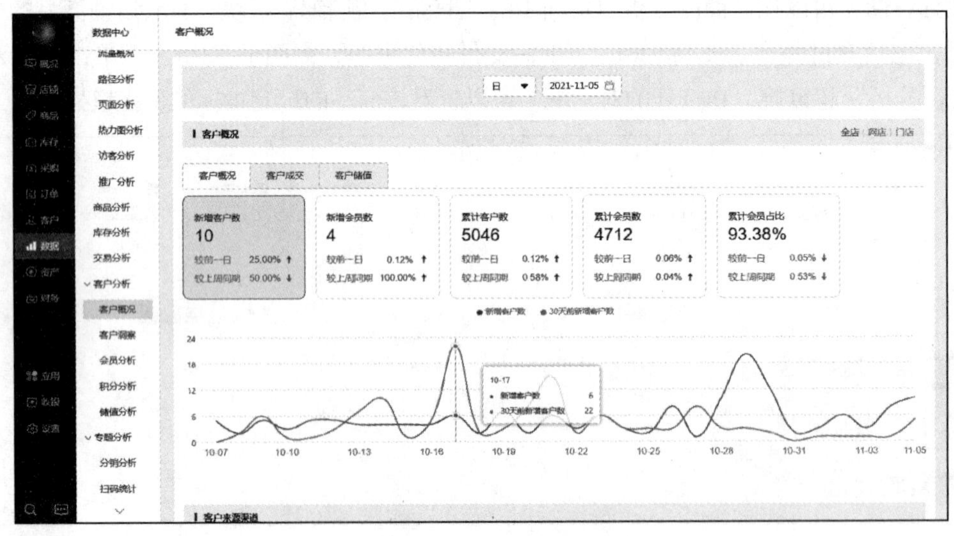

图5-54　客户概况

可以看出，该店铺的新增客户数较前一日增加，新增会员数较前一日也有所增加，而累计会员占比较前一日有小幅下跌，说明今日新增的客户转化为会员的比率有所下降。商家应进一步观察累计会员占比数据的变化趋势，如果进一步下跌，就需要分析并优化会员制度、会员注册步骤等。

（2）分析成交客户概况

在“客户概况”页面中，商家还可以查看店铺成交客户概况，具体为统计时间内全部客户中新老客户的占比和支付数据，如图5-55所示。

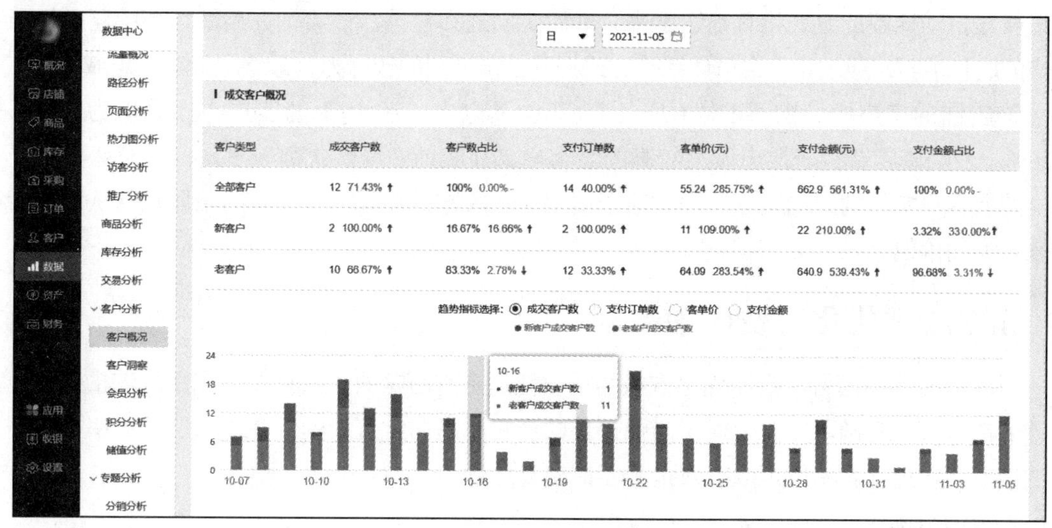

客户类型	成交客户数	客户数占比	支付订单数	客单价(元)	支付金额(元)	支付金额占比
全部客户	12 71.43% ↑	100% 0.00% -	14 40.00% ↑	55.24 285.75% ↑	662.9 561.31% ↑	100% 0.00% -
新客户	2 100.00% ↑	16.67% 16.66% ↑	2 100.00% ↑	11 109.00% ↑	22 210.00% ↑	3.32% 330.00% ↑
老客户	10 66.67% ↑	83.33% 2.78% ↓	12 33.33% ↑	64.09 283.54% ↑	640.9 539.43% ↑	96.68% 3.31% ↓

图5-55 成交客户概况

可以看出，2021年11月5日该店铺的新老客户较前一日有大幅上涨，支付数据表现良好，老客户的客户数占比高达83.33%，近一个月老客户的占比均较高，说明店铺可能近期加大了老客户的回馈力度，通过各种福利和活动吸引了较多老客户复购。

（3）分析客户*RFM*模型

商家需要针对客户在店铺的购买行为，对客单价、购买频次、最近购买时间等不同的维度进行分析。商家可以进入有赞后台，在左侧列表中选择“数据\客户分析\客户洞察”选项，在打开的页面中查看客户*RFM*模型，如图5-56所示。

通过分析店铺客户的最近消费时间(*R*)、消费频次(*F*)、消费金额(*M*)，可有效将店铺客户分层。消费频次越大、消费金额越高的客户，其客户生命价值越高。通过营销活动、会员体系、精准人群运营，可有效提升客户贡献。查看RFM分析方法

最近付款时间在 2021-11-05 前 全部 的成交客户数据 筛选

选择指标：客户数/占比 累计支付金额 客单价

消费时间(*R*)/频次(*F*)	*F*=1	*F*=2	*F*=3	*F*=4	*F*≥5	行合计
R≤30	27人 占比2.44%	45人 占比4.07%	26人 占比2.35%	19人 占比1.72%	30人 占比2.71%	147人 占比13.29%
30<*R*≤90	46人 占比4.16%	64人 占比5.79%	54人 占比4.88%	23人 占比2.08%	11人 占比0.99%	198人 占比17.9%
90<*R*≤180	84人 占比7.59%	55人 占比4.97%	35人 占比3.16%	22人 占比1.99%	18人 占比1.63%	214人 占比19.35%
180<*R*≤365	77人 占比6.96%	70人 占比6.33%	24人 占比2.17%	13人 占比1.18%	17人 占比1.54%	201人 占比18.17%
R>365	206人 占比18.63%	86人 占比7.78%	28人 占比2.53%	7人 占比0.63%	19人 占比1.72%	346人 占比31.28%
列合计	440人 占比39.78%	320人 占比28.93%	167人 占比15.1%	84人 占比7.59%	95人 占比8.59%	1106人 占比100%

图5-56 客户*RFM*模型

可以看出，在该店铺购买过1次（F=1）的客户中，有206位的客户最近购买时间是在1年前（$R>365$）；最近购买时间在90～365天（$90<R\leqslant365$）的客户超过400位。这些客户在购买一次后都没有回购，说明店铺的新客户流失严重，针对这部分长期没有回购的客户，商家可以通过新建自动标签的方式将其筛选出来，然后定向通知营销。该店铺在后续运营中还应加强老客户的成长培养，通过完善会员体系等方式提升会员福利的吸引力，最终提升客户忠诚度。

该店铺的客户中，购买4次（F=4）、5次及以上（$F\geqslant5$）的客户占比分别为7.59%和8.59%，表明该店铺有一批忠诚度较高的老客户，在店铺中复购次数较多。商家有必要进一步对这些老客户实行精细化运营，通过给予情感关怀等方式使其产生较强的归属感，从而为店铺带来更大的价值。

5.7.2 优化有赞店铺数据

对于有赞店铺而言，定期优化流量的重要性是不言而喻的，只有保证充足的流量，才能为店铺的销售打下基础。客单价对于店铺销售的影响也是非常直接的，在流量、转化率等数据不变的情况下，提升客单价可以有效提升店铺交易总额。

知识补充

对于有赞店铺而言，主图和详情页同样会影响转化率等数据，因此也需要定期进行优化。其优化方法与拼多多店铺的相关优化操作类似，这里不再赘述。

1. 优化店铺流量

有赞商家常用的引流手段是在公众号推文中植入产品或店铺首页的链接。在微信中，公众号推文如果能获得较多的点击量，将会带来巨大的流量。此外，有赞小程序店铺的搜索结果也对店铺流量的大小有直接的影响，搜索排名越靠前，越容易获得更多的流量。

（1）提升公众号推文的点击量

公众号推文的点击量与微信公众号本身的影响力、公众号推文标题和公众号推文摘要的吸引力直接相关。其中，微信公众号的影响力在短期内很难改变，因此较可行的策略是提升公众号推文标题和公众号推文摘要的吸引力。

① 提升公众号推文标题的吸引力

目前公众号推文的数量巨大，消费者是否点击查看公众号推文，与标题的吸引力直接相关。优秀的公众号推文标题都有一些共同的写作模式，掌握这些写作模式可以快速写作出具有吸引力的标题。

- **宣事式标题**。宣事式标题是指直接点明农产品宣传意图的标题，这种标题常会开门见山地宣告某事项或直接告诉消费者可以获得的利益或服务，如《新鲜山东车厘子基地首发！69元起！现在抢购买一送一！》。
- **提问式标题**。提问式标题是指利用提问的方式引起消费者的注意，使他们去思考问题，并想要读完全文一探究竟。商家在考虑要提问的问题时，应从消费者关心的利益点出发，同时要与所推农产品相关。提问式标题可以是反问、设问，也可以是疑问，如《你家买的菜籽油经得起健康测试吗？》。

• **对比式标题**。对比式标题是指将当前事物的某个特性同与之相反的或性质截然不同的事物进行对比，通过这种强烈的对比引起消费者的注意，如《“一两陈皮一两金”，这“黑珍珠”比陈皮还珍贵！》。

• **证明式标题**。证明式标题是以见证人的身份阐释农产品或品牌的好处，可以是自证，也可以是他证，以此增强消费者的信任，该类型常使用口述的形式传递信息，语言自然通俗，如《亲测！减肥的姐妹看过来，这款代餐麦片吃了真的扛饿！》。

• **悬念式标题**。悬念式标题侧重于借助某个点引起消费者的好奇，让消费者带着疑问去阅读，在其中探索答案，如《百度搜索了××橄榄油，竟然发现……》。

• **话题式标题**。话题式标题需要紧跟时下热点，必须具备时效性。构思这类标题时要注意结合农产品的特性，例如，母亲节期间发布的公众号推文就可以使用《用××小米熬粥，让身在外地的你想起妈妈的温暖》的标题，通过母亲节这个热门话题，用小米粥的温暖与母亲相联系，容易引起消费者的情感共鸣。

**知识补充**

由于屏幕显示范围的限制，很多公众号推文标题不能完全显示，若关键信息在标题的后半部分，消费者很可能看不到。因此，在设置标题时可以在标题前面加上一些前缀，如“超值推荐”“好物”“2021年新鲜发售”等，将关键信息前置，然后用“|”与后面的标题内容隔开。

② 提升公众号推文摘要的吸引力

摘要是公众号推文封面缩略图下的一段引导性文字，可以快速引导消费者了解推文的主要内容，吸引消费者点击公众号推文，增加点击量。要写出吸引消费者的推文摘要，需要掌握以下写作技巧。

• **与标题构成问答式互动**。摘要位于标题下方，利用摘要与标题形成互动，可以制造出很强的趣味性，增强消费者的阅读兴趣。摘要与标题的互动可以采用问答的形式，即标题与摘要构成一问一答，标题为《亲爱的，我最近是不是胖了？》，摘要为“低情商：你再胖我都喜欢；高情商：我帮你买了××代餐麦片”。

• **使用网络流行语**。网络流行语往往具有非常强的趣味性，能快速吸引消费者的注意。例如，推广某地农产品的推文，采用宣事式标题，通过直接告知农产品的优惠价格来吸引消费者，而摘要“风里雨里，蒲江等你。来蒲江，采摘一份属于春天的美味”则借用网络金句“风里雨里，××等你”，并通过温情的叙述与较直白的宣事式标题形成互补。

• **巧用标点符号**。标点符号能直观表达某种感受，有利于调动消费者的情绪，例如，标题为《别不信，大概只有1%的人吃过这款血橙！》，摘要则直接采用“？？！！”表达一种惊讶、好奇的感受，引导消费者产生相同的情绪，进而点击查看推文。

**知识补充**

除了标题和摘要，推文本身的吸引力也很关键。要提升推文的吸引力，可以从写好农产品文案的角度入手。

（2）为小程序店铺争取更高的搜索排名

很多消费者习惯在微信中搜索关键词来寻找想要的信息，因此微信也提供了专门搜索小程序的功能。例如，消费者搜索关键词“生鲜”，在打开的界面中选择“小程序”选项卡，就可以在打开的搜索结果页面中查看与“生鲜”相关的小程序，如图5-57所示。

图5-57 小程序搜索结果

一般而言，搜索排名与小程序店铺上线时间、搜索词与小程序店铺关键词及小程序店铺标题的匹配度、小程序店铺的用户量相关。但小程序店铺上线时间和用户量不是商家可以决定的，修改小程序店铺的标题需要重新认证并支付一定的审核费用，因此比较可行的方法是优化小程序店铺的关键词。优化小程序店铺的关键词需要注意以下事项。

- 一个小程序店铺可以添加10个关键词，一周可修改3次，但修改后需要提交审核，每次审核需要7个工作日，因此务必在添加完所有关键词后再提交审核，以减少审核时间。
- 商家可选择与自身情况相符或与主营业务相关的地域词、品牌词、人群词、产品词、行业词等作为关键词。关键词应尽量选择短词、热词。
- 商家不可过于频繁地优化关键词，每1～2周优化一次关键词即可，以避免一周内不同时间消费者使用习惯的差异而带来的误差。

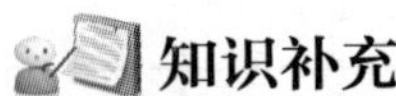

知识补充

关键词热度建议通过小程序“微信指数”查询。该小程序中的数据是微信官方提供的关键词指数，支持关键词对比，如图5-58所示。

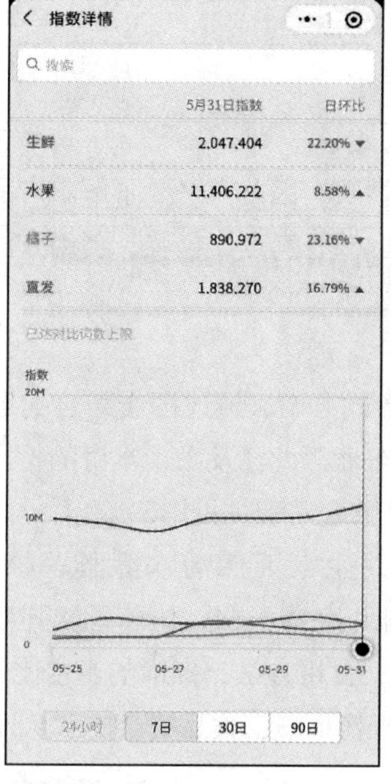

图5-58　关键词指数

2. 优化客单价

对于商家而言，优化客单价可以从激发消费者购买需求和合理搭配销售两个方面入手。

- **激发消费者购买需求**。消费者的需求有时是潜在的、隐性的，他们对于自己的诉求并不明确，这时商家就需要引导消费者，通过开展促销活动，如满100元包邮、买一送一以等来激发消费者的购买需求，通过较低的价格让消费者感到物超所值，通过有限的销售数量营造紧张的购物氛围，从而增强消费者的购买欲望。
- **合理搭配销售**。客单价是以消费者的订单价格来计算的。商家在销售过程中要进行合理搭配，农产品之间的关联性越强，组合越合理，就越能激起消费者关联购买的欲望。例如，经营粮油产品的商家可以将菜籽油和大米放在一起进行组合销售，因为二者同属日常必需品，关联性很强。

5.8 本章实训——发布大米产品

周记粮油店是有赞平台上的商家，主营菜籽油、玉米油等。今年，商家拓宽了业务，决定向供应商采购一款大米产品并放在有赞平台上销售，因此需要在有赞平台发布该款新大米产品。商家今后还将发布其他大米产品，因此还需要新建商品分类“大米”。

该大米产品的信息如下：商品名称为“恒兴优选东北大米真空袋装5千克一级东北米”，商品分类为大米，存货类别为产成品，零售价为50元，重量为5千克，库存为100件，首选供应商为自采供应商。

1. 实训要求

① 能够在有赞平台发布大米产品。

② 能够制作大米产品的详情页。

2. 实训准备

发布大米产品时需要设置详情页，因此有必要了解农产品详情页的内容与形式。内容主要包括大米的生长环境、种植特点、核心卖点、包装、食用方法及权威机构认证等；形式以图文结合为主，必要时也可以添加短视频。

3. 实训步骤

① 规划大米产品详情页。形式方面，通过图文结合的形式来呈现。内容方面，依次介绍大米的产地东北黑龙江及大米本身的特点，如产地：黑土地土壤肥沃，富含钾及多种微量元素（见图5-59），日照充足；种植特点（见图5-60）：稻蟹共生，天然活水灌溉；核心卖点（见图5-61）：外形圆润、形如珍珠、色泽洁白，口感香软弹糯；包装：低氧保鲜包装，保持大米原有风味；食用方法：煮饭的米水比例为1：1.2，煮粥的米水比例为1：1.8；权威机构证书：食品安全体系认证证书、质量管理体系认证证书。

高清大图：

大米产品的全部图片

图5-59　产地

图5-60　种植特点

图5-61　核心卖点

② 进入有赞后台，在“商品库/新建商品”页面中单击“新建分类”超链接，单击“新建分类”按钮，在打开的对话框中设置分类名称为“大米”，单击“确定”按钮。

③ 返回“商品库/新建商品”页面，填写商品名称、商品分类、库存单位、零售价、重量、商品库存、首选供应商，如图5-62所示，完成后单击“保存”按钮。

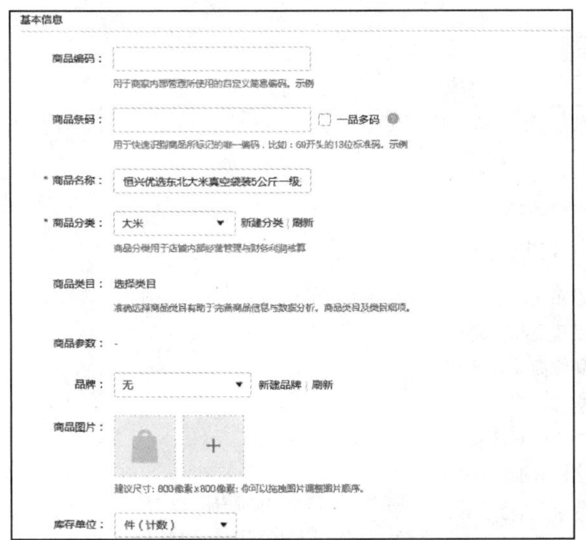

图5-62 填写大米产品信息

④ 在打开的“商品发布成功”对话框中单击“返回列表”按钮，在打开的“商品库”页面中单击“发到网店”超链接，在打开的页面中上传商品图，单击“下一步”按钮，在打开页面中的商品详情编辑框中输入相应的内容，然后单击“上传图片”按钮上传大米产品的图片，单击“保存并查看”按钮即可成功发布大米产品，如图5-63所示。

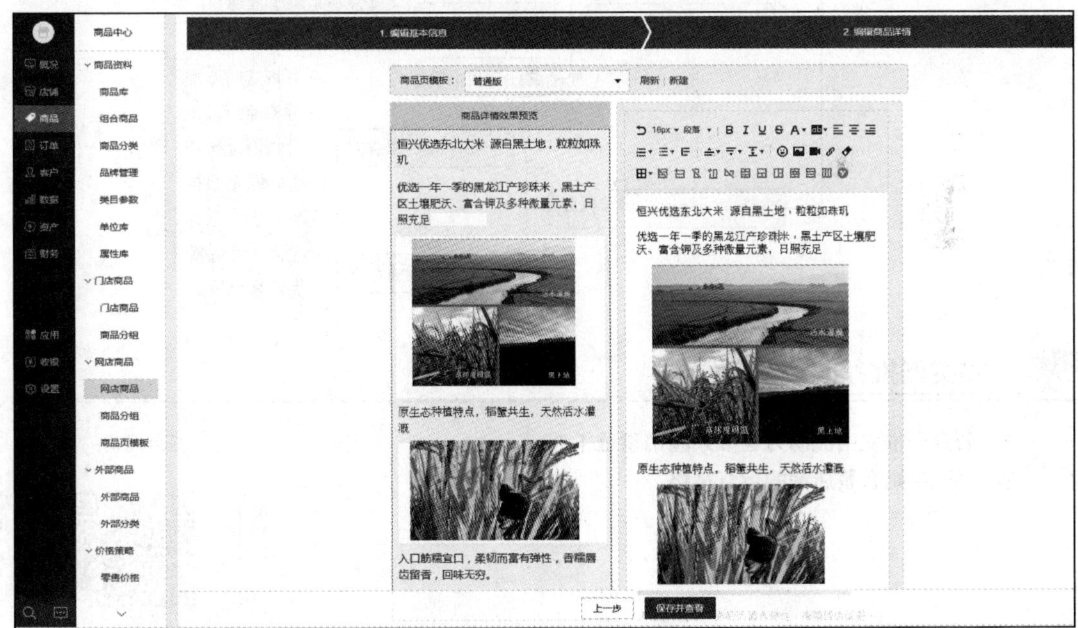

图5-63 设置详情页

5.9 本章小结

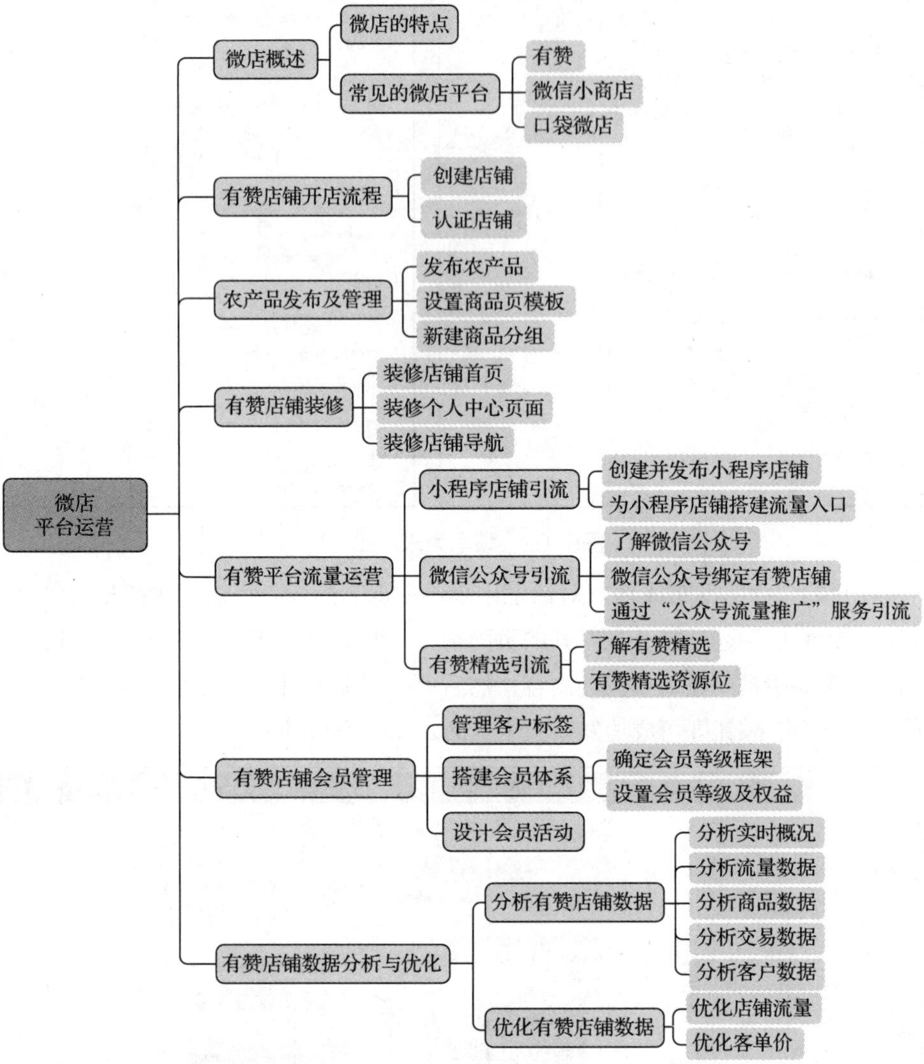

真实案例推荐阅读

1. 公众号推文引流助力老爹果园销量过千万
2. 晨光牛奶有赞店铺的运营策略

拓展阅读：

真实案例推荐阅读

第9章 农村电商营销

学习目标

◆ 掌握短视频营销的特点、内容定位和技巧。
◆ 掌握直播营销的要素、特点、策略和技巧。
◆ 掌握微信朋友圈营销。
◆ 掌握微信社群营销。
◆ 掌握微博营销内容的分类和微博营销的方法。

引导案例

大山里的短视频达人

短视频达人“巧妇9妹”（以下简称“九妹”）名叫甘有琴，是一位普通的农家妇女。2017年5月，九妹拍摄上传了一条制作肉蛋挞的短视频，镜头中的九妹显得非常紧张，说话也磕磕巴巴，但短视频的播放量突破了百万次。对此，九妹说，她的这一举动完全是出于偶然，看到别人拍了一些关于农村的短视频，她也想尝试一下。没想到就是这一次尝试，九妹的人生发生了很大的变化。

很快，九妹的粉丝数量就突破了100万人，于是她开始开设网上店铺，售卖自己家乡出产的杧果、荔枝、百香果等。短视频的巨大流量给九妹的店铺带来惊人的销量。九妹说，现在自己成了“网红”，最大的愿望是可以帮助老乡们将农产品卖出去，为社会传递一份正能量。

尽管店铺销量十分可观，但九妹依然认为，短视频制作才是自己的主业，不管多忙，她都要保证更新频率，并且尽可能让短视频更加有趣。九妹说：“我拍的内容有重复，但是题材不一样，故事也不一样。比如杀鸡，虽然鸡已经吃了无数次了，但是做法不一样，有时候蒸，有时候炒，有时候拿来煲汤。”九妹每次出镜都呈现出一种真实自然的状态，总是毫不保留地与粉丝分享她的生活，以及与家人的点点滴滴，如春节贴春联、为母亲自制生日蛋糕等。九妹的短视频表现出她对生活的热爱，传达了一种积极向上的人生态度，因此获得了很多粉丝的喜爱。

优质的短视频内容让九妹长期保持较高的人气，如今，“巧妇9妹”已经成为有一定号召力的品牌，九妹也在为家乡经济的发展贡献了一份力量。如今，在互联网平台上，类似九妹这样的达人越来越多，他们为农村经济的发展带来了新的活力。

6.1 短视频营销

艾媒咨询的数据显示，我国短视频用户规模增长势头明显，2020年已超7亿人。随着用户大量涌入短视频平台，以及用户对短视频平台依赖性的提高，短视频的营销价值也逐渐增长，各大商家纷纷将短视频平台作为新的营销阵地，农产品商家也不例外。目前，抖音作为短视频平台，占据较大的市场份额，本节将主要以抖音为例，介绍短视频营销的相关知识。

拓展阅读：

短视频的发展历程

6.1.1 短视频营销的特点

随着生活节奏的加快和移动互联网的发展，人们接收的信息越来越碎片化，而短视频的短、平、快的特点迎合了这一趋势，因此，观看短视频成为很多人日常生活的一部分，在这一背景下，短视频营销应运而生。短视频营销是指商家借助短视频，通过选择目标人群，并向他们传播有价值的内容，以吸引其了解产品和服务，最终形成交易的营销活动。短视频营销具有内容直观，门槛低、成本低，互动性强，传播范围广、效果持续等特点。

- **内容直观**。短视频营销作为一种新型营销方式，比其他营销方式更具表现力。用户在观看视频时获得的信息更多，效果也更直观、生动。因此，在展示整体效果、农产品细节、使用体验等方面，短视频无疑比文字、图片更具有优势，对用户具有更强的吸引力。以抖音上的农产品营销短视频为例，这些短视频大多着力于通过画面展现农产品的色泽、质感，通过文案和台词表现农产品的口感，十分生动直观，让用户即使隔着屏幕也能真切地感受农产品。

行业视点

近年来，抖音在农村电商方面有很大作为。例如，抖音曾派考察团到云南省怒江州福贡县（时为国家级贫困县）进行调研，然后邀请优秀的短视频创作者制作介绍草果生长环境、菜系使用范围的短视频，让更多用户了解其功效和味道。这些举措体现了抖音的社会责任感。

- **门槛低、成本低**。相较于传统广告，短视频制作门槛较低，成本也相对较低。抖音内置了各种拍摄模板，方便用户进行“一键跟拍”。另外，用户在拍摄过程中，还可以选择各种滤镜特效，没有专业拍摄知识的用户也能利用智能手机轻松地制作出一支特效丰富的短视频。因此，在抖音上可以看到很多农户使用智能手机拍摄自家种植、收获农产品的短视频进行营销。
- **互动性强**。短视频营销的互动性非常强，在抖音上，商家发布短视频时可以配上农产品文案、添加话题、添加位置和农产品链接等；短视频发布成功后，其他用户可以对短视频进行点赞、评论和转发，直接点击链接可以购买农产品，如有疑问还可以在评论区留言，或通过私聊的方式向商家进行咨询。较强的互动性使商家能够获取用户对短视频及农产品的反馈，从而有针对性地提升短视频内容和农产品的质量。
- **传播范围广、效果持续**。在传统的营销模式下，资金投入一段时间后便无法再获得收益。就短视频营销而言，一方面，用户可以将喜欢的短视频分享到微博、微信朋友圈等，扩大短视频的传播范围；另一方面，播放量、点赞量大的短视频会被短视频平台推送给更多用户。内容质量高、受到用户喜欢的短视频往往能得到持续传播，从而持续产生营销效果。

6.1.2 短视频营销内容定位

在抖音上有大量农产品营销短视频，要想从中脱颖而出，商家需要形成明确的短视频内容定位，否则后期发布的作品就会杂乱无章，长期下来不利于塑造品牌形象，也很难吸引垂直领域的用户。

1. 农产品科普类

农产品科普类短视频主要以与农产品有关的科普知识为主要内容，例如，如何区分粑粑柑和丑橘，虾线怎么挑省时又省力，绣球如何调色等。这些知识实用性非常强，并与日常生活息息相关，往往能够吸引很多用户的关注。图6-1所示的短视频账号就定位为园艺知识科普，在介绍园艺知识的同时，将店铺的绿植和花卉作为道具，通过展现植物的生机吸引用户，从而带动自家产品的销售。

图6-1 农产品科普类短视频页面

2. 美食教程类

美食教程类短视频主要介绍农产品的食用方法及制作方法，如图6-2所示。制作此类短视频时，首先要构建制作美食的场景，然后将农产品自然地置于其中，让用户在不知不觉中加深对农产品的认知。在介绍美食制作方法时，一方面要简单直白易懂，让用户一看便知道如何操作，这样才能吸引用户学习并加以实践；另一方面要尽量展现农产品及成品的细节，通过富有视觉冲击力的画面展现美食的诱人之处，给予用户感官刺激，勾起用户的食欲，促使用户产生购买行为。

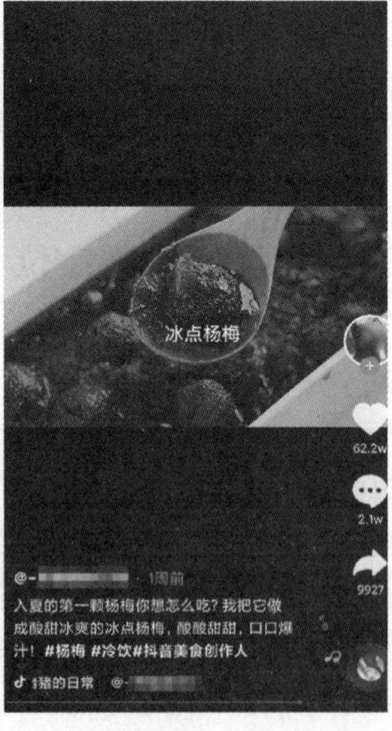

图6-2 美食教程类短视频页面

3. 乡村风情类

很多都市人向往宁静自在的乡村生活，因此乡村风情类短视频近年来非常受欢迎。这类短视频通过展现优美的田园风景、和谐的人际关系，以及诱人的农家美食，传达出宁静悠然的生活状态，让繁忙紧张的都市人在观看短视频时感到放松自在，因而获得了大量用户的喜爱。例如，知名短视频达人李子柒的短视频就展现了一种美好的田园生活，如图6-3所示。她的短视频通过环境氛围的营造，增强了短视频的美感和可看性，从单纯刺激用户感官上升为给用户带来精神上的慰藉，从而与其他同类短视频形成差异化竞争优势。

图6-3 乡村风情类短视频页面

知识补充

很多乡村风情类短视频也会介绍美食制作，但与美食类短视频的不同在于：乡村风情类短视频更加突出“乡村”二字，经常将美食制作场景安排在优美的田园风景中。同时，乡村风情类短视频中的美食制作也更具有农家特色，使用的是农家的炊具与传统做法。

案 例

玩转短视频营销的农家妹子

阿红是江西赣州山村里的一位农家妹子，她凭借自己的聪明和勤劳，不仅将一家人的生活打理得井井有条，还通过短视频将自家种植的蜜薯、脐橙等农产品销往全国各地。

过去，阿红一家过着较为清贫的生活，为了赚钱，阿红早早地就外出打工，在广东潮州做陶瓷。后来，阿红决定回到家乡创业，一个偶然的机会让她开始接触短视频。她发现很多农户通过短视频推销农产品，并且农家种植的水果十分受欢迎。她想，自己家的蜜薯、脐橙香甜可口，是绿色无公害的水果，一定能受到大家的喜爱，于是，她开始利用短视频销售自家种植的农产品。

阿红在短视频中展示了各种农家美食的制作过程，以及自己捕鱼、开荒、干农活的情景，并分享了自家的果园，受到了很多用户的喜爱。阿红的短视频获得越来越多的关注之后，也有越来越多的用户开始留意商品橱窗中的内容，即阿红自家种植的丰富多样的原生态农产品，于是纷纷购买阿红在短视频中售卖的农产品，这为阿红带来丰厚的收益。如今，通过制作短视频为农产品引流已经成为阿红获取收入的主要来源，阿红一家也过上了幸福、安定的生活。

思考：（1）阿红的短视频属于哪一种内容定位？

（2）阿红的短视频营销为什么能成功？

4. 农产品漫画类

农产品漫画类短视频将农产品漫画化，赋予农产品可爱的形象及人的个性，如图6-4所示，该短视频具有一定辨识度和亲和力，能增强用户的好感度。此类短视频往往通过故事的形式讲述农产品、农业的相关知识，具有鲜明的个性，有助于塑造品牌，富有趣味性和可看性，往往能够获得较好的传播效果和营销效果。

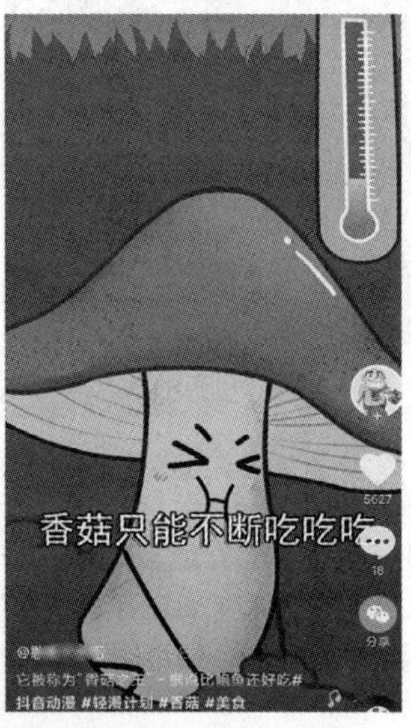

图6-4　农产品漫画类短视频页面

5. 农业教育类

农业教育类短视频主要介绍农产品种植、生产的过程，让想要了解农业的用户可以满足自己的好奇心和求知欲，让农户可以获得种植、生产方面的指导。在制作农业教育类短视频时，可以策划拍摄系列短视频，即以不同的短视频展现农产品的生产全过程，在每一个生产节点都用一个短视频介绍具体的种植知识。例如，韭菜种植时如何处理老根，韭菜长出后如何快速收割等，如图6-5所示，此类短视频让用户沉浸在学习韭菜种植知识的氛围中，加深对韭菜种植的认知，进而不知不觉地点开购买链接进行购买。

图6-5 农业教育类短视频页面

此外，有条件的商家还可以多展现农业中的捕捞、采摘、分拣、加工等环节所运用的现代科技，让对农业生产还停留于传统观念的用户大开眼界，既满足他们的好奇心，又增强他们对商家的信任感，从而取得良好的营销效果。

知识补充

除了内容定位，短视频的人设定位也很重要。所谓人设，就是人物设定，相当于人格化的个性标签，如盆栽达人、朴实果农等。好的人设可以增强短视频账号的辨识度，加深用户的印象。定位人设时，最好根据出镜者本人的特点来进行，如善于制作美食的农家女就可以定位为农村美食达人。

6.1.3 短视频营销的技巧

除了合理的内容定位，在抖音中发布短视频时，一些因素也会对短视频的传播范围、点击量等产生影响，包括发布时间、短视频标题是否包含关键词、是否添加话题和地点定位等。掌握这些方面的技巧，可以大大提升短视频的营销效果。

1. 选择适当时间发布

短视频的营销效果受很多因素影响，发布时间是非常重要的一个。同一支短视频在不同的时间发布，获得的点击量可能会呈现较大的不同。

短视频内容的发布建议固定在一个时间，这样能培养用户的观看习惯。根据抖音短视频平台的用户使用习惯，日常短视频内容发布的最佳时间段是11:00—13:00、17:00—19:00。在这两个时间段发布的短视频更容易获得用户的关注和互动。

2. 标题包含关键词

用户搜索短视频，主要是通过关键词进行的，因此短视频标题中一定要包含关键词。选取合适的关键词能够提升短视频的搜索排名，为短视频带来更多的点击量。商家可以在抖音中搜索农产品名称，查看相关的热门关键词，例如，搜索“草莓”，系统将自动显示与“草莓”相关的热门关键词，如“草莓直发”“草莓种植”“草莓酱”等，但此类热门关键词的竞争十分激烈。因此，商家还可以选择有一定搜索量（相对于热门关键词和冷门关键词）的关键词，此类关键词的长度更长，描述更加细致，获取的流量更加精准。商家可以在新抖上查看关键词的相关数据，如图6-6所示。

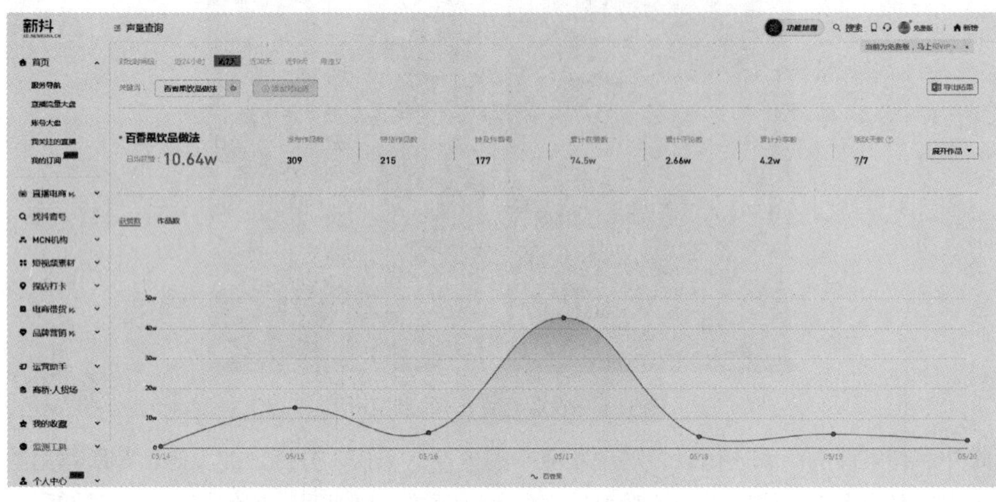

图6-6　查看关键词的相关数据

3. 添加话题

在抖音中，以“#”开头的文字就是话题，例如，“#美食制作”“#百香果饮品”等。话题涉及用户生活的各个方面，包括生活、娱乐、工作和学习等，商家添加适当的话题将有助于抖音识别短视频内容类型并进行精准推荐，如图6-7所示。同时，用户可以直接搜索话题，在话题页面中查看添加了该话题的短视频，如图6-8所示。

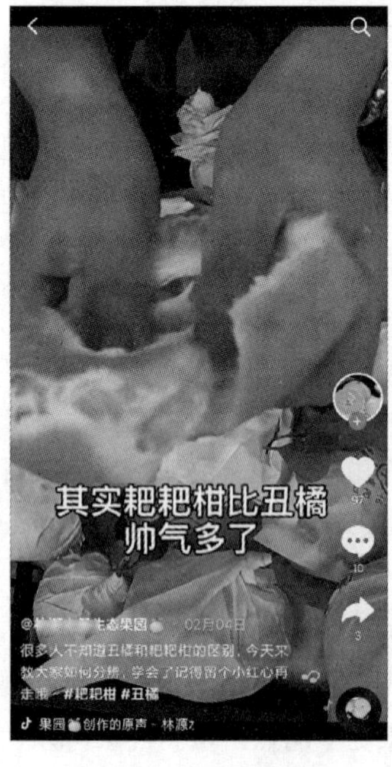

图6-7　添加话题

图6-8　话题页面

4. 设置地点定位

在短视频发布时添加地点定位，可以丰富短视频信息，让用户了解短视频拍摄地。例如，农村旅游电商商家可以通过展示旅游景点的美景美食吸引用户，并通过地点定位让用户进一步了解该景点，如图6-9所示。

图6-9　设置地点定位

抖音还会将设置了地点定位的短视频显示在所标注地点的详情页中，并额外推荐给对此地点感兴趣的用户。因此，设置地点定位可以很好地为短视频增加流量。此外，拥有实体门店的商家还可以添加门店的地址，将线上流量引至线下。

 **知识补充**

商家可以在抖音中开设抖音小店（即抖音上的网上店铺），直接将自家的农产品放到小店中售卖。通过优质的短视频内容吸引流量，然后将流量导入抖音上的店铺，实现流量变现，这已经成为很多商家的营销策略。

6.2 直播营销

除了短视频，观看直播也是众多用户喜爱的娱乐方式，因而也吸引了大量商家开展直播营销。直播营销是以直播平台为载体，在现场随着营销事件的发生、发展，同时制作和播出的视频营销方式。在农村电商中，直播营销主要用于推销农产品，通过现场展示的方式传递农产品信息，为店铺引流。在各大直播平台中，快手在农产品直播方面颇有代表性。根据《快手三农生态报告》，截至2020年12月，快手中“三农”兴趣用户已超过2亿人，每日有5500万人次观看“三农”直播。本节主要以快手直播为例，介绍直播营销的相关知识。

6.2.1 直播营销的要素和特点

近年来，直播营销在农村电商中的运用十分广泛，很多农户纷纷开通直播来推销自家的农产品。要想做好直播营销，首先需要熟悉直播营销的要素和特点。

1. 直播营销的要素

直播营销包括场景、人物、产品和创意4个要素。

- **场景**。场景是指营造直播的气氛，让用户身临其境。在农村电商直播营销中，场景主要包括农产品产地、仓库、厨房等。
- **人物**。人物是指直播的主角，可以是主播或直播嘉宾。在农村电商直播营销中，人物可以是农户、知名艺人甚至地方政府官员（如县长等）。
- **产品**。在农村电商直播营销中，产品主要是农产品。农产品要与直播中的道具或互动有关，以软植入的方式达到营销农产品的目的。
- **创意**。创意可以提升直播效果，吸引用户观看。例如，加入互动游戏或才艺表演的直播比简单的产品推销更具吸引力。在农村电商直播营销中，创意可以是幽默的方言段子，也可以是富有特色的地方习俗、独特的农产品吃法等。

2. 直播营销的特点

近年来，直播营销受到用户的认可，展现出强大的带货能力，各大直播间不断制造出惊人的销售记录。直播营销之所以受到众多用户的青睐，主要是因为直播营销具有直观即时、销售方式直接、易产生跟风效应等特点。

你是否观看过直播并通过直播间购买过农产品？你认为商家在直播中应怎样促使用户下单？

- **直观即时**。直播营销可以直接将农产品的形态、加工过程等直观地展现给用户，也能够让用户了解农产品真实的生长、种植及后续的加工情况，构建真实的场景，使用户拥有更丰富的购物体验。直播营销不会对直播内容进行剪辑和加工，播出的内容与用户所看到的内容是完全一致的，可以打消用户对于食品安全的顾虑，增强用户的信任感。
- **销售方式直接**。直播营销可以更加直观地通过口播传递各种优惠信息，同时开展现场促销活动，大大刺激用户的消费热情，提高营销效果。用户在观看直播的同时可以直接点击农产品链接进行购买，无须另外搜索，不仅提升了用户的购物体验，也可以促进转化。例如，在快手中点击直播间下方的“购物车”按钮，即可在打开的页面中查看直播间销售的各种农产品，如图6-10所示。
- **易产生跟风效应**。一般而言，价格实惠的农产品往往容易让用户产生临时性、冲动性的消费行为。在快手中，只要有用户在直播间购物，就会在直播界面左下角显示，如图6-11所示，这会给直播间营造一种浓厚的购物氛围。再加上商家的推荐和低价促销等手段的运用，用户往往会产生一种紧迫感和从众心理，进而做出很多超出自己预期的购买行为。因此，直播营销经常会制造出销量“奇迹”和热门农产品。

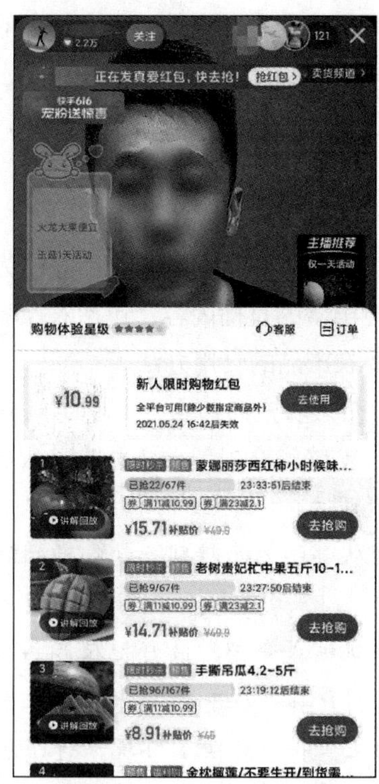

图6-10　直播间购物车

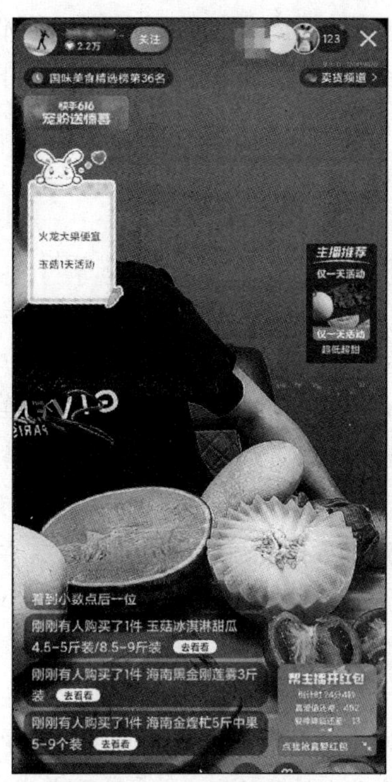

图6-11　显示购买信息

知识补充

短视频与直播的区别在于：第一，短视频是制作后呈现的，直播是实时呈现的；第二，短视频主要满足用户的娱乐需求，而直播更强调社交互动需求。

6.2.2　直播营销策略

当前直播营销虽然火热，但也存在同质化严重的问题。在快手上，推销农产品的直播间有很多，内容也都大同小异，因此要想脱颖而出，必须制定详细的直播营销策略，以提升直播的质量。

1. 产品选择策略

一般而言，要想让一款农产品在直播间获得较好的销量，简单的产品选择策略是选择受众较广、复购率较高的大众化农产品，如脐橙、苹果等。这些农产品虽然市场需求大，但竞争也十分激烈，因此商家还可以选择以地区特色农产品为主的产品策略。其原因有两个：一是特色农产品本身就具有一定的知名度和消费群体，能够为直播吸引大量用户，增强直播的影响力，并形成较强的购物氛围；二是直播时可以围绕农产品的地区特色进行介绍，使主题更突出，避免观看直播的用户注意力分散。

2. 主播选择策略

在农产品直播中，主播是农产品的推销员。很多普通农户担任主播，但因表达能力不强或过于紧张而让直播间氛围显得较为尴尬，从而激发不了用户的购买欲望，因此农产品主播也需要进行认真选择。农产品主播不同于其他产品的带货主播，他们主要为具有乡土气息的农产品带货，因此这类主播最好接地气、大方自然，有一定的语言及肢体表达能力。农产品主播还应对农产品较为熟悉，懂得如何挑选优质农产品，并且了解农产品及其产地背后的故事，有一定的专业性。

3. 直播内容策略

虽然农产品直播以带货为主要目的，但不等于整场直播都要以单纯的农产品宣传为内容。为了吸引用户持续观看，商家有必要围绕农产品设计出更丰富的直播内容，包括农产品生产、加工过程，辨别农产品质量的方法，农产品背后的文化及农产品的食用办法等。

- **农产品生产、加工过程**。商家在直播时可以口头介绍农产品的生产、加工过程，包括使用的生产方法、加工工艺等，如永丰辣酱要经过蒸煮、发酵、磨制等生产工艺，然后曝晒成酱。当然，在生产现场进行直播，效果会更直观、更有说服力。
- **辨别农产品质量的方法**。商家在直播时可以介绍从哪些方面辨别一款农产品的质量好坏，如颜色、纹理、硬度等，并进行现场示范。
- **农产品背后的文化**。在直播时，商家应尽量避免机械式介绍，最好把农产品与当地的风土人情、地方特色结合起来，增强直播的观赏性，让用户在获取有趣知识的过程中主动下单。例如，商家在介绍洪湖莲藕时就可以先讲解莲藕的生长特点、生长环境、种植历史及规模，然后围绕莲藕的产地——洪湖进行拓展："洪湖是我国第七大淡水湖，也是国家级湿地自然保护区。洪湖水质清澈，拥有丰富的水生动植物资源。常言道'好水好泥出好藕'，在洪湖中生长的莲藕自然比一般的莲藕品质好，比如蛋白质含量更高、口感更好、营养更丰富。"又如，在推荐武汉农家自产米酒时，可以分享米酒制作背后的匠人精神："大家都知道武汉热干面，但可能不知道武汉人一直喜欢用米酒配热干面。米酒的酿造很讲究，发酵过多，酒味会太重；发酵不足，甜味又不够，因此，每个环节都需要老师傅亲自上手。经过长时间的酝酿，才终于成就这醇香的米酒。所谓匠人精神，这就是最好的例证。"这样的介绍真挚而又充满文采，赋予农产品更多的文化内涵，适合定位较为高端的农产品。
- **农产品的食用办法**。直播营销的优势在于其直观性和临场感，因此在直播过程中通过现场试吃体现农产品的食用方法已经成为农产品直播的常见方式，如图6-12所示。在试吃过程中，商家要尽量采用生动的语言描述农产品的口感，例如："这个鸭梨，皮非常薄，好像一碰就破的样子，而且个大、汁多，咬一口，感觉像喝了一碗淡淡的甜水，爽口而又不腻。"此外，商家还要配合夸张的表情、肢体动作，如陶醉的表情，以表现农产品的美味。商家还需要在画面中展现农产品的横切面、纹理等内在细节，以提升视觉冲击力。

图6-12　农产品现场试吃

知识补充

对于语言表达能力不强的商家而言，多学习其他主播，尤其是知名主播的直播话术是提升直播效果的一大捷径。商家可以提前准备一些直播素材，如时下流行的网络段子、热门话题、相关历史小故事等，在介绍农产品时自然融入，可以增强直播的趣味性。

6.2.3 直播营销的技巧

在快手上可以看到，一些开展直播的商家没有直播经验，不善于使用直播技巧，只会一味对着镜头介绍农产品，营销效果并不理想。其实，直播营销不等于简单地介绍农产品，还需要采用各种技巧增强用户的信任感，刺激用户产生购物欲望，营造购物氛围。

1. 户外追溯农产品源头

对于野外生长的农产品而言，将直播地点选在农产品原产地是比较合适的，如图6-13所示。在真实的农产品原产地进行讲解，可以直观展现农产品的特点和生长环境，以及农产品的种植、施肥、收获等一系列流程，让农产品生产完全透明化，增强用户的信任感，让用户放心购买。相比于在室外拍摄短视频，户外直播由于时间更长，容易受到天气等因素的影响。例如，夏天在户外直播，光线过强造成的反光会影响直播效果。

知识补充

对于需要手工制作的农产品，直播时可以直接展现加工场景（见图6-14），还可以体现农产品天然、无添加的特点，以赢得用户的信任。

图6-13 农产品原产地直播

图6-14 展现加工场景

商家在农产品原产地直播时，可以现场直接发起购买。由于农产品的标准化程度较低，用户会担心实际收到的农产品与直播或详情页中展示的农产品不一致，而现场发起购买就可以打消用户的这种顾虑，让“用户收到的，就是现在看到的”。所谓现场发起购买，是指专门就直播中展示的尚未采摘（在田间或枝头等）或刚采摘的农产品发起集体购买。例如，商家指着一颗长满李子的树说：“现在开始订购这棵树上的珍珠李，大概可以采摘20斤，现摘现发，大家抓紧时间下单。”又如，针对植物生长形态不一导致用户收货后不满意的问题，商家通过直播直接在培养基地中向用户介绍自家绿植花卉，并现场询问是否有用户购买，实现一物一拍，如图6-15所示。

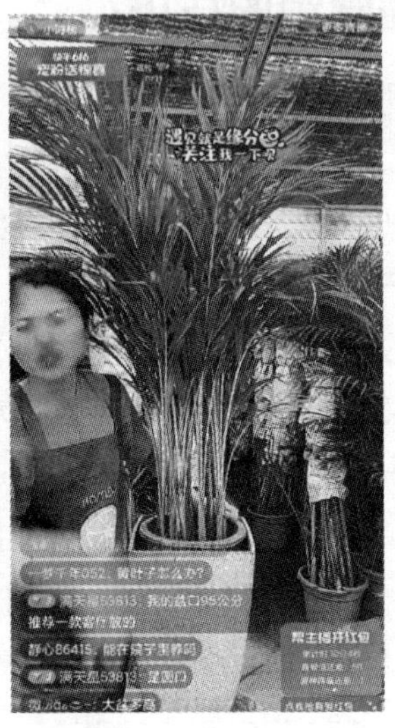

图6-15　现场发起购买

知识补充

商家可以直播打包发货的过程，如图6-16所示，让用户直观地看到农产品采摘后摆放在一起，经过人工筛选、打包后发货的过程，了解农产品的新鲜度、对烂果筛选的精心程度，以及打包时对农产品的保护措施等，增强用户对农产品的信任。

图6-16　直播打包发货的过程

2. 发放优惠券

商家还可以通过发放优惠券的方式刺激用户的购物欲望。商家发放优惠券时要提前告知用户发放的时间，如“10分钟后有一大波优惠券来袭”“20:00准时发券”“明天给大家介绍我们家的火龙果，到时来抢大额优惠券哦”等。这样做一方面是让用户知道抢优惠券的时间，提前做好准备；另一方面是将用户留在直播间，维持直播的人气。

知识补充

对于需要强调的核心卖点、优惠促销等信息，商家在介绍时应放慢语速，加重语气。尤其是促销信息，至少要重复两遍，一方面避免用户没听清，另一方面起到强调作用。

3. 提前发布直播预告

对于很多人气不高的直播间来说，流量来源是一大难题，因此，商家在直播前有必要在微博、微信朋友圈中发布直播预告，让用户提前知道直播信息，尽可能多地为直播间引流。

知识补充

目前，在快手上，很多热门直播间采取定时直播的策略，例如，每天固定在20:00至23:00直播，从而培养用户的观看习惯。这些定时直播的商家一般都会在直播账号的个人主页上写明直播时间，以吸引用户观看直播。

案　例

王永强在乡间直播卖农产品

“各位网友大家好，欢迎观看直播。这里是资中县陈家镇的家庭农场，这里有很多散养的土鸡、土鸭，有问题可以与我在线交流，您如果看上哪只，我现场给您捉起来，打包发货……”这是一场发生在资中县陈家镇王永强家庭农场里的网络直播，主要是为了销售自家生产的各类农产品。

王永强是一名农村创业青年，自2016年起，他就承包土地干起立体养殖，即在土地里栽种桑树，用桑叶喂蚕，并在桑树林下放养家禽。一次偶然的机会，王永强听说农产品能通过直播进行销售，于是便想尝试一下。

在直播时，王永强一边拿着手机穿梭在家禽群里，在桑树林中捡鸡蛋、抓土鸡，还一边介绍：“我们家的鸡，净重是4千克到4.5千克一只，异地包邮，同城派送。”直播不仅直观地展示了自家家禽的生长情况，还凸显出农家生活的有趣之处，让用户看得津津有味。“主播，你们那边冷不冷啊？”“田园风光真的是太美了”“土鸡烧起来肯定好吃”，直播间的用户们也在不断刷屏互动。

王永强的直播间还会直播打包发货等全过程，一旦用户在直播间下单，现场便可称重、打包、发货，让用户买得放心。

思考：王永强的直播间采用了哪些直播营销技巧？分别有什么作用？

6.3 微信营销

微信的渗透率高、覆盖率广，截至2020年3月底，月活跃用户数已超过12亿人，并渗透到用户生活和工作的方方面面。微信营销建立在微信大量活跃用户的基础上，营销方式灵活多样，互动性强，为农村电商营销提供了更多运用空间。微信营销只需要一部智能手机便可以进行，门槛较低。在农村电商中，开通微信个人号进行朋友圈营销和社群营销是商家普遍采用的方式。

6.3.1 微信朋友圈营销

朋友圈是微信的一个社交功能，用户可以在朋友圈中分享生活趣事、热点事件、个人感悟和实用小知识等。朋友圈的发布形式有很多，用户可以发表文字和图片，也可以将各种链接转发至朋友圈。由于朋友圈拥有巨大的流量，所以很多商家开通微信个人号，通过发布朋友圈进行营销。

知识补充

除了开通微信个人号，商家还可以直接与微信合作，在朋友圈投放广告。朋友圈广告采用信息流广告的形式，与平常能够看到的原创朋友圈形式相似，由文字、图片或视频信息构成，只是右上角注有“推广”或“广告”字样，用户可以点赞、评论或查看朋友的评论，并进行互动。这种营销方式成本较高，但营销信息传播范围广，适合有一定实力的商家。

1. 打造微信个人号

对于商家来说，用于营销的微信个人号既可以扮演商家与用户之间的信息中介的角色，又可以塑造出更具亲和力的品牌形象，拉近商家与用户之间的距离。因此，商家有必要精心打造微信个人号，设置昵称、头像、个性签名等信息，以增强用户对账号的好感。

（1）昵称

一个好的昵称，可以快速建立起他人的第一印象，节约沟通成本。在设置微信个人号昵称时，商家应遵循以下3个基本原则。

- **简单明确**。简单明确是昵称的基本要求。昵称字数不宜太长，避免显示不完整；拼写简单，不能使用繁体字、生僻字、外国文字等不容易让用户记忆的文字。
- **统一昵称**。商家如果在多个平台中都开设了营销账号，最好使用相同的昵称，这样有助于品牌的塑造。
- **标签识别**。在昵称后添加标签可以方便用户对号入座，使用户在看到昵称时可以快速产生记忆或联想，使昵称得到有效的曝光。标签可以是代表商家某个特征的重点信息，如经营的农产品品种等，通常比较精简，不宜过长，常以“实名+个人特征”的结构体现，如“张桥—丑橘基地直发”。

设置好微信个人号的昵称后，注意不要频繁更改昵称，防止用户记错或忘记。

（2）头像

在农村电商中，商家用于营销的微信个人号，可以选择将农产品图片作为头像，如经营杧果的商家就可以使用自家杧果的图片作为头像。当然，商家也可以使用自己手持农产品的照片作为头像，以获取微信好友的信任。不管使用哪种头像，基本的要求就是清晰自然、背景干净，有明显的色彩对比。此外，商家还可以使用特色标志或品牌Logo等作为头像，应注意图片裁剪合理，比例适宜。

（3）个性签名

个性签名同样影响用户对商家的印象。商家可以在个性签名里用一句话简明扼要地介绍自己的营业基本信息，如“自家果园现摘丑橘基地直发”。同时，也可以展示个人的个性特点、态度等，如“乐天派果农，用双手创造美好生活”，这样就避免了僵硬直白的广告，能给用户留下深刻的第一印象。

2. 获取微信好友的方法

微信好友的数量是微信个人号营销的基础，微信好友直接影响微信朋友圈营销最后的效果和范围，因此，微信好友的添加必不可少。

（1）利用其他新媒体平台获取好友

在多元化营销时代，很多商家需要在不同的营销平台，运用一系列营销方式进行组合营销，因此商家可以吸引其他平台的用户添加自己的个人微信号。例如，在微博、知乎、美拍等新媒体平台中的账号简介中附上自己的微信号，并添加引导加微信的文案，若用户感兴趣，就会主动根据提供的微信号添加好友。

（2）通过线下渠道获取好友

商家也可以利用一些线下渠道获取好友。例如，商家可以将二维码添加到名片、宣传单中，然后打印并分发给他人扫描添加，或者与线下的门店合作，在店内张贴带有微信个人号二维码的海报，但要达到理想的效果，需要提供能够吸引用户的内容，如添加微信号即免费送礼品等。

（3）通过微信群获取好友

一般来说，很多微信群有自己的主题，群成员基于共同的特征、需求或爱好聚合在一起，因此商家可以在与自己经营定位相符的微信群中快速获取微信好友。例如，经营代餐麦片的商家可以在健身微信群中寻找正在控制体重的用户，并与他们交流、互动，再将其添加为微信好友。

知识补充

加入微信群之后，最好在群成员认识、了解且有了一定信任基础后再进行好友的添加，此时添加好友通过率更高，好友质量也更高，甚至能吸引群成员主动添加。

3. 微信朋友圈营销技巧

微信朋友圈营销主要通过在朋友圈中植入营销信息来进行，发布的朋友圈既要有可看性，避免引起用户的反感甚至屏蔽，又能实现营销的目的，这就需要商家掌握如下技巧。

（1）适度发布农产品信息

对于商家来说，发布朋友圈的目的主要是营销，所以适当地在朋友圈中发布农产品上新信息、农产品详情信息、促销活动、发货情况等内容，如图6-17所示。由于朋友圈比较私人化，商家要注意切忌天天在朋友圈中发布数条广告，最好一天一到两条或两天一条，这样的分享也能刺激一些潜在用户产生购买冲动。

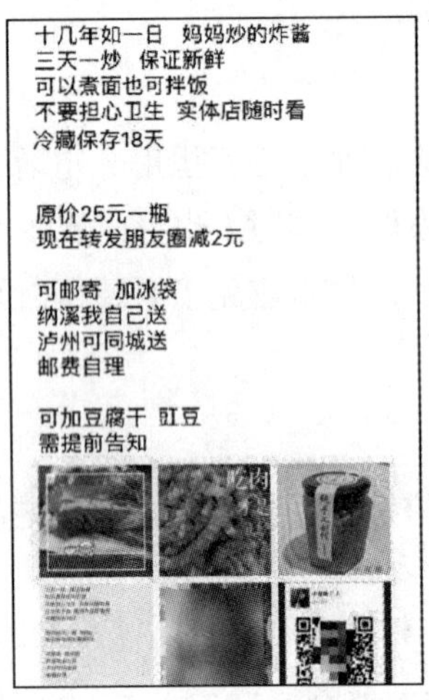

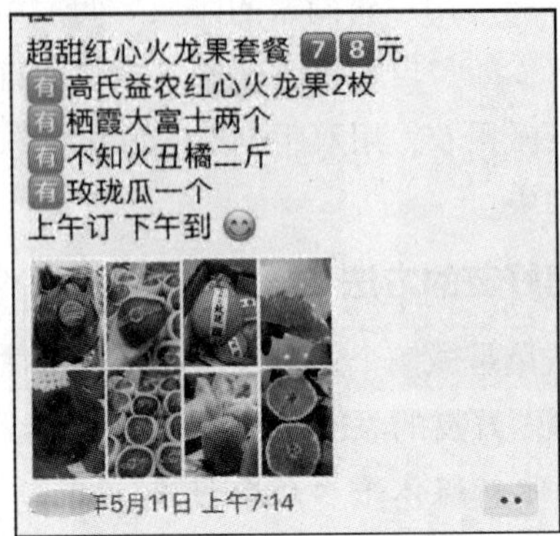

图6-17　发布农产品信息

（2）生活分享中植入广告

朋友圈是一个分享个人信息的平台，直接发布广告虽然可以直观地推荐自己的农产品，但很可能引起用户的反感。用于朋友圈营销的账号，其用户数量非常多，有些用户可能不认识，商家采用生活分享的方式进行农产品的营销，会给用户一种亲切、自然的感受，让他们在不知不觉中认可商家所分享的信息，也有利于树立一种懂得生活情调的形象。发布生活分享类朋友圈并不复杂，只要写出自己生活中的趣事，然后将营销信息自然而然地融入其中，让用户在真实的生活场景中感受和了解营销信息即可。图6-18所示的朋友圈文案即为融入绣球花的生活细节分享。

除了分享生活中的点滴，商家还可以将一些情感领悟描述出来，分享到朋友圈中。这类情感分享文案的语言风格应舒缓、温和，最好内容真实、不过于伤感，能给用户一种治愈内心的力量。图6-19所示为商家发布的一条融入农产品的朋友圈状态，看似回忆美好往事，实则分享自家的杧果，这种表达方式比较倾向于软营销，往往可以起到意想不到的效果。

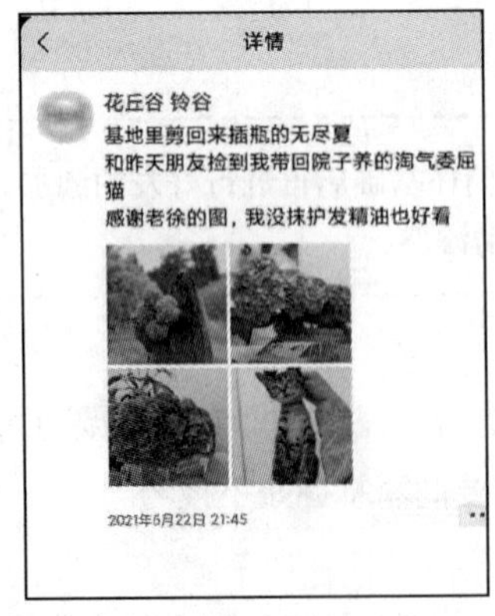

图6-18　生活分享中植入广告

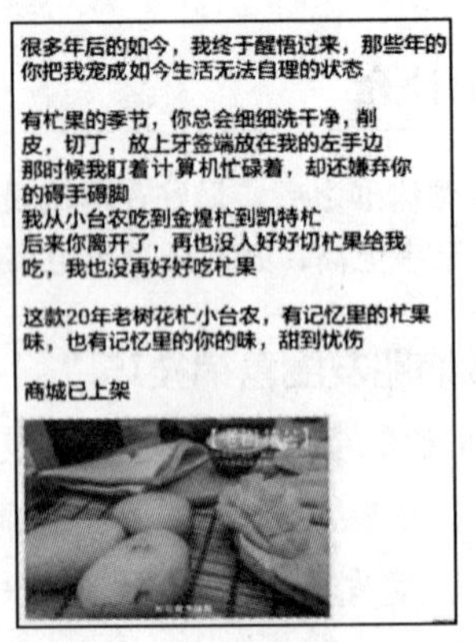

图6-19　情感分享

（3）展示用户评价

用户购买农产品后常常会对农产品的口感、包装、新鲜度等进行评价，这些评价的内容也可以作为商家的推广信息进行展示。用户评价是农产品质量、商家服务、品牌形象等的真实反映，是用户对商家服务是否满意的直观体现，商家可将这些反馈信息整理出来，以文字或图片的方式发布在朋友圈中，吸引更多的潜在用户了解农产品和品牌。图6-20所示为某商家发布在朋友圈中的用户评价，这种以微信对话的形式展示用户评价显得真实可信，更容易获得用户的认可和信任。

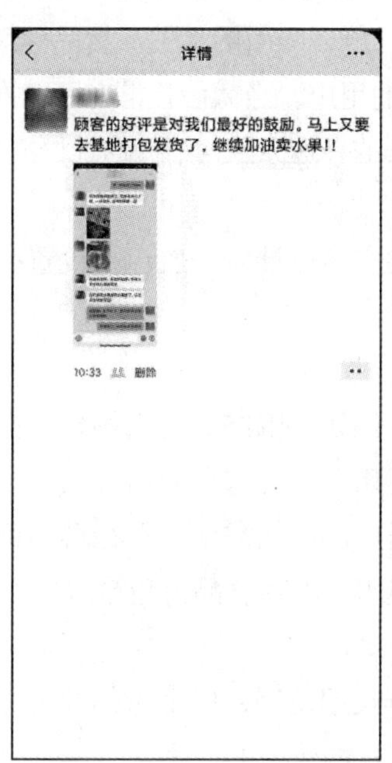

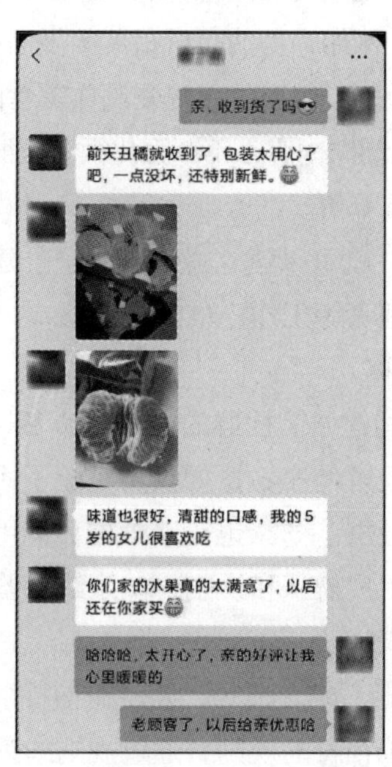

图6-20　展示用户评价

（4）分组发布广告信息

在朋友圈中进行营销时，不可撒网式地发布广告信息，而应注重营销的精准性，因此，商家在发布广告信息时要注意分组发布。分组发布有两种方式，一是根据用户的类型分组发布，二是将用户按照熟悉程度进行分组发布。前者主要表现为根据用户的类型进行营销，例如，某一条广告比较幽默诙谐，包含了很多网络现象和词汇，可以设置给指定分组的年轻用户查看。后者主要表现为根据商家与用户的熟悉程度进行营销，例如，对于刚添加不久的用户，可以营销一些客单价不高的农产品；对于有了信任基础或交易记录的用户，可以进一步营销客单价更高的农产品等。

6.3.2　微信社群营销

社群营销是一种基于圈子和人脉的营销模式，通过将有共同兴趣爱好的用户聚集起来的方式打造一个共同兴趣圈，最终促成消费。社群营销其实是一个口碑传播的过程，其人性化的营销方式不仅广受用户欢迎，还可以通过用户口碑继续汇聚人群，扩散口碑，让原有用户成为继续传播者。在各种社群平台中，微信社群的活跃度是非常高的，微信社群营销也被很多商家采用。

1. 微信社群营销流程

微信社群营销是建立在一个定位明确、活跃、有凝聚力的微信社群的基础上的。因此，要开展微信社群营销，商家首先要明确微信社群定位，建立微信社群，然后吸引有共同特点的社群成员并维持社群活跃度，最后就可以运用各种手段开展微信社群营销了。

（1）微信社群定位

微信社群是由一群有共同兴趣、认知、价值观的成员组成的，社群成员在某方面的特点越相似，就越容易建立起互相信任的感情联系。因此在建立微信社群之前，必须先做好定位，明确要吸引哪一类的用户。例如，团购有机蔬菜的微信社群，吸引的是关注食品健康和安全的用户；分享美食制作的微信社群，吸引的是热爱制作美食的用户。当微信社群有了精准定位之后，才能推出契合用户兴趣的活动和内容，不断强化微信社群的兴趣标签，给微信社群成员带来共鸣。

（2）建立微信社群

在明确定位后，就可以建立微信社群了。建立微信社群一般包括设置社群名称、制定社群规则、选择社群管理者等工作。

① 设置社群名称

商家可以围绕构建微信社群的核心点命名。例如，围绕灵魂人物延伸命名，如××荔枝哥粉丝群；围绕农产品延伸命名，如汶川车厘子团购群等，这种命名方式适合已经拥有大量粉丝或消费群体的微信社群。商家也可以根据目标用户群体的需求，在社群名称中设置能够吸引用户的关键点，方便用户辨认和识别，如生鲜品鉴团、养生食品讨论会等。

② 制定社群规则

俗话说“无规矩不成方圆”，要使微信社群长期发展，保证微信社群营销的效果，就必须制定与微信社群定位相符的规则，通过规则约束社群成员的行为。

- **引入规则**。引入规则包括邀请制、付费制、任务制等。其中，任务制是指要通过完成某项任务（如转发消息并认证、集赞、填写报名表、注册会员等）而成为社群成员。
- **交流规则**。交流规则主要包括发言时间、发言礼仪、对恶意发言的处罚、出现争论后的解决办法等方面。
- **淘汰规则**。针对影响微信社群正常发展的各种行为，如垃圾广告、辱骂他人等，可以制定相应的淘汰规则，设置犯规的次数与处罚力度，将情节严重者剔除出微信社群，以维持微信社群的正常秩序。

③ 选择社群管理者

社群管理者是微信社群发展的基石，对微信社群的发展与维护起着至关重要的作用。一般来说，社群管理团队根据管理任务和管理内容的不同，可分为不同的管理层级，如管理员、副管理员、组长、实习人员等。经过考核与成长后，基层人员可以向管理人员或更高层管理人员晋升，其顺序为“实习人员→组长→副管理员→管理员”。一般来说，社群管理员一经确定轻易不会变动，否则容易影响社群结构的稳定，造成社群成员的流失。

（3）吸引社群成员并维持社群活跃度

商家应根据微信社群的定位通过适合的渠道吸引成员加入，例如，在快递盒中放置印有群二维码的卡片，邀请店铺的客户加群等。商家在积累了一定数量的社群成员以后，还需要采取各种手段维持微信社群的活跃度，包括开展话题讨论、举办线上分享活动等。

（4）运用各种手段开展微信社群营销

当社群成员之间相互熟悉后，商家就可以开始开展一些营销活动了，如通过发布优质软文、发放社群专属优惠、开展线上分享会等方式进行营销。

2. 微信社群营销技巧

很多商家建立的微信社群中可以看到这样的情景：群中只有商家每天发布广告，其他成员从不发言，群活跃度很低，退群成员也很多。其实，微信社群营销的技巧性非常强，一方面要维持微信社群的活跃度与和谐度，另一方面要以社群成员能够接受的方式传递营销信息。

（1）定期开展话题讨论

微信社群营销不等于建立一个微信群，然后每天在群里发布各种广告，这种只发广告的微信社群缺乏核心价值，对成员的吸引力较弱，很容易引起成员的反感。也就是说，在微信社群刚开始建立时，首先应做的不是推销农产品，而是提供价值。价值是指微信社群中，能够给社群成员提供知识、经验，帮助社群成员学习、解决相关问题的内容。好的微信社群应该是一个有机体，应尽可能赋予更多成员以参与感，调动成员积极性，而定期开展话题讨论便是很好的提供价值、调动群成员积极性的方式。

为了让群成员对农业、农产品等有更深入的认识，商家可以定期策划一些与农业、农产品等相关的话题讨论，然后在话题讨论中适时地植入农产品的广告。例如，在一场关于鸡蛋的各种吃法的话题讨论中，商家以社群成员的身份发言："今天用土鸡蛋烤了小饼干，很成功！制作过程是……整个过程并不难，关键一点是鸡蛋要好。我家的鸡蛋是货真价实的土鸡蛋，没有腥味，烤出来的饼干特别香！"

在确定话题后要约定一个大部分群成员能参与的时间作为讨论时间，然后通过群公告等方式加以通知，确保更多成员了解并参与话题讨论。每次开展讨论前，商家都需要提前制定好规则，并安排好话题组织者、主持人、控场人员等。在讨论过程中，当出现偏离交流主题甚至是无意义刷屏的内容时，控场人员应该及时控制场面，将话题拉回主题，并对捣乱的社群成员予以警告。话题讨论结束后，商家可以设计一些福利环节，为表现出彩的群成员赠送福利，吸引更多群成员参与下一次话题讨论。

（2）提供群专属福利

提供群专属福利是提升群成员黏性的有效方式。群专属福利主要包括物质福利和虚拟福利。

- **物质福利**。物质福利主要是购物福利，如优惠券、赠品、免费试吃权益等。当微信社群发展到一定阶段，社群成员比较稳定，对微信社群已经形成一定黏性时，商家就可以在群里适度发布农产品营销信息。例如，定时在群里发布最新的上货消息或打折消息，并配上购买链接，但要让群成员享受一定的专属福利，这样才能激起群成员的购买热情。

- **虚拟福利**。虚拟福利是对表现突出的群成员（如多次下单、多次参与群讨论等）提供暂时虚拟的奖励。例如，某微信社群实行积分制，下单一次积5分，参与群讨论积2分，当积分累积到20分时，就可以领取20元无门槛优惠券。虚拟福利不同于物质福利，需要积累到一定程度后才能兑换。商家通过发放虚拟福利，可以让群成员长期关注微信社群，提升其通过微信社群下单或参与群活动的积极性。

（3）举办线上分享活动

当微信社群形成一定规模时，商家可以邀请一些专家在群里分享与农业、农产品等相关的知识，并植入相关的营销信息。例如，通过冠名等方式开设养生食品类网络直播课程，在分享有用的养生食疗知识的同时植入农产品或品牌方面的营销信息。

在举办线上分享活动前，商家可以通过各种渠道进行宣传，吸引新的成员加入。分享过程中，主持人首先对分享内容、分享嘉宾等进行介绍，为分享活动暖场，营造良好的氛围，引导群成员提前做好倾听准备，然后充分调动群成员的积极性，让群成员参与互动，必要时可以安排活跃气氛的群成员，避免冷场。在分享期间或分享结束后，商家有必要对分享活动进行总结，将比较有价值的交流内容整理出来进行分享和传播，并引导群成员前往微博、微信朋友圈等宣传分享信息，扩大微信社群的影响力。

（4）围绕灵魂人物进行营销

灵魂人物是指微信社群中占据主导地位的人，是整个微信社群的核心，一般是具有人格魅力、专业技能、能力出众的人，能够吸引用户加入微信社群，对微信社群的定位、发展、成长等拥有长远的考虑，如农产品短视频领域的达人等。

以灵魂人物为主体进行的微信社群营销，就是通过灵魂人物在某一领域的影响力，吸引感兴趣的用户加入微信社群，同时通过灵魂人物的号召力推销农产品。一般而言，社群成员对社群灵魂人物都比较信任，因此由灵魂人物推荐农产品会使得社群成员减少在品质、售后方面的顾虑，可以起到非常好的营销效果。例如，某美食短视频达人以性格耿直、豪爽的人格魅力收获了大量的用户关注，建立自己的微信社群后，凭借自己在微信社群中的号召力向社群成员推荐了很多物美价廉的水果，取得了不错的销量，并进一步提升了自己的口碑，为后续的微信社群营销打下坚实的基础。

围绕灵魂人物进行营销的方式对灵魂人物的要求较高，需要灵魂人物具有独特的人格魅力和一定的网络影响力，最好能具备某种特长，善于交流，有较高的情商等。一般而言，要成为此类灵魂人物，需要打造个人IP，即首先需要找到自己擅长的领域，进行个人IP定位，打造个人IP品牌，然后通过各种社交平台对自身知识、经验、观点、看法等内容进行持续输出，扩大个人影响力。当个人IP有一定影响力后，还需要妥善经营个人IP，使口碑形成良性循环。

知识补充

IP原本是英文“Intellectual Property”的缩写，直译为“知识产权”。个人IP，指个人对某种成果的占有权，在互联网时代，它可以指一个符号、一种价值观、一个共同特征的群体、一段自带流量的内容。

（5）塑造社群文化

社群文化就是微信社群中包括目标、规则、福利、口号及Logo等在内的一种社群精神。在微信社群营销中，依靠社群文化进行营销，就是通过社群文化所表达出来的氛围，使用户对微信社群产生好奇心理，吸引用户自发了解微信社群，加入微信社群。建立社群文化，可以从加强社群成员对社群的信任、树立社群价值观方面入手。

- **加强社群成员对社群的信任**。社群成员对社群的信任度影响社群成员对社群文化的认同度，只有社群成员对社群有足够高的信任度，社群才能拥有好的氛围，而好的社群氛围正是社群文化形成的条件之一。

- **树立社群价值观**。社群价值观是指社群成员对不同事情的认知、理解、判断或抉择。拥有正确价值观的微信社群，能够引导社群成员在微信社群中的行为，降低为微信社群带来负面后果的风险，方便社群成员之间更好地交流沟通，提高微信社群的凝聚力。

6.4 微博营销

微博是当前热门的即时信息传播平台，具有非常突出的社交媒体属性，其平民化、碎片化、交互化、病毒化的传播特征，更能迎合现代人碎片化、快节奏的信息获取需求。在微博上，用户既可以浏览自己感兴趣的信息，又可以发布内容供其他用户浏览。微博的兴起和发展为商家提供了更多的营销选择。

6.4.1 微博营销内容的分类

当前，很多用户通过微博了解热点事件，并参与讨论。微博上的信息可以得到快速、广泛的传播，因此很多商家把微博当作对外信息发布的平台。同时，微博又是一个娱乐性、可看性很强的平台，每天都会生产出各种有趣的或实用的图文、短视频等。此外，微博也是一个社交电商平台，商家不仅可以在微博上发布营销信息，还可以直接开设微博小店。就目前而言，商家在进行微博营销时，发布的内容主要分为品牌推广、内容分享以及产品销售。

- **品牌推广**。品牌推广类微博侧重于品牌的曝光和传播，提升品牌的知名度、认知度和影响力。
- **内容分享**。内容分享类微博侧重于通过分享有趣、搞笑、实用的内容吸引用户关注，以获取流量，然后将流量导入店铺，实现流量变现。
- **产品销售**。产品销售类微博侧重于直接推销产品，发布的内容主要是对产品的介绍和宣传。

**知识补充**

品牌推广让用户认识和认可商家的品牌，内容分享通过优质的内容吸引用户关注，产品销售以产品自身的特点吸引用户。无论微博营销的内容属于哪种类型，最终目的是销售产品，只是与用户建立关系的方式不同。很多商家是综合发布这3种类型的内容来进行微博营销的。

6.4.2 微博营销的方法

微博庞大的用户基础为商家提供了较大的营销空间，只要营销方法得当，无论是产品推销还是品牌宣传，都可在短时间内获得裂变式的营销效果。

1. 话题营销

热门话题具有非常庞大的阅读量与讨论量，很适合用来营销。在微博的热门话题榜中可以查看当前的热门话题，点击话题名称进入话题查看其具体内容，结合自己的产品或服务，写一段与话题相关性较高的内容并带上该话题，可以使关注该话题的用户群体加入讨论与互动，增加自己营销信息的传播，如果互动效果较好，转发、评论与点赞数量较多，还会获得话题主持人的推荐，始终展示在话题首页，增加自身微博账号的曝光度和营销内容的热度。

借助热门话题营销的关键是话题的选择，一个充满爆点的营销话题可以使商家的营销效果事半功倍。一般来说，当下实时热点、热门微博、热门话题榜中的内容都比较适合作为话题营销的切入点。在选择话题时，通常需要遵循两个基本原则：第一，话题必须有话题感，最好与用户的生活息息相关，能引起用户的兴趣；第二，要保证营销信息与话题之间的自然关联与协调性，不能使用生硬、低俗的话语进行牵强附会的关联，避免引起用户的反感。图6-21所示为商家发布的一条话题营销微博页面，该微博主要推销自家的车厘子，加上当时的热门话题#车厘子自由#，利用话题热度为车厘子引流。

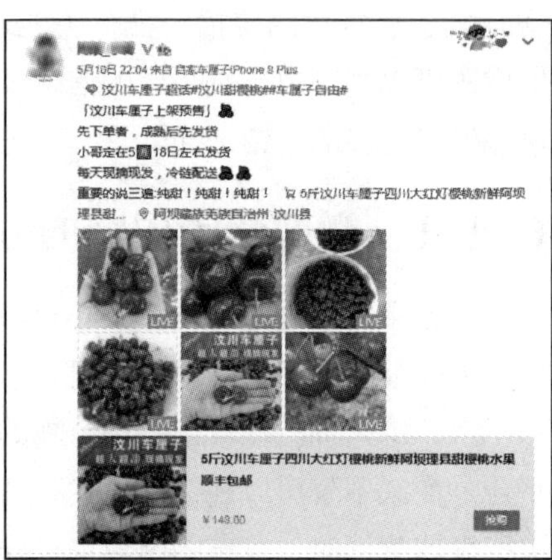

图6-21　话题营销微博页面

商家还可以利用微博超话进行营销。微博超话就是微博超级话题，它是微博里的兴趣内容社区，聚集了大量对某一类话题感兴趣的粉丝，因而拥有较多的精准流量。商家可以在与自家农产品相关的微博超话页面中发布优质内容，例如，在“百香果”超话页面中发布百香果饮品的制作方法，通过内容吸引用户关注。商家最好不要直接发布硬广，因为硬广容易被超话主持人屏蔽。

当然，商家也可以自己创建微博超话，在创建的超话页面中发布营销内容，图6-22所示即为某销售车厘子的商家创建的“汶川车厘子”超话页面。该商家在该超话页面中分享车厘子的生长情况，并将其同步到自己的微博里，如图6-23所示，以引导用户前往超话页面浏览相关内容。

图6-22　微博超话页面

图6-23　附带超话

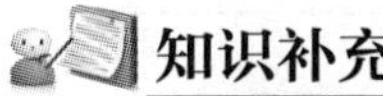

知识补充

超话与普通话题的区别在于：只有进入超话页面发布的内容，才会显示在该页面内，用户在发布的同时可以设置是否要将发布的内容同步到自己的微博里；而普通的话题只需要带双#号发微博就能显示在话题主页中。

2. 借势营销

借势营销是微博营销中非常重要的一个方法，通过将营销的目的隐藏在借助的“势”中潜移默化地引导市场消费，是商家通过顺势、造势、借势等方法提高产品的知名度、美誉度，树立良好的品牌形象，并最终促成产品销售的营销策略。

借势营销的范围比较广泛，其素材可以是网络流行、娱乐新闻、社会事件等，也可以是文化、节日等。一次成功的借势营销可以让商家花费较少的人力、物力成本，成功将产品或品牌推进目标用户的视野，甚至引起裂变式的病毒传播效应。

借势营销时，商家要把握时机，找准营销内容与借势事件的关联点，快速以此切入产品或品牌进行关联营销。商家要将事件的核心点、商家诉求点、用户关注点结合起来，才能引发用户的自主传播行为，为营销信息的广泛传播提供基础。图6-24所示为粮油品牌金龙鱼借势母亲节发布的微博，该微博巧妙地利用了粮油与妈妈做的菜之间的关联，通过“妈妈的味道”触动用户参与讨论，取得了不错的营销效果。

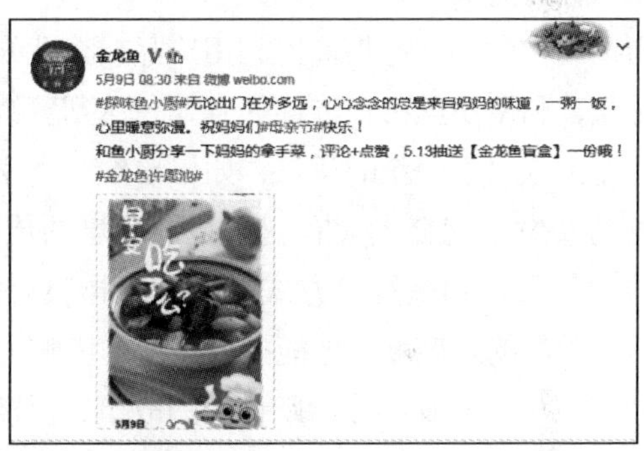

图6-24　借势母亲节的微博

3. 活动营销

在微博开展活动营销的手段一般包括有奖转发、有奖征集、有奖竞猜等。

- **有奖转发**。有奖转发是微博上常用的一种活动营销手段，大多是“关注+转发+ @好友”的形式，即微博用户关注并转发微博，同时提醒1～3位好友，即可参与活动，有机会获得丰厚礼品，如图6-25所示。有奖转发不仅可以有效增粉，还可以扩大信息的传播面，使营销信息覆盖更多人群。
- **有奖征集**。有奖征集是指对创意、段子、祝福语、买家秀图片等进行征集，用户根据征集要求参与活动，就有机会获得礼品。图6-26所示为有奖征集买家秀的微博。
- **有奖竞猜**。有奖竞猜是指提供谜面，由用户猜谜底，猜的内容包括文字、图片、谜语、价格等，然后从答案正确的用户中抽取幸运者赠送礼品，其主要目的是调动用户的积极性，加强商家与用户之间的联系。图6-27所示为盒马鲜生官方微博发布的有奖竞猜微博。

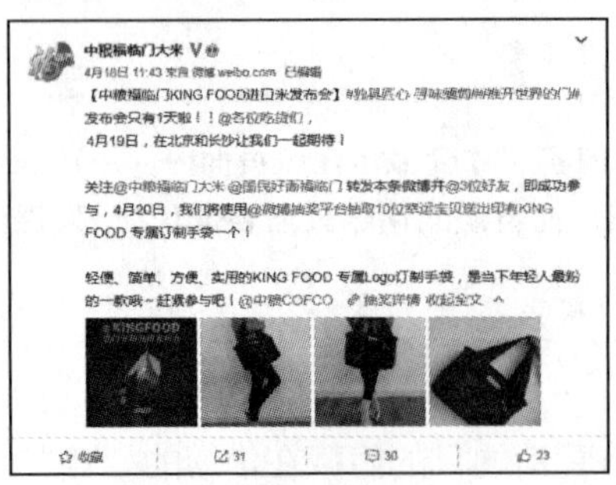

图6-25　有奖转发

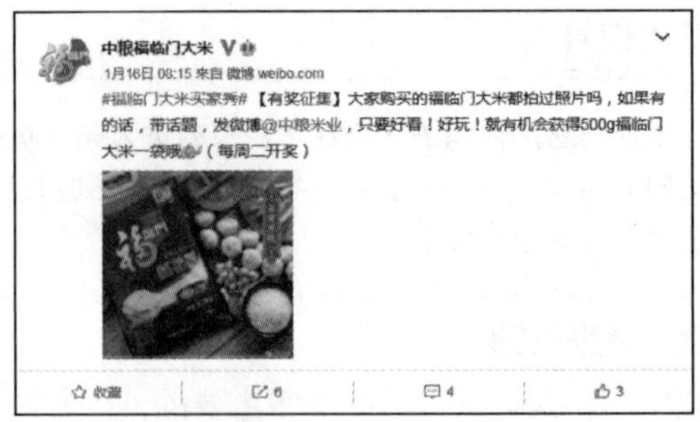

图6-26　有奖征集

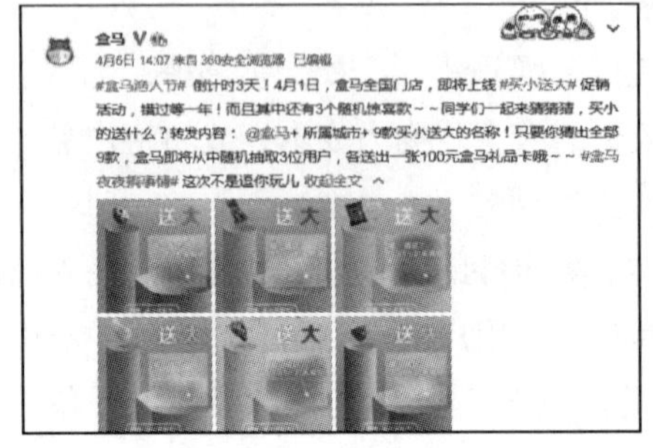

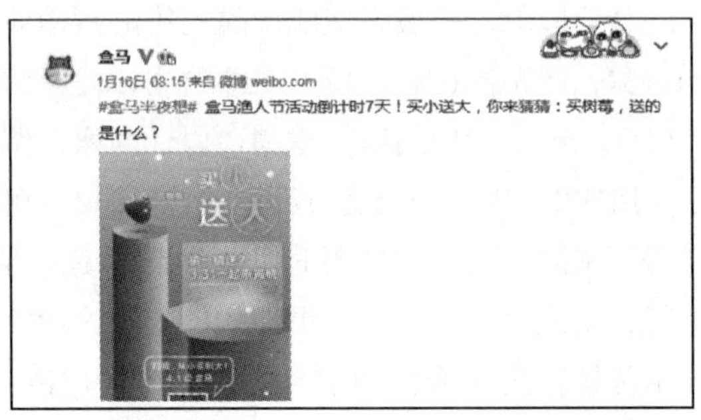

图6-27　有奖竞猜

4. 粉丝营销

所谓粉丝营销，是指商家利用产品或企业知名度吸引庞大的用户群体作为粉丝，利用粉丝相互传导的方式，达到营销目的。粉丝营销的效果在很大程度上取决于粉丝的质量，如果粉丝对商家微博的认同度很高，积极参与互动转发，就会大大有利于营销信息的传播。商家应通过点赞、评论、转发、私信和提醒等方式与粉丝保持良好的互动，加深与粉丝的联系，培养粉丝的忠诚度，才能扩大微博的影响力。

拓展阅读：

积累微博粉丝的方法

商家也可以转发部分活跃粉丝的故事、反馈、意见等，争取赢得其他粉丝的共鸣，使其产生一种归属感和参与感，如图6-28所示。此外，商家还可以采用为粉丝命名、撰写专属文案等方式，通过统一性的称呼和文案加强粉丝的黏性。例如，金龙鱼官方微博中经常出现“鱼粉”（即金龙鱼的粉丝）一词，以及“鱼你有约，只想粉你”等文案，如图6-29所示。

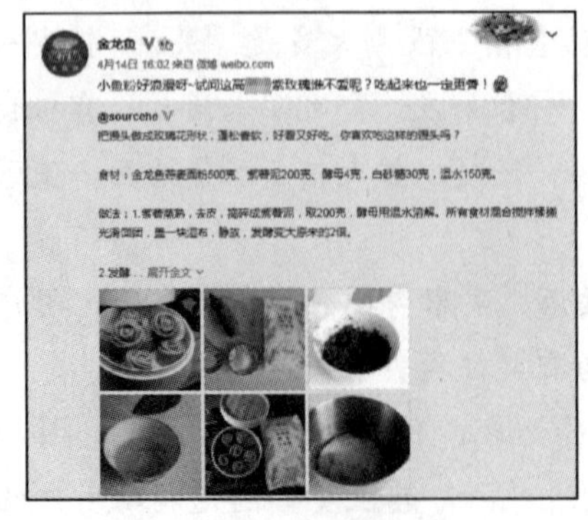

图6-28　转发粉丝微博

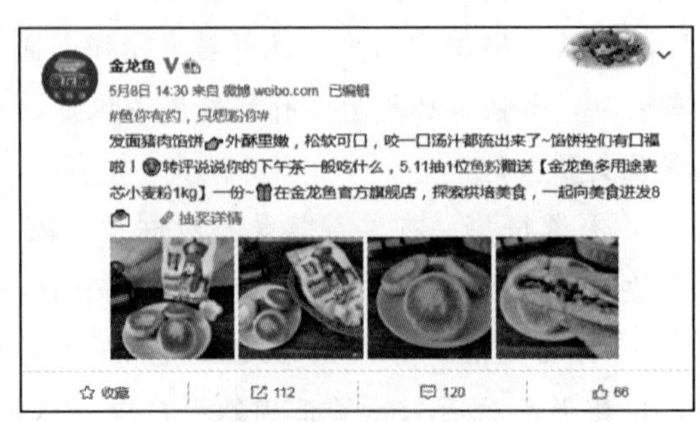

图6-29　为粉丝命名

5. 关联营销

关联营销即商家与其他商家的微博营销账号合作，联合发布营销信息，以扩大曝光度，覆盖更多的用户群体。需要注意的是，商家选择合作的微博营销账号时，需要考虑其与自己产品或品牌的关联性或者双方消费群体的重合度。

图6-30所示为坚果品牌洽洽与金龙鱼联合发布的营销微博，洽洽品牌的坚果产品能让人联想到金龙鱼葵花仁油的原材料，二者之间有紧密的联系，因此二者组成的营销组合能让用户觉得理所当然。图6-31所示为洽洽与文具品牌得力联合发布的营销微博，洽洽与得力的消费群体有很大一部分重合（即中学生），因此可以借助得力的微博影响力为自己的微博吸引更多用户。

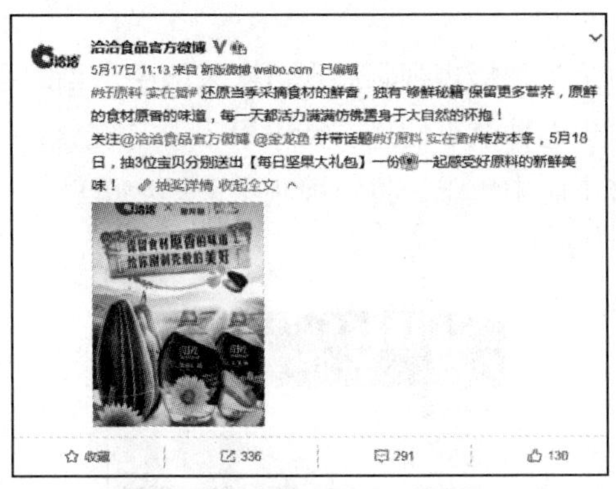

图6-30 洽洽与金龙鱼的合作

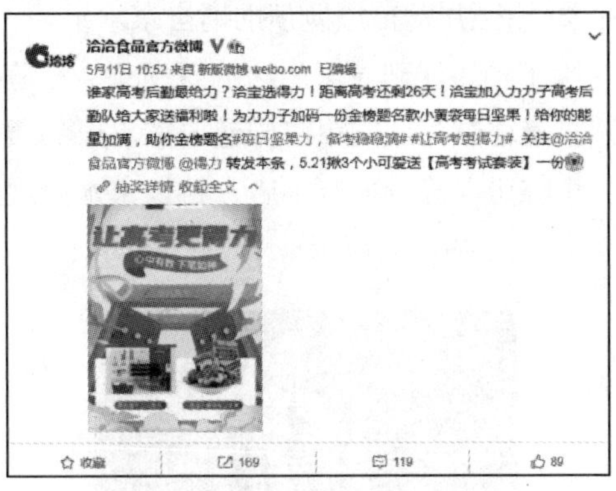

图6-31 洽洽与得力的合作

6.5 本章实训

6.5.1 为水果策划短视频营销

小陈是一名普通的农家小伙，在农村管理自家的果园，将果园各种事务打理得井井有条。他热爱新鲜事物，对生活充满热情。一天，小陈发现抖音上很多与他年龄相仿的农村年轻人在利用短视频推销自家的农产品，他决定效仿，为自家的水果拓宽销路。

1. 实训要求

① 能够为短视频营销进行内容定位。

② 能够在抖音中拍摄并发布短视频，进行农产品营销。

2. 实训准备

在拍摄短视频前，需要掌握利用抖音拍摄并发布短视频的方法。

① 打开抖音App，登录抖音账号，点击屏幕中心的按钮，进入拍摄界面，点击按钮，将镜头转换为后置摄像头，点击按钮，再在打开的界面中选择需要的滤镜，这里点击"风景"，选择"纯真"滤镜。

② 点击屏幕底部的按钮，开始拍摄短视频，拍摄完成后点击按钮，在打开的界面中点击"选择音乐"按钮，在打开的界面中选择需要的背景音乐，点击"下一步"按钮。

拓展阅读：

抖音小店的开设方法

③ 进入短视频发布界面，设置短视频标题，添加话题和地址，点击“发布”按钮发布短视频。

此外，还有必要了解抖音小店的开设方法，可以扫描右侧的二维码进行查看。

3. 实训步骤

① 为短视频营销进行内容定位

小陈对生活充满热情，生活能力很强，因此可以将短视频的内容定位为乡村风情类。小陈可以使用抖音拍摄农家生活有关的短视频，如管理果园、砍柴喂猪、村民聚会等，让身处都市的用户感受到一种朴素安逸、恬淡自得的生活状态，从而提升短视频的吸引力，如图6-32所示。

② 拍摄并发布短视频推销自家水果

除了拍摄展现农家生活的短视频，小陈还可以适当拍摄短视频展现自家果园中水果的生长情况，潜移默化地向用户传递自家水果品质好、原生态种植等信息。待积累了一定数量的用户后，小陈可以开设抖音小店，将自家水果放到抖音小店中售卖，将短视频带来的流量导入抖音小店中，如图6-33所示。

图6-32　展现农村生活

图6-33　开设抖音小店

发布短视频时，小陈可以在短视频标题中添加诸如“#荔枝的神仙吃法#”“#荔枝品种#”“#杧果种植#”等与所推销农产品相关的话题，然后选择热门时间段17:00—19:00定期发布短视频。

6.5.2　为菜籽油产品策划微博营销

外婆家是一家专门经营菜籽油的公司，现希望通过微博进行营销，借助微博的影响力宣传菜籽油产品，为菜籽油产品引流。

1. 实训要求

① 能够进行话题营销，利用热门话题推销农产品。

② 能够进行活动营销，策划有奖转发活动。

③ 能够利用微博进行借势营销。

2. 实训准备

在策划有奖转发活动前，商家需要了解以下注意事项。

- 商家需要挑选转发抽奖的奖品，奖品可以是实物奖品、虚拟卡券（优惠券等）及现金等，单个奖品不超过10000元，单个奖项奖品总价值不超过5万元。如果超过5万元，则需在活动发起前，先私信微博账号“微博抽奖平台”进行特殊报备，在报备申请通过后才能发起抽奖。
- 商家应在发布活动信息前确定活动的开始和结束时间，一般来说，活动时间不得超过30天。
- 商家在编辑微博抽奖活动内容时，需包含活动规则、活动奖品和抽奖时间3个部分，并通过微博抽奖平台或直接@微博抽奖平台进行报备。

3. 实训步骤

① 利用热门话题推销农产品。由于菜籽油与用户的健康息息相关，很多关注养生话题的用户十分关心菜籽油的成分。因此，商家可以附带#养生#话题发表微博，介绍芥酸对人体的危害，并推荐自家新款低芥酸菜籽油，吸引关注养生话题的用户购买，如图6-34所示。

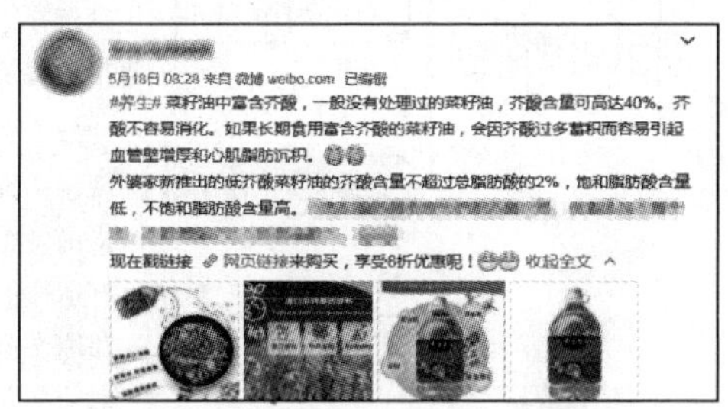

图6-34 利用养生话题进行营销

② 策划有奖转发活动。为了扩大营销信息的传播范围，提升用户数量和互动热情，商家可以策划有奖转发活动。首先撰写菜籽油相关的促销信息，然后要求用户转发此条微博并@一个好友，并承诺在参与活动的用户中抽出10位，送出菜籽油一瓶，如图6-35所示。

③ 借势节日进行营销。例如，情人节期间，与情人节相关的话题无疑是网络热点，商家可以借助这一热点展开营销，将菜籽油与恋爱结合起来——喜欢和你一起过柴米油盐的生活，同时附上店铺链接，为菜籽油引流，如图6-36所示。

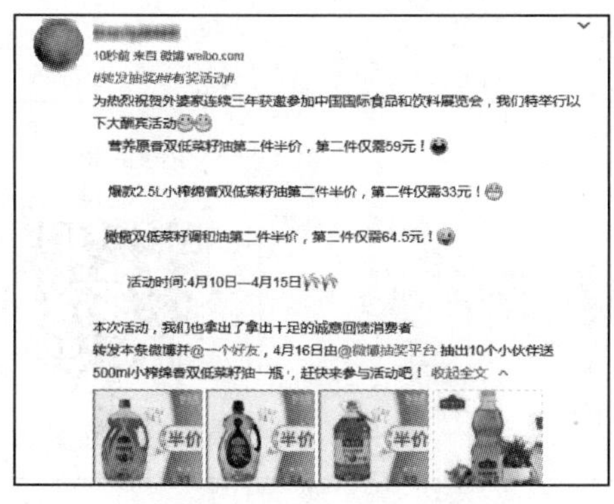

图6-35 有奖转发活动

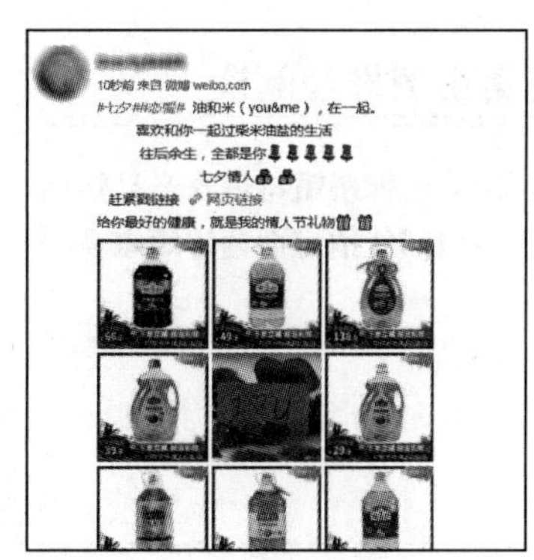

图6-36 借势营销

6.6 本章小结

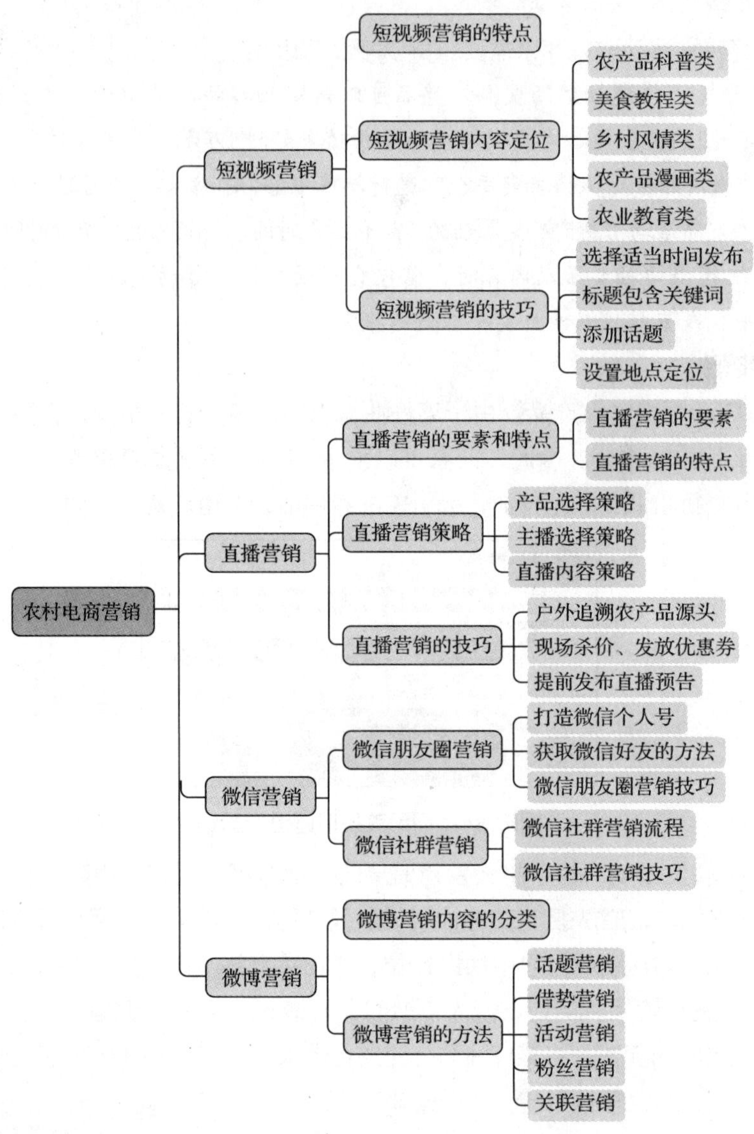

真实案例推荐阅读

1．湘乡市梅桥镇特色农产品热销“朋友圈”

2．乡村网红拍短视频传颂家乡美

拓展阅读：

真实案例推荐阅读